空気調和・衛生工学会編

新版 都市ガス空調のすべて

公益社団法人 空気調和・衛生工学会

発刊の辞

　都市ガス空調に関する書籍としては，日本ガス協会編の「都市ガス空調システム」が1990年に出版され，その15年後の2005年に本書の初版「都市ガス空調のすべて」が空気調和・衛生工学会より発刊された．さらに10年が経過し，都市ガス空調自体はもちろんのこと，エネルギーを取り巻く状況も大きく変化していることから，改訂を行うこととした．

　初版は，当時の日本ガス協会の委託研究として空気調和・衛生工学会で「最新都市ガス空調システムの技術調査」が実施され，その成果をとりまとめる形で出版が行われた．今回は部分的な改訂を行うということで，学会に「都市ガス空調のすべて改訂小委員会」を設置し，改訂の検討を進めたが，都市ガス空調の進化や背景の変化は著しく，また本書の利用者の読みやすさに配慮した構成にしたことから，「改訂」の域を超えた大幅な変更となった．

　都市ガス空調自体は，初版では新技術として掲載された内容がほとんど一般化され，高効率化も進んだ．また，2011年3月の東日本大震災以降は，原子力発電の停止に伴う電力需給の逼迫などから電力リッチなエネルギー体系が見直されるなど，エネルギーを取り巻くパラダイムが大きくシフトした．特にこの電力需給逼迫は，それまでの省エネルギー，省CO_2のニーズに加え，電力ピーク抑制やBCP（事業継続計画）をあらためて認識させ，都市ガス空調に大きな影響を与えることとなった．さらに，米国でのシェールガス革命やエネルギーシステム改革（電気事業，ガス事業の自由化）と，現在はエネルギーに関する激動の時代といっても過言ではない．

　今回の改訂では，これらの状況変化を反映するとともに，読者の多くが建築設備の設計に携わる方と考え，設計に必要な知見を順次解説する構成とした．さらに読みやすさを重視し，初版で取り扱われていた詳細な技術解説については割愛することとした．さらに，初版にはコージェネレーションに関する章を設けていたが，2015年3月に本学会から「都市ガスコージェネレーションの計画・設計と運用」が出版され，詳細な解説がなされているため，そちらに委ねることとした．

　本書が，建築設備設計者はもちろんのこと，より多くの方々が都市ガス空調を理解していただくことに繋がれば幸いである．

出版委員会都市ガス空調のすべて改訂小委員会
主査　亀谷　茂樹

出版委員会都市ガス空調のすべて改訂小委員会

主　査	亀谷　茂樹	東京海洋大学			
委　員	秋澤　淳	東京農工大学	野部　達夫	工学院大学
	今井　和哉	大阪ガス㈱	林　清史	ヤンマーエネルギーシステム㈱
	榎本　英一	パナソニック㈱アプライアンス社		
	設楽　敦	東京ガス㈱	松本　兼三	パナソニック㈱アプライアンス社
	嶋田　泰平	㈱日本設計	三善　信孝	日立ジョンソンコントロールズ空調㈱
	砂田　竜男	㈱日建設計	山口　容平	大阪大学
	谷口　圭仁	東邦ガス㈱		
事務局	石野　裕嗣	東京ガス㈱	白木　一成	大阪ガス㈱
オブザーバー	東郷　悟史	(一社)日本ガス協会	友澤　靖嗣	(一社)日本ガス協会

執筆担当

第1章 1.1～1.4	白木　一成（前出）	亀谷　茂樹（前出）	
第2章 2.1～2.2	今井　和哉（前出）	秋澤　淳（前出）	
第2章 2.3	酒井　寿成〔大阪ガス㈱〕	今井　和哉（前出）	秋澤　淳（前出）
第2章 2.4	今井　和哉（前出）	秋澤　淳（前出）	
第2章 2.5	設楽　敦（前出）	秋澤　淳（前出）	
第2章 2.6.1	今井　和哉（前出）	秋澤　淳（前出）	
第2章 2.6.2	今井　和哉（前出）	秋澤　淳（前出）	
第2章 2.6.3	清水　敏春〔東邦ガス㈱〕	秋澤　淳（前出）	
第2章 2.6.4	清水　敏春（前出）	谷口　圭仁（前出）	秋澤　淳（前出）
第3章 3.1～3.2.3	谷口　圭仁（前出）	山口　容平（前出）	
第3章 3.2.4	谷口　圭仁（前出）	比嘉　盛嗣〔東邦ガス㈱〕	山口　容平（前出）
第3章 3.3.1	設楽　敦（前出）	山口　容平（前出）	
第3章 3.3.2	谷口　圭仁（前出）	山口　容平（前出）	
第3章 3.3.3	白木　一成（前出）	山口　容平（前出）	
第3章 3.3.4	谷口　圭仁（前出）	山口　容平（前出）	
第3章 3.4.1	白木　一成（前出）	山口　容平（前出）	
第3章 3.4.2	谷口　圭仁（前出）	山口　容平（前出）	
第3章 3.4.3	亀谷　茂樹（前出）	谷口　圭仁（前出）	山口　容平（前出）
第3章 3.4.4	亀谷　茂樹（前出）	山口　容平（前出）	
第3章 3.4.5	谷口　圭仁（前出）	山口　容平（前出）	
第3章 3.5.1	白木　一成（前出）	山口　容平（前出）	
第3章 3.5.2	白木　一成（前出）	亀谷　茂樹（前出）	山口　容平（前出）
第3章 3.6.1～3.6.2	亀谷　茂樹（前出）	山口　容平（前出）	
第4章 4.1.1～4.1.2	設楽　敦（前出）	野部　達夫（前出）	
第4章 4.2.1～4.2.2	渡辺　智之〔東京ガス㈱〕	野部　達夫（前出）	
第4章 4.2.3～4.2.4	渡辺　智之（前出）	設楽　敦（前出）	野部　達夫（前出）

第4章 4.2.5	設楽　敦（前出）	野部　達夫（前出）	
第4章 4.2.6	渡辺　智之（前出）	野部　達夫（前出）	
第4章 4.2.7	渡辺　智之（前出）	設楽　敦（前出）	野部　達夫（前出）
第4章 4.3.1～4.4.2	渡辺　智之（前出）	野部　達夫（前出）	
第4章 4.4.3	渡辺　智之（前出）	設楽　敦（前出）	野部　達夫（前出）
第4章 4.5.1～4.6.1	渡辺　智之（前出）	野部　達夫（前出）	
第4章 4.6.2	渡辺　智之（前出）	設楽　敦（前出）	野部　達夫（前出）
第4章 4.6.3～4.6.4	渡辺　智之（前出）	野部　達夫（前出）	
第4章 4.7	白木　一成（前出）	野部　達夫（前出）	
第5章 5.1～5.2	大塚　貴志〔東京ガス㈱〕	山口　容平（前出）	
第6章 6.1	佐野　真浩〔静岡ガス㈱〕	亀谷　茂樹（前出）	
第6章 6.2	後藤　健夫〔北海道ガス㈱〕	亀谷　茂樹（前出）	
第6章 6.3	美濃羽　亨〔東邦ガス㈱〕	亀谷　茂樹（前出）	
第6章 6.4	今井　和哉（前出）	亀谷　茂樹（前出）	
第6章 6.5	林　清史（前出）	亀谷　茂樹（前出）	
第6章 6.6	山本　智美〔東京ガス㈱〕	亀谷　茂樹（前出）	
第6章 6.7	美濃羽　亨（前出）	亀谷　茂樹（前出）	
第6章 6.8	今井　和哉（前出）	亀谷　茂樹（前出）	
第6章 6.9	丹羽　浩範〔㈱日建設計〕	亀谷　茂樹（前出）	
第6章 6.10	出雲　貴士〔西部ガス㈱〕	亀谷　茂樹（前出）	

　本書の記載事項は，作成時点において可能な限り精査しております．ただし，その正確性，最新性，継続性などを，本学会が保証するものではありません．
　また，本書の記載事項に起因して障害が生じた場合，本学会は責任を負いません．

目　　次

第1章　都市ガス空調の概要と意義

1.1　都市ガス空調の概要 ……………………………………………………………… 1
　1.1.1　空調システムと都市ガス空調 ……………………………………………… 1
　1.1.2　ガス吸収冷温水機 …………………………………………………………… 2
　1.1.3　ガスヒートポンプ（GHP） ………………………………………………… 3
　1.1.4　都市ガス空調の普及状況 …………………………………………………… 4
1.2　都市ガス空調の意義（社会的メリット）……………………………………… 6
　1.2.1　電力需要平準化効果 ………………………………………………………… 6
　1.2.2　環境保全 ……………………………………………………………………… 6
　1.2.3　BCP価値 ……………………………………………………………………… 7
1.3　都市ガスの特性 …………………………………………………………………… 8
　1.3.1　都市ガスの組成 ……………………………………………………………… 8
　1.3.2　環境負荷特性 ………………………………………………………………… 8
　1.3.3　天然ガスの安定供給 ………………………………………………………… 9
　1.3.4　エネルギー政策での天然ガスの位置付け ………………………………… 9
1.4　都市ガス供給 ……………………………………………………………………… 10
　1.4.1　都市ガス供給システム ……………………………………………………… 10
　1.4.2　都市ガス利用システム ……………………………………………………… 11
　1.4.3　非常時の都市ガス供給 ……………………………………………………… 12
　1.4.4　都市ガス事業制度の変更 …………………………………………………… 13
参考資料 ………………………………………………………………………………… 16

第2章　都市ガス空調の種類と特徴

2.1　空調熱源システムの分類 ………………………………………………………… 17
2.2　ガス吸収冷温水機 ………………………………………………………………… 19
　2.2.1　吸収式冷凍機の作動 ………………………………………………………… 20
　2.2.2　吸収式冷凍機の種類 ………………………………………………………… 21
　2.2.3　二重効用ガス吸収冷温水機 ………………………………………………… 22
　2.2.4　ガス吸収冷温水機パック型 ………………………………………………… 24
　2.2.5　ガスコージェネレーション用吸収冷温水機 ……………………………… 24
　2.2.6　その他の機種 ………………………………………………………………… 26
　2.2.7　機種選定の考え方 …………………………………………………………… 28
2.3　ガスヒートポンプ ………………………………………………………………… 29
　2.3.1　ガスヒートポンプの作動原理 ……………………………………………… 30
　2.3.2　ガスヒートポンプの種類 …………………………………………………… 30

	2.3.3	ガスヒートポンプの特長 ··	34
	2.3.4	ガスヒートポンプの運転特性 ···	34
	2.3.5	遠隔監視システム ···	34
2.4	ガスボイラ ···		35
	2.4.1	ガスボイラの特性 ···	35
	2.4.2	ガスボイラの種類 ···	37
2.5	都市ガス空調システムの構成例 ···		41
	2.5.1	ガス吸収冷温水機システム ··	41
	2.5.2	ガスヒートポンプチラーシステム ··	42
	2.5.3	ガスボイラ＋吸収冷凍機システム ··	42
	2.5.4	コージェネレーション排熱利用システム ····································	42
2.6	省エネルギー性の向上技術 ··		43
	2.6.1	ガス吸収式冷凍機の高効率化 ···	43
	2.6.2	ガスヒートポンプの高効率化 ···	45
	2.6.3	システムロスの低減 ···	46
	2.6.4	未利用エネルギー・再生可能エネルギーの活用 ····························	47
参考資料 ···			53

第3章　都市ガス空調システムの評価

3.1	評価手法の概要 ··		55
3.2	経済性の評価 ··		55
	3.2.1	概論 ···	55
	3.2.2	イニシャルコスト(建設費) ···	57
	3.2.3	ランニングコスト(変動費) ···	57
	3.2.4	経済性の評価方法 ···	60
3.3	省エネルギー性の評価 ··		61
	3.3.1	空調システムの省エネルギー評価の分類 ····································	61
	3.3.2	省エネルギー性の確認 ···	68
	3.3.3	都市ガス等の発熱量と電気の一次エネルギー換算値 ························	69
	3.3.4	高位発熱量と低位発熱量 ···	70
3.4	環境性の評価 ··		71
	3.4.1	二酸化炭素(CO_2)排出量 ···	71
	3.4.2	冷媒(フロン関係) ···	72
	3.4.3	窒素酸化物(NO_x)排出量 ···	76
	3.4.4	廃熱(ヒートアイランド現象) ··	76
	3.4.5	騒音・振動 ···	78
3.5	電力需要平準化の評価 ··		83
	3.5.1	電力需要平準化の必要性 ···	83
	3.5.2	電力需要平準化の評価指標 ···	83
3.6	評価事例 ··		85
	3.6.1	計算の前提条件 ···	85

 3.6.2　計算結果　……………………………………………………………………………… 86
参考資料 ………………………………………………………………………………………… 87

第4章　空調システムのライフサイクルエンジニアリングと都市ガス

4.1　都市ガス空調システムのライフサイクルエンジニアリング ……………………………… 89
 4.1.1　ライフサイクルエンジニアリングとは ……………………………………………… 89
 4.1.2　都市ガス空調システムのライフサイクルエンジニアリング ……………………… 90
4.2　都市ガス空調システムの計画と設計 ………………………………………………………… 92
 4.2.1　熱源システム選定の検討要素 ………………………………………………………… 92
 4.2.2　都市ガス空調システムと建築計画 …………………………………………………… 94
 4.2.3　都市ガス空調の中央空調方式の設計 ………………………………………………… 97
 4.2.4　都市ガス空調の個別空調方式の設計 ………………………………………………… 104
 4.2.5　建物内の都市ガス配管設備 …………………………………………………………… 105
 4.2.6　都市ガス熱源システムの自動制御 …………………………………………………… 110
 4.2.7　都市ガス空調システムと法規 ………………………………………………………… 114
4.3　都市ガス空調システムの施工 ………………………………………………………………… 117
 4.3.1　工事の流れと施工管理 ………………………………………………………………… 117
 4.3.2　機器搬入・据付け ……………………………………………………………………… 120
 4.3.3　配管工事の留意点 ……………………………………………………………………… 125
 4.3.4　吸収式冷凍機の性能試験と試運転調整 ……………………………………………… 129
4.4　都市ガス空調システムのコミッショニング ………………………………………………… 130
 4.4.1　コミッショニングとは ………………………………………………………………… 132
 4.4.2　都市ガス空調システムのコミッショニング ………………………………………… 132
 4.4.3　都市ガス空調システムのコミッショニング事例 …………………………………… 134
4.5　都市ガス空調システムのマネジメント ……………………………………………………… 136
 4.5.1　長期保全計画 …………………………………………………………………………… 137
 4.5.2　メンテナンス …………………………………………………………………………… 137
 4.5.3　運用およびメンテナンスに関する各種サービス契約 ……………………………… 139
4.6　都市ガス空調システムの改修・廃棄 ………………………………………………………… 140
 4.6.1　改修計画 ………………………………………………………………………………… 140
 4.6.2　都市ガス空調システムの耐久性 ……………………………………………………… 143
 4.6.3　都市ガス空調システムの改修事例 …………………………………………………… 146
 4.6.4　都市ガス空調システムの廃棄 ………………………………………………………… 149
4.7　様々なエネルギーシステムのサービス形態 ………………………………………………… 151
 4.7.1　エネルギーサービス・エネルギーマネジメントのビジネスモデル ……………… 151
 4.7.2　エネルギーマネジメント手法 ………………………………………………………… 153
 4.7.3　新たなビジネス主体の形成 …………………………………………………………… 153
参考資料 ………………………………………………………………………………………… 154

第5章　都市ガスによる地域冷暖房

5.1　地域冷暖房概説 ………………………………………………………………………………… 155

 5.1.1　地域冷暖房とは …………………………………… 155
 5.1.2　地域冷暖房と個別熱源方式の比較 ………………… 155
 5.1.3　わが国の地域冷暖房の動向 ………………………… 158
 5.1.4　熱供給事業法の改正について ……………………… 159
 5.1.5　地域冷暖房の位置づけ ……………………………… 159
 5.1.6　地域冷暖房の成立要件 ……………………………… 161
5.2　地域冷暖房の計画・設計 ………………………………… 162
 5.2.1　地域冷暖房の計画手順 ……………………………… 163
 5.2.2　設計プロセス ………………………………………… 163
 5.2.3　設計上の留意点 ……………………………………… 165
 5.2.4　熱源プラントシステム ……………………………… 167
 5.2.5　熱供給方式と地域導管 ……………………………… 169
 5.2.6　熱受入設備 …………………………………………… 174
参考資料 ………………………………………………………… 178

第6章　設計事例

6.1　静岡ガス本社ビル ………………………………………… 180
6.2　函館市国際水産・海洋総合研究センター ……………… 182
6.3　愛知学院大学　名城公園キャンパス …………………… 184
6.4　河内長野ガス本社ビル …………………………………… 186
6.5　ヤンマー本社ビル ………………………………………… 188
6.6　田町駅東口北地区　田町第一スマートエネルギーセンター … 190
6.7　常滑市民病院 ……………………………………………… 192
6.8　EXPOCITY（エキスポシティ） ………………………… 194
6.9　東京ガーデンテラス紀尾井町 …………………………… 196
6.10　西南学院大学　新図書館 ………………………………… 198
索　引 …………………………………………………………… 201

第1章
都市ガス空調の概要と意義

　都市ガス空調とは文字通り都市ガスを主なエネルギー源とする空調であるが，本章では，都市ガス空調の採用を検討するにあたり必要な基本的な知見を得るための解説を行う．空調システムおよび空調熱源の選択は，経済性はもちろんのこと，建物に合った機能，社会的効能なども含め総合的に判断する必要がある．このため，ここでは都市ガス空調の特徴とともに，その特徴の要因となる都市ガス供給システムについても解説を行う．

1.1　都市ガス空調の概要

1.1.1　空調システムと都市ガス空調

　空調システムを熱源の設置方式で大別すると，中央空調方式（セントラル方式）と個別空調方式に分かれる（図1・1）．

　中央空調方式とは機械室または屋上などに設置した熱源機で製造した冷水・温水を空調対象のエリアや部屋に送り，空調機やファンコイルを用いて冷風，温風を作りだし空調する方式である．

　一方，個別空調方式とは，部屋またはエリア毎に熱源機と室内機のセットで設置する方式であり，熱源機は多くの場合屋上などの屋外に設置される．

　個別空調方式の場合は，熱源機と室内機を冷媒配管で接続する必要があり，その長さおよび高低差に制約があるため，中小規模の建築物で採用される．しかし，近年冷媒配管長を長くできる機種が開発され，比較的大規模な建築物でも採用が増加している．

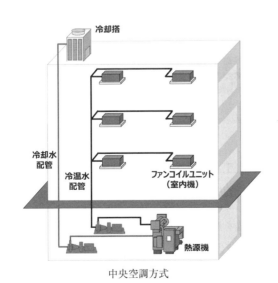
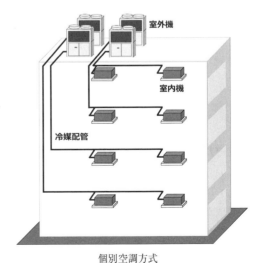

図1・1　中央空調方式と個別空調方式のイメージ

− 1 −

第1章 都市ガス空調の概要と意義

表1・1 空調システムと熱源機の組み合わせ

空調システム	エネルギー源	空調熱源機
中央空調方式	ガス式	ガス吸収冷温水機（冷暖房） ボイラ（暖房） ボイラ＋蒸気吸収冷凍機（冷暖房）
	電気式	遠心冷凍機（ターボ冷凍機）（冷房） ヒートポンプチラー（冷暖房）
	油式	ボイラ（暖房） ボイラ＋蒸気吸収冷凍機（冷暖房）
個別空調方式	ガス式	ガスヒートポンプ（GHP）（冷暖房）
	電気式	電気式ヒートポンプ（EHP）（冷暖房）
	油式	灯油ヒートポンプ（KHP）（冷暖房）※

※2016年現在では販売されていない

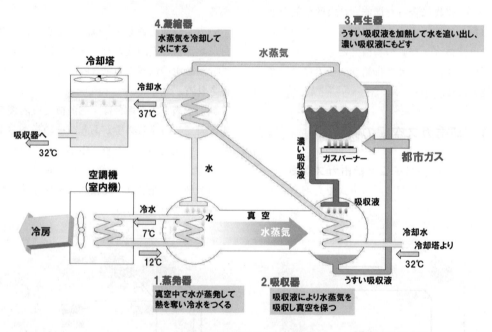

図1・2 吸収式冷凍機の原理

それぞれに対し，主に表1・1に示す空調熱源機が用いられる．都市ガス空調の代表的な熱源機としては，中央空調方式に対してはガス吸収冷温水機が，個別空調方式に対してはガスヒートポンプ（GHP）が挙げられる．次項より，それぞれの概要を解説する．

1.1.2 ガス吸収冷温水機

ガス吸収冷温水機は，ガスをエネルギー源とする吸収式冷凍機にガスのボイラによる暖房の機能を組み合わせたものである．

まず，吸収式冷凍機の作動原理である吸収式冷凍サイクル（以下，吸収式と呼ぶ）について簡単に解説する．

吸収式は，図1・2に示すように冷媒である水

1.1 都市ガス空調の概要

表1・2　主な吸収式冷凍機と用途

種　　類	概　要・用　途
ガス吸収冷温水機	ガスを加熱源とした吸収式冷凍機とボイラによる暖房機能を組み合わせた冷暖房熱源機．主に中大型ビルの冷暖房に用いられる．
蒸気吸収冷凍機	蒸気を加熱源とする吸収式冷凍機．蒸気ボイラが導入される大型の病院・ホテル，地域冷暖房や，ガスタービンコージェネレーションの排蒸気を回収・利用する場合に用いられる．
温水吸収冷凍機	コージェネレーションなどの排熱温水を加熱源とする吸収式冷凍機．工場の廃熱や太陽熱なども利用できる．
温水回収ガス吸収冷温水機（ジェネリンク）	ガス吸収冷温水機に各種廃温水を回収・利用する機能を付加した機器．廃温水が不足した場合でもガスでバックアップするため能力を保証できるメリットがある．温水吸収冷凍機と同様に，コージェネレーション排熱，工場廃熱，太陽熱が利用できる．
温水回収蒸気吸収冷凍機	蒸気吸収冷凍機に廃温水を回収・利用する機能を付加した機器．廃熱が不足した場合でも蒸気ボイラでバックアップするため能力を保証できるメリットがある．蒸気吸収冷凍機とガスエンジンコージェネレーションを組み合せる場合に用いられる．

が蒸発する時の気化熱を利用して冷熱を製造するもので，水を吸収する吸収液（臭化リチウム水溶液）を用いることで「蒸発⇒吸収⇒再生⇒凝縮」という冷凍サイクルを繰り返す．このサイクルが成立するためには，再生の工程で吸収液から水を追い出すための加熱源が必要であり，熱駆動型の冷凍サイクルといえる（2.2.1項参照）．

これに対し，電動の冷凍機や後述のガスヒートポンプは，冷凍サイクルを形成する動力としてモーター駆動コンプレッサー（圧縮機）またはエンジン駆動コンプレッサーが用いられる．

吸収式の原理を用いたものとしては，**表1・2**に示すものがある．（2.2.2項参照）蒸気吸収冷凍機が設置される場合は，一般的に蒸気ボイラが併設されるため，暖房熱源はボイラとなる．このため，蒸気焚きの冷温水機は製造されていない．

また，温水吸収冷凍機は，これまで主にコージェネレーションの排熱を利用する場合に用いられてきたが，昨今は，ガス吸収冷温水機に排熱利用機能を組み込んだ温水回収ガス吸収冷温水機（ジェネリンク）が多く用いられている．

1.1.3　ガスヒートポンプ（GHP）

ガスエンジンヒートポンプエアコンは一般的にガスヒートポンプ（GHP：Gas Engine Heatpump）と呼ばれ，その原理は，ほぼ電気式ヒートポンプ（以下EHPとよぶ）と同じものであり，冷媒を圧縮機により循環させるため圧縮式冷凍サイクルといわれる．EHPではこの圧縮機の駆動源に電気のモーターを用いるが，GHPでは代わりにガスエンジンが組み込まれている（図1・3）（2.3項参照）．

GHPは暖房時にガスエンジンの冷却水，排気ガスから熱を回収して利用するため，EHPに比べ，暖房時の立ち上がり性能が良く，また外気が低温の場合にも暖房能力が高く維持できる．さらにガスエンジン駆動であるため，電力消費量が小さく，同じ空調能力のEHPと比べ，室

――一口メモ――

吸収式熱源機の呼称について　2016年11月にJIS B 8622 吸収式冷凍機が改正され，吸収式の冷凍機，冷温水機などの呼称があらためて定められた．これにともない本書でも下記の呼称を用いることとした．

本書で用いた呼称	意味・従来の呼称等
吸収冷凍機	吸収式の冷水供給専用の熱源機
吸収冷温水機	吸収式の冷水供給，温水供給兼用の熱源機
吸収式冷凍機	上記二つの総称
温水回収ガス吸収冷温水機	廃温水を回収・利用できるガス吸収冷温水機．一般的には排熱投入型ガス吸収冷温水機またはジェネリンクと呼ばれることが多い

このほか，「単効用」は「一重効用」とした．

第1章　都市ガス空調の概要と意義

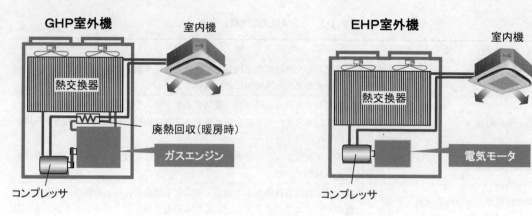

図1・3　GHPとEHPの構造の違い（東京ガス）

表1・3　GHPの種類と用途

種　類	概　要・用　途
パッケージ型GHP	室外機1台に室内機が1台設置される，または室内機が複数台でも同時に運転されるタイプのGHP．小規模事務所，小規模店舗などで利用される．
ビル用マルチ型GHP	室外機1台に室内機が複数台設置され，かつ室内機毎のコントロールが可能なタイプのGHP．大規模店舗，中大規模ビルなどで利用される．リニューアル用に既設冷媒配管を利用できるタイプのもの，容量の異なる室外機を組み合わせるタイプのものなどがある．
室外機組合せ型GHP	室外機を2台接続して大容量化が可能なGHP．台数制御による部分負荷時の効率維持，ローテーション運転による運転時間平準化，メンテナンス時・故障時の運転確保などのメリットがある．
冷暖同時マルチ型GHP	一つの室外機で冷房運転と暖房運転が同時に行えるGHP．冷房暖房需要が同時期に発生する施設で，利用される．
発電機付きGHP	室外機に発電機を搭載し，エンジンで圧縮機を駆動すると同時に発電機を駆動して発電を行えるGHP．室外機の補機電力を部分的に賄うもの，室外機外へも電気を供給し，室内機の電力などを賄うものなどがあり，電力ピークカットによって経済的効果が高い施設で利用される．
電源自立型GHP	発電機付きGHPにバッテリーを搭載し，停電時に起動できるタイプのGHP．BCP価値（1.2.3項参照）を重視する中小規模施設で利用される．
ハイブリッド型GHP	GHPとEHPを組み合わせ，経済的な運転が行われるようコントロールされるタイプの機種．コントロールは遠隔で行われるシステムが採用されることが多い．

外機の消費電力は1/10以下となる．

GHPの種類の概略を表1・3に示す．

なお，GHPを中央空調方式の熱源として利用するシステムもあり，GHPチラーと呼ばれている（2.5.2項参照）．

1.1.4　都市ガス空調の普及状況

空調用熱源に対する都市ガスの本格的な普及は，1968年以後のガス吸収冷温水機の開発に始まり，1969年に販売が開始され，同年9月に実際に大阪塗料会館に導入されるに至った．また1970年には，東京でも蔵前国技館に導入された．以来，高効率化，小型化，低重量化に関する開発が続けられてきたことにより，大規模建物を中心として順調に普及してきている．さらに，1995年にはコージェネレーションから発生する排熱を有効利用する温水回収ガス吸収冷温水機（ジェネリンク）が開発され，省エネルギー

1.1 都市ガス空調の概要

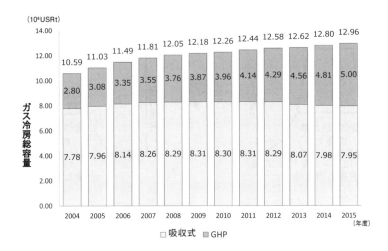

図1・4 都市ガス空調の普及推移（日本ガス協会）

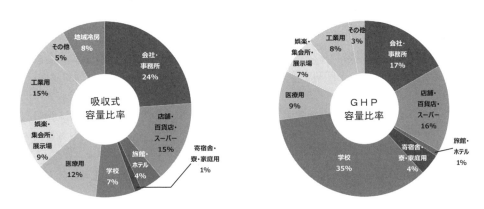

図1・5 ガス冷房容量の用途別構成比（2015年度）（日本ガス協会）

に貢献している．

一方，GHPは，中小規模建物の冷房需要に都市ガスで対処するシステムとして，当初東京ガスが開発に着手した後，都市ガス3社（東京ガス，大阪ガス，東邦ガス）とメーカー12社による「小型ガス冷房技術研究組合」に開発が引き継がれ，1987年に商品化された．その後，コストダウン，ラインアップの拡大，信頼性向上などが図られるとともに，国の補助金などによる普及支援がなされた結果，官公庁，学校，事務所を中心に順調に普及している．

最近は個別空調方式を採用する建築物が多いため特にGHPの普及が進んでいる．

普及の推移を図1・4，導入されている用途別構成比を図1・5に示す．

───一口メモ───
冷房容量の単位 冷房容量・冷凍能力は，単位時間当たりに物体から奪う熱の量で表すため，その単位としては，SI単位系ではWが用いられる．しかし，慣習的にkcal/hやRT（冷凍トン）が用いられる場合も多い．RTには，日本の定義（JRt）と米国の定義（USRt）があるが，一般に，空調用では米国の定義が用いられることから，本書でのRTはUSRtを表す．それぞれの換算は以下のとおりである．

1 kcal/h = 1.162 W
1 JRt = 3 320（79.7 kcal/kg × 1 000 kg ÷ 24 h）kcal/h
　　　= 3 859 W
1 USRt = 3 024（144 BTU/lb × 2 000 lb ÷ 24 h）kcal/h
　　　 = 3 515 W

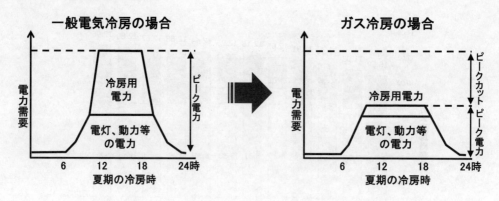

図1·6 都市ガス空調の電力需要平準化のイメージ[1]

1.2 都市ガス空調の意義（社会的メリット）

1.2.1 電力需要平準化効果

電力需要平準化には，"需要ピークを抑制する"という要素と"需要変動を抑制する（平滑化する）"という要素がある．

2011年の東日本大震災後の電力需給逼迫時に電力需要平準化が求められたが，これは主にピーク対策が求められた．一方，過去1997年にも電力需要平準化がエネルギー政策として大きく取り上げられたが，これはエネルギーコストの内外価格差（海外との差）が問題となり，電力料金低減のための系統電力の設備稼働率向上の観点で電力需要平準化が目指されたものであり，主に需要変動の抑制が重視された．

都市ガス空調は，電気空調（電気をエネルギー源とする空調）を代替することにより，夏期，冬期の電力需要を抑制し，ピーク対策，変動対策いずれにおいても効果を発揮する．

電力需要平準化は，再生可能エネルギー普及の促進にとっても必要となる．太陽光発電，風力発電など不安定な出力の再生可能エネルギー電源が普及すると，その変動を吸収するために調整用の電源の稼働率が低下し，社会的コストが増大する．少しでも調整用電源の稼働率を向上させるためにも，電力需要平準化は今後もさらに重要となる．

2013年5月，省エネルギー法（エネルギーの使用の合理化に関する法律）が改正され，電力ピーク対策が重要視される内容が組み込まれたが，これに伴い制定された「工場等における電気の需要の平準化に資する措置に関する事業者の指針」（平成25年12月経済産業省告示 第271号）においても，空気調和設備に対し，「ガスエンジンヒートポンプ，吸収式冷温水機等の燃料を消費する設備や排熱投入型吸収式冷温水機等の排熱を有効活用した熱源設備の導入を検討すること」との指針が示された．

なお，電力需要平準化の評価方法については，3.5項を参照されたい．

1.2.2 環境保全

〔1〕都市ガスの環境保全効果

都市ガスの原料の多くは次項で述べるように，天然ガスが中心である．天然ガスの主成分はメタンであり，化石燃料の中で，発熱量あたりの二酸化炭素発生量が最も小さい．また日本で利用される天然ガスの多くは，産出国で液化され輸入されるため，不純物がほとんどなく，燃焼の際の硫黄酸化物の発生もほとんどない．（1.3項参照）

ガス吸収冷温水機，GHPともに効率化が進んでおり（2.6項参照）さらなる環境負荷低減が目指されている．

〔2〕オゾン層破壊防止，温室効果ガス低減（フロン類の使用抑制）

過去冷媒に利用されてきたフロン類は，オゾ

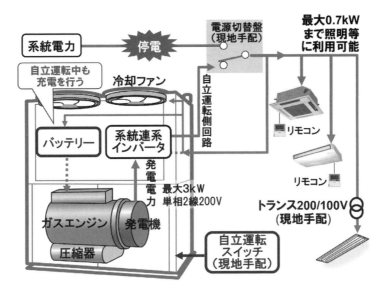

図1・7　発電機付きGHP（機外出力型停電対応機）のイメージ（大阪ガス）

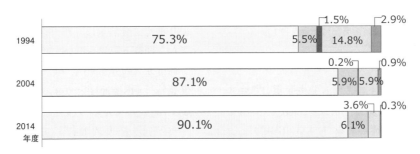

図1・8　都市ガス原料の推移[2]

ン層を破壊するものであった．

オゾン層の破壊が進むと，オゾン層に吸収されていた有害な紫外線の地上への到達量が増加することにより，皮膚がんや白内障の増加，穀物などの植物の成育阻害などが起こり，人の健康や生態系に悪影響を及ぼす．

1.1.2項で示したように，吸収式冷凍機は，水を冷媒としているため，フロン抑制の観点から，中大型建築物において多く採用されてきた．

一方GHPやEHPなどフロンを利用する機器には，オゾン層を破壊しない「代替フロン」の使用が年々進んできたが，オゾン層は破壊しないものの地球温暖化係数が大きいことが問題視されており，新たな規制措置がとられている（3.4項参照）．

1.2.3　BCP価値

2011年の東日本大震災およびその後の計画停電などの経験から，事業継続計画（BCP：Business Continuity Plan）への対応も建築物にとって重要な要素となっている．GHPの中には発電機を搭載し，室外機内の補機および室外機以外への電力供給を行う機種がある．東日本大震災後，これにバッテリーを組み込むことにより停電時に運転できる機種が開発された（図1・7）．これを複数台設置すれば，停電時に空調および一部の電力需要を賄うことができる（2.3.2項参照）．

また，ガス供給が停止した場合には，簡易型

第1章　都市ガス空調の概要と意義

表1・4　都市ガス13AとLPGの組成比較

	都市ガス13A	LPG※
組　成 （代表例）	メタン　88.9% エタン　6.8% プロパン　3.1% ブタン　1.2%	プロパン　98% エタン　1% ブタン　1%
標準熱量	45 MJ/m³	102 MJ/m³
比　重 （空気1.0）	0.638	1.52
燃焼範囲	5〜15%	2.2〜9.5%

※一般的なLPGの例

表1・5　燃焼時の環境負荷物質発生量の比較

（石炭を100とする）

	石炭	石油	天然ガス
SO_x	100	70	0
CO_2	100	80	60

（Natural Gas Prospects 2010,1986/IEA 火力発電所大気影響評価技術実証調査報告書 1990.3/エネルギー総合工学研究所）

表1・6　化石燃料のライフサイクル温室効果ガス排出量比較[3]

（g-CO_2/MJ，総発熱量基準）

	石炭[※1]	石油[※1]	LPG[※1]	LNG（天然ガス）[※2]
生産	4.58	4.06	4.94	7.93
輸送	1.71	0.79	1.80	1.97
設備	0.11	0.08	0.11	0.05
燃焼	88.53	68.33	59.85	49.50
合計	94.93	73.26	66.70	59.45
比率	112	123	112	100

（出典）[※1]「LNGおよび都市ガス13Aのライフサイクル温室効果ガス排出量の将来予測」
（「エネルギー・資源」第28巻，第2号　2007年3月）
[※2]「LNGおよび都市ガス13Aのライフサイクル温室効果ガス排出量の算定」
（2016.6.6〜6.7　第35回エネルギー・資源学会研究発表会　講演論文集）

ガス発生装置（LPGエアガス発生装置）でガス供給を行うことにより，前述のGHPの活用を継続することが可能となる（1.4.3項参照）．

1.3　都市ガスの特性

都市ガスは燃料としてすぐれた特性を有している．本項では，都市ガスの組成，種類や特性について解説する．

1.3.1　都市ガスの組成

日本の都市ガスの原料は石炭から石油，さらに天然ガスへと変わってきた．2014年の国産天然ガスを含めた天然ガスが占める比率は約90%となっている（図1・8）．

天然ガスは，空気より軽く（対空気 比重0.638）上方に拡散し，燃焼下限界（燃焼することのできる空気中の燃料濃度の下限）が，他燃料に比較して高いこと，自然発火温度も高いことから他燃料と比較して安全性が高いエネルギーである．表1・4に，都市ガス13Aと一般的な液化石油ガス（LPG）の組成を対比する．LPGは空気より重く，発熱量は都市ガスの2倍以上である．また，燃焼下限界も低い．

都市ガスの分類（5A，6C，12A，13Aなど）は，燃焼特性（燃焼速度とウォッベ指数によって定まる）によって定められている．（ウォッベ指数）=（発熱量）/（ガス比重量）である．ガス種の数字はウォッベ指数に比例する値であり，英字は燃焼速度の分類を表す（A：遅い，B：中間，C：速い）．最も多く用いられている13Aは，都市ガスのなかでは発熱量の最も高いガスである．12Aガスは，主に国産天然ガスを原料とする都市ガスである．現在では，ほぼ100%の需要家で13A，12Aの高カロリーガスが使われている．

1.3.2　環境負荷特性

都市ガスの主原料である天然ガスは，表1・5に示すようにほかの化石燃料に比べて燃焼時の二酸化炭素（CO_2）や硫黄酸化物（SO_x）の発生量が少なく，環境に優しいエネルギーである．

また，化石エネルギーからの温室効果ガス排出量については，国内での燃焼時だけでなく，採掘から加工・輸送などの各段階での排出量も含めたライフサイクルでの評価が行われることもあるが，この点においても，天然ガスは化石

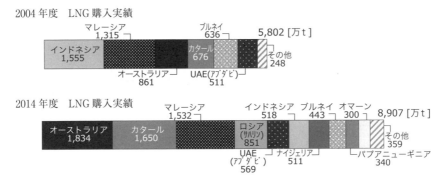

図1・9　日本のLNG輸入実績（都市ガス用途外含む）[2]

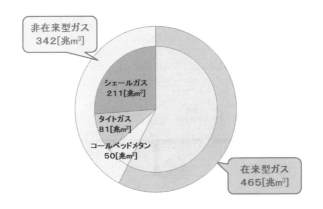

図1・10　天然ガスの資源量（2014年技術的可採埋蔵量）[2]

燃料のなかで最もCO_2排出量の少ないエネルギーであることが確認されている（**表1・6**）．なお，天然ガス田採掘現場では，地下から採取される天然ガスにCO_2が含まれている場合，これらのCO_2を大気放散するのではなく再度地下に圧入し，CO_2排出量を低減するなど，さらに環境負荷を削減させる取組みも行っている．

1.3.3　天然ガスの安定供給

天然ガスは世界各地で産出され，中東に偏在していないことから，有事の際の供給安定性にすぐれている．日本への天然ガスの輸入元は，**図1・9**に示すとおりさらに増加している．また，在来型天然ガスに加え，タイトガス，シェールガスなど，これまでは採掘に採算がとれなかったガスの採掘が進んでいる（**図1・10**，**図1・11**）．特に米国でのシェールガスの採掘増加はシェールガス革命と呼ばれ，天然ガス調達の状況を大きく変えることとなり，さらなる安定供給が期待される．

1.3.4　エネルギー政策での天然ガスの位置付け

前項までに示したように，天然ガスは化石燃料の中で環境性，供給安定性に優れるということで日本のエネルギー政策上，従来から重視されてきた．2016年4月に閣議決定されたエネルギー基本計画においても下記の内容が盛り込まれた

〔1〕　位　置　付　け

・LNG火力は，電源全体の4割を超え，熱源としての効率性が高く，利用が拡大．
・地政学的リスクも低く，温室効果ガスの排出も少ない．

第1章 都市ガス空調の概要と意義

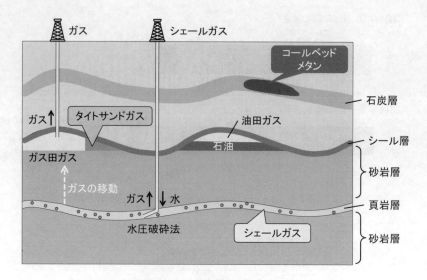

図1・11 天然ガスの種類（イメージ）

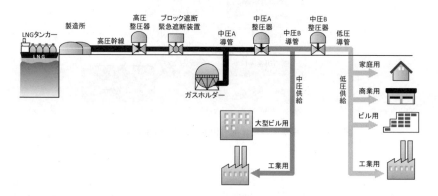

図1・12 都市ガス供給フロー例

・各分野の天然ガスシフトが進行し，その役割を拡大していく重要なエネルギー源．

〔2〕 政策の方向性

・供給源多角化などによりコストの低減を進めることが重要である．
・コージェネレーションなど地域における電源の分散化など，利用形態の多様化により，産業分野などにおける天然ガスシフトを着実に促進し，天然ガスの高度利用を進める．

1.4 都市ガス供給

1.4.1 都市ガス供給システム[4]

都市ガスの供給圧力は，ガス事業法施行規則に基づいて，最高使用圧力により，高圧（1 MPa（ゲージ圧）以上），中圧（0.1 MPa（ゲージ圧）以上，1 MPa 未満）と低圧（0.1 MPa（ゲージ圧）未満）に分類されており，ガス事業者によってはさらに詳細な分類（中圧 A，中圧 B など）をしている．都市ガスは高い圧力の状態から，市中などに設置されている整圧器（ガバナ）を通して，段階的に減圧される．都市ガスを多く消費する需要家には中圧で，一般家庭を含む比較的

1.4 都市ガス供給

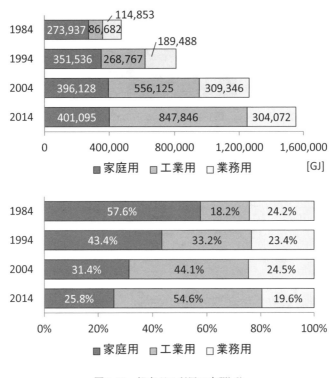

図 1・13 都市ガス利用の内訳 2)

小規模な需要家には低圧で供給されることが多い.

都市ガスは，ガス事業者と需要家との供給条件を定めた供給約款に基づき，熱量，圧力，燃焼性などが安定した状態で供給される.

都市ガス製造所から需要家までの供給フローの例を，図 1・12 に示す.

都市ガス事業者は，大規模地震の発生時などで一部の地域の被害が著しい場合には，当該地域の都市ガス供給を停止し，都市ガス漏えいなどによる二次災害発生を防止する.

〔1〕 中圧供給

中圧供給は，中圧導管から需要家に直接都市ガスを供給する方式である．工業炉や大型ガス空調熱源・ボイラ，コージェネレーションへの供給などに利用される．1.4.3項に示すように中圧供給はきわめて信頼性の高い供給方法といえる．

〔2〕 低圧供給

低圧供給は，中圧から減圧した低圧導管から

表 1・7 都市ガスの用途

分　野	都市ガスの利用用途
家庭用	厨房，風呂・給湯，暖房・床暖房 家庭用コージェネレーション（エコウィル） 家庭用燃料電池（エネファーム）
業務用	厨房，給湯，空調 コージェネレーション・マイクロコージェネレーション
工業用	溶解炉，加熱炉，乾燥炉など加熱源 空調，温水ボイラ，蒸気ボイラ コージェネレーション
その他	天然ガス自動車

需要家に都市ガスを供給する方式である．家庭用，中小工場，中小ビルの空調熱源，給湯器，厨房などに用いられる．中圧供給されているビルの場合は，施設内の圧力調整器を用いて部分的に低圧供給される．

1. 4. 2 都市ガス利用システム

都市ガスの利用は，家庭用のコンロはもちろ

第1章 都市ガス空調の概要と意義

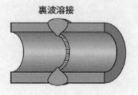

図1·14 鋼管の裏波溶接
（大阪ガス）

図1·15 ポリエチレン管
（大阪ガス）

図1·16 メカニカル継手
（大阪ガス）

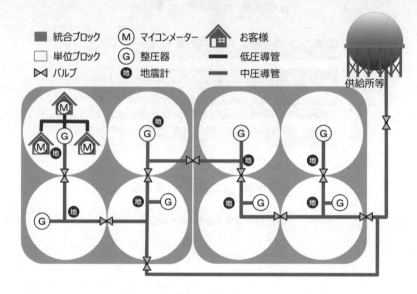

図1·17 都市ガス供給エリアのブロック化[2]

んのこと，本書で扱う空調，工業用の加熱源など多岐にわたっている（**表1·7**）．1990年代後半からは，コージェネレーションでの利用が特に増加している．

都市ガス利用の分野別内訳を**図1·13**に示す．

1.4.3 非常時の都市ガス供給
〔1〕 ガス供給システムの耐震化

製造所および高圧ガス管は堅固に作られているのはもちろんのこと，中圧ガス管も現在は鋼管および溶接接続が用いられており耐震性にすぐれたものとなっている（**図1·14**）．

これまでの大震災における液状化，地割れ，地盤沈下が発生した地区でもほとんど被害が出ていない．

一方低圧ガス管はこれまでネジ継手が多く，震災時にガス漏洩などの被害があったが，最近は可とう性にすぐれたポリエチレン管（**図1·15**）の採用が進んでいる．鋼管の場合も，メカニカル継手（**図1·16**）が採用され継手部分の耐震性が向上している．

〔2〕 非常時の対応

現在家庭用など低圧のガス供給先には，ほぼ全数マイコンメータが設置されている．マイコンメータには感震器が内蔵されており，震度5程度で自動的にガスを停止する機能が搭載されている．停止したマイコンメータは自動的に圧力確認をする機能など安全に復旧する機能もあり，都市ガス使用者が自ら復旧することも可能である．このため震度6程度であれば，マイコンメータが遮断してもガス使用の再開は比較的容易である．

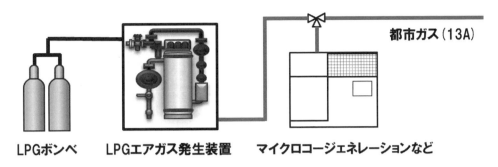

図1・18 LPGエアガス発生装置による非常時燃料供給システム[4]

しかし，大震災時は，二次災害を防止するため，都市ガスの供給が停止されることがある．

復旧の際には，需要家施設のガス設備に漏洩がないかの安全を1件1件確認して復旧させる．この復旧には労力と時間がかかるため，都市ガスの供給停止は，合理的に行う必要がある．広域にガスを供給する事業者は，供給停止区域を限定的に行えるよう大小のブロック化を進めている（図1・17）．

〔3〕 非常時のガス供給

前項のように非常時にガス供給を停止した場合であっても，BCP対応として部分的にガスの供給を行うこともある．

部分的に供給する方式として次の方法がある．

〔a〕中圧導管の活用：都市ガスの中圧導管は耐震性に優れており，1995年の阪神・淡路大震災や2011年の東日本大震災でも大きな被害がなく，地震などの災害発生時の都市ガス供給確保が期待される方式である．中圧ガス管自体には被害がないが，低圧ガス停止のために中圧ガスが停止される場合もある．上記遮断ブロック化を合理的に行うことにより中圧停止が回避できる可能性が高くなる．病院などの施設で中圧ガスでの供給がなされていれば復旧が早くなる，もしくは停止を回避できる可能性がある．

〔b〕CNGボンベによる備蓄：非常時に導管からの都市ガス供給が停止した場合に，圧縮天然ガス（CNG：Compressed Natural Gas）ボンベを備蓄しておき，区分バルブ以降で配管供給からボンベ供給に切り替えて一部のガス機器に供給する方式である．CNGは中圧以上の圧力で供給できるので，中圧仕様のコージェネレーションなどに直接使用することができる．ただし，長時間の稼働のためのCNGボンベ供給が課題となる．

〔c〕LPGボンベによる備蓄：液化石油ガス（LPG）をボンベで置いておく方式で，LPGを空気と混合させて都市ガス（13A）と燃焼性状が同一のガス（LPGエア）を作って区分バルブ以降で供給する．低圧の都市ガスの代替として，GHPやマイクロコージェネレーション，給食施設などに用いることができる．LPGボンベを被災地外から供給し取り換えることができれば連続してガスを供給することも可能である．LPGエアガス発生装置による非常時の燃料供給システムを図1・18に示す．

1.4.4 都市ガス事業制度の変更

都市ガスは，従来，一般ガス事業者など国の許可を受けた特定の事業者が，供給を許された地域に独占して供給を行ってきた．しかし制度変更により，同じ地域に複数の事業者がガスを供給することができる，いわゆる"小売り自由化"が進められている．2016年4月の電気事業の小売り全面自由化に引き続き，2017年4月からはガス事業の小売り全面自由化が始まるなど制度変更が進められている．これらの制度変更

第1章　都市ガス空調の概要と意義

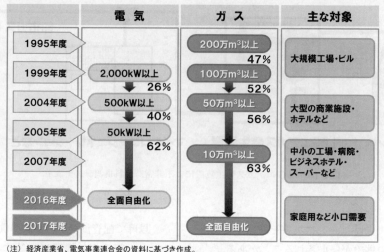

図1・19　小売り自由化対象範囲の推移

は電気事業も含めて，エネルギーシステム改革と呼ばれている．

〔1〕エネルギーシステム改革の推移

エネルギー供給の小売り自由化は，2011年の東日本大震災後の電力需給逼迫を契機に進展したように思われる方も多いが，自由化自体は既に1995年から始まっている．

図1・19は，小売り自由化の開始年度と対象範囲を示したものであるが，電気・ガスとも使用量の規模が大きい市場から段階的に自由化の対象が広がっている．

これらの制度改革が開始された1990年台後半は，エネルギー料金の内外価格差（海外と日本との差）などが大きな課題であり，エネルギー料金の低減が制度改革の主な目的であった．

〔2〕自由化と周辺制度

図1・19に示すとおり，ガスの自由化は，電気に先駆け，大口需要を対象に1995年にスタートしている．電気・ガスともに小売り自由化のためには，"託送"のルール整備も必要とされる．自由化により複数の事業者が電線やガス管を同じ道路に新たに二重，三重に敷設するわけではない．そのような投資をすれば社会的な経済損失となるため，自由化後も既存の送配電設備やガス導管の地域独占が維持される．既存の送配電設備・ガス導管を第三者が利用する託送制度によって電気・ガス供給を行う．つまり小売り事業者は，発電所・ガス製造所で電気・ガスを製造または調達し，電線・ガス管を借りて使用者に供給するということである．託送をするためには料金が必要となるが，この料金設定が，既存事業者と新規参入者で不公平がでないよう国がルール作りを行っている．

託送料金は単に送配電設備・ガス導管の敷設費を分担するという概念ではない．供給する電気・ガスの品質維持の価値も含めた"利用料"である．

2015年6月の"電気事業法等の一部を改正する等の法律"ではガス事業についても規定しており，「2017年4月より小売り全面自由化をすること」，「2017年度4月より図1・20に示す事業形態に変更すること」，「2022年度には導管部門の分離（大手3社は法的分離，それ以外は会計分離）を行うこと」が示された．

事業形態の変更については，これまで一般ガス事業者が，製造，供給（配送），小売りを一貫で行い，これに自由化による新規参入者（大口ガス事業者）が加わっていたが，改正法施工

1.4 都市ガス供給

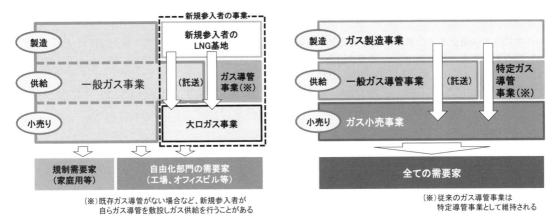

図1・20 これまでのガス事業分類（左）とあらたなガス事業分類（右）

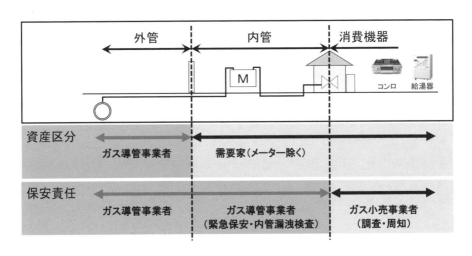

図1・21 ガス設備の資産区分と保安責任範囲

後は、①ガス製造事業、②導管事業（従来の一般ガス事業者の導管を用いる事業は一般ガス導管事業）、③ガス小売事業の3つの事業に分けることになった．

〔3〕 自由化後の供給確保と保安確保

供給確保については、全面自由化後も維持される制度となっている．これまでは一般電気事業者、一般ガス事業者に供給義務があり、供給可能な条件が満たされており、供給の申込みがあれば、電気・ガス事業者は供給を拒むことはできなかった．自由化後は小売り事業者にこの供給義務は課せられないが、どの小売り事業者も供給を拒んだ場合、電気はその地域の送配電事業者、ガスはその地域の一般導管事業者が供給の義務を負うことになっている．（これを"最終供給保障"と呼ぶ．）

なお、ガスの場合は、保安確保も問題となる．これまで一般ガス事業者は需要家の敷地の中のガス管やガス機器についても安全周知の義務を負っており、定期点検などを実施している．自由化後は敷地内のガス管については導管事業者が責任をもち、ガス消費機器については小売り事業者が調査・周知の責任を持つこととなった（図1・21）．

第1章　参考資料

1）電気事業審議会基本政策部会電力負荷平準化対策検討小委員会中間報告（平成9年12月）
2）都市ガス事業の現況 2016　日本ガス協会
3）大阪ガスグループCSRレポート2016，P35
4）都市ガスコージェネレーションの計画・設計と運用　空気調和・衛生工学会（2005-3），P75

第2章
都市ガス空調の種類と特徴

2.1 空調熱源システムの分類

わが国の空調分野における熱源方式は，戦後以降を総括すると，1955年ごろまでは，冷熱源が電動の圧縮式冷凍機，温熱源が石油を燃料としたボイラの時代であった．しかし，1965年に二重効用蒸気吸収冷凍機が，1968年にガス吸収冷温水機が出現して以来，化石燃料を直接，エネルギー源とする冷房用熱源が普及しはじめた．

表2·1に空調用冷凍機の分類を，表2·2に空調用熱源システムの分類を示す．冷凍機は，冷凍サイクルにおける圧縮過程を機械的に行う圧

表2·1 空調用各種冷凍機の分類[1]

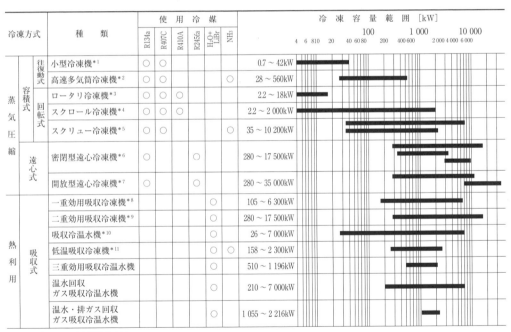

(注) *1 冷凍用および小規模冷凍用．
*2 冷凍用．密閉型はパッケージ型空調機に多く使われる．
*3 小型は家庭用クーラに使われる．
*4 パッケージ型空調機・小型チラーのほか，連結モジュラー型もある．
*5 冷凍用．中大型は各種ヒートポンプに使われる．
*6 中規模建物の一般用 (冷房用) として使われる．
*7 地域冷房の大容量機として使われる．タービンエンジンなどと組み合わせて使われるケースが多い．
*8 80℃以上の温水を熱源とする低温水吸収冷凍機，98〜187 kPa の蒸気を熱源とする蒸気一重効用吸収冷凍機がある．
*9 中大規模建物の一般用 (冷房用) として使われる．
*10 小中規模建物の暖房・冷房兼用機として使われる．
*11 0℃以下の工業用プロセス用・冷凍装置に使われる．

第2章 都市ガス空調の種類と特徴

表2・2 空調熱源システムの分類[2)]

区分	種別	冷温熱源機器の組合せ	(駆動)エネルギー			ヒートシンク ヒートソース		評価項目／定性通常評価		適用建物例		備考
								供給熱媒温度				
			電力	燃料	その他	空気	水	冷熱	温熱	用途	規模	
中央方式	電気・燃料併用	電動冷凍機＋蒸気ボイラー	○ ―	― ○		○ ―	(○) ―	7℃	蒸気	業務用建物 (病院ホテル)	中・大	
		電動冷凍機＋温水ボイラー	○ ―	― ○		○ ―	(○) ―	7℃	100℃＜	業務用建物	小・中・大	
	電気主体	電動ヒートポンプ[空気熱源]	○ ○			○ ○		7℃	45℃	業務用建物	小・中・大	
		電動ヒートポンプ[水熱源]	○ ○				○ ○	7℃	45℃	業務用建物	小・中・大	
		ダブルバンドルヒートポンプ[空気熱源]	○ ○			○ ○		7℃	45℃	業務用建物	中・大	
		ダブルバンドルヒートポンプ[水熱源]	○ ○				○ ○	7℃	45℃	業務用建物	中・大	
	燃料主体	二重効用吸収冷凍機＋蒸気（または高温水）ボイラ		○ ○		○ ―	(○) ―	7℃	蒸気 (高温水)	業務用建物 病院・ホテル	中・大	排水ボイラ利用(CGSなど)システムへの適応も可
		一重効用吸収式冷凍機＋温水ボイラ		○ ○	太陽熱	○ ―	(○) ―	7℃	100℃＜	業務用建物	中・大	廃熱の中温水回収利用可
		吸収冷温水機		○ ○		○ ―	(○) ―	7℃	60℃＜	業務用建物	小・中・大	
		背圧タービン駆動遠心冷凍機＋二重効用吸収冷凍機＋蒸気ボイラ		○ ○		○ ―	(○) ―	7℃	蒸気	DHC・工場 病院・ホテル	大	
		復水タービン駆動遠心冷凍機＋蒸気ボイラ		○ ○		○ ―	(○) ―	7℃	蒸気	DHC・工場 病院・ホテル	大	
	コージェネレーションシステム	タービン駆動発電機＋二重効用吸収冷凍機＋熱交換機		○(ガス)	排ガスジャケット排熱	○		7℃		DHC・工場 病院・ホテル	大	コージェネレーションシステムは，排熱(回収熱)の有効利用を図らないと総合効率の向上は望めない
		エンジン駆動発電機＋温水回収ガス吸収冷温水機＋熱交換機		○(ｶﾞｽ･油)	排ガスジャケット排熱	○		7℃	85℃＜	病院・ホテル スポーツ施設	大	
		燃料電池＋二重効用吸収冷凍機＋熱交換機		○(ガス) ○	排ガス			7℃	70℃＜	病院・ホテル スポーツ施設	大	
冷媒方式・個別方式	電気・燃料方式	水冷パッケージ＋冷却塔＋蒸気(または温水)ボイラ	○	○		○ ―	(○) ―		任意	業務用建物	小・中	
		水熱源小型ヒートポンプパッケージ＋(密閉型)冷却塔(＋補助ボイラ)	○ ○	○						業務用建物	小・中	
	電気主体	空気熱源電動ヒートポンプパッケージ(EHP)	○ ○			○ ○				業務用建物	小・中・大	
	燃料主体	ガスエンジン駆動ヒートポンプパッケージ(GHP)		○(ガス) ○		○ ○				業務用建物	小・中・大	エンジン排熱利用で暖房能力大ゆえ，寒冷地に適

(注) 1) (駆動)エネルギー，ヒートシンク・ヒートソース欄は，上段：冷熱用，下段：温熱用を示す．
　　 2) ヒートシンク・ヒートソース欄の水は，井水・河川・水・海水などの意味である．
　　 3) 水冷冷凍機で一般に冷却塔を用いる場合も，ヒートシンクは，最終大気と考えて表示した．

縮式冷凍機と，冷媒蒸気の吸収液への吸収，再生により冷房を行う吸収式冷凍機などの熱駆動冷凍機に大別される．圧縮式冷凍機には，往復動式冷凍機，回転式冷凍機，遠心式冷凍機などがあり，空調用として広く利用されている．また熱源システムは，建物単位および地域単位でのシステムは中央空調方式，フロア単位・ゾーン単位は個別空調方式と分類される．

中央空調方式で採用される吸収式冷凍機は，通常吸収剤に臭化リチウムを，冷媒に水を用いた冷凍機で，一重効用吸収冷凍機と二重効用吸収冷凍機があり，その温熱源には温水，蒸気，ガス・液体燃料の燃焼熱が用いられる．その他に，運転者に特別な資格を必要としない，電力消費量が少ない，振動・騒音が小さい，容量制御範囲が広いなどの利点がある．

特にガス吸収冷温水機は熱源システムという観点でみると，1台の機器で冷房運転と暖房運転ができることから，従来のボイラと冷凍機の組合せと比べると機械室スペースの削減ができる利点がある．さらに昼間のピーク電力削減のためのガス冷房の推進や，ガス会社の空調用ガス料金体系の設定により，急速に普及した．

また，最近ではコージェネレーションと組み合わせた熱源システムとしてガス吸収冷温水機が多く採用されており，その際にはコージェネレーションの廃温水を利用し，ガス消費量を減らすことができる温水回収ガス吸収冷温水機（ジェネリンク）が選定されている．

一方，個別空調方式では，電気式ヒートポンプ（EHP）とともに，ガス熱源システムとしてガスヒートポンプ（GHP）も，中小建物を中心に採用されている．

2.2　ガス吸収冷温水機

1959年における一重効用蒸気吸収冷凍機（704 kW）の製造が，わが国における吸収式冷凍機実用化の幕開けといえる．この後，高効率化のために二重効用化が検討され，1965年には，二重効用蒸気吸収冷凍機（2 110 kW）が製造された．

ガスを熱源とし，冷水・温水ともに製造できるガス吸収冷温水機については，1968年に冷房能力211 kWの二重効用形が開発・製造されてから，1980年にかけて省エネルギー化（高効率化）が急速に進み，業務用や産業用の冷暖房機器と

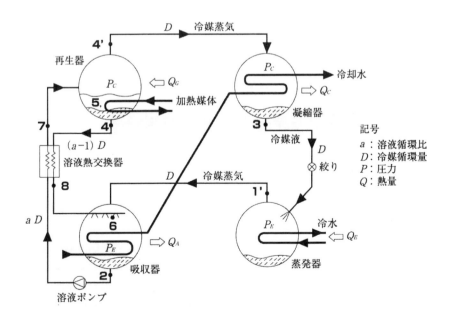

図2・1　一重効用吸収冷凍サイクル（LiBr-水）

第2章　都市ガス空調の種類と特徴

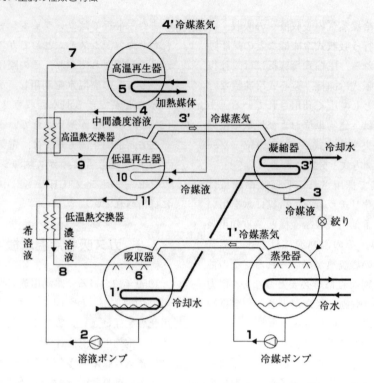

図2・2　二重効用冷凍サイクル(LiBr・水)

しての地位が確固たるものとなった．小容量機に関しても1983年には冷房能力26.4 kWの二重効用ガス吸収冷温水機が販売されている．

2.2.1　吸収式冷凍機の作動

吸収式冷凍機では，真空容器で構成された蒸発器で蒸発気化しやすい液体(冷媒)を蒸発させ，冷水から蒸発潜熱を奪って冷水を冷やす一方，この蒸発した冷媒蒸気を吸収させる吸収剤(吸収溶液)が併設された吸収器で用いられて，真空状態を維持している．この吸収溶液は冷媒蒸気を吸収すると吸収能力が弱くなるため，吸収溶液を加熱濃縮し再生する過程が必要となる．この溶液再生過程に燃焼ガスや蒸気，高温水などの熱エネルギーが用いられる．

――――一口メモ――――
ナチュラルチラー　東京ガス・大阪ガス・東邦ガスの登録商標．ガス吸収冷温水機は「自然の水」「自然の恵みの天然ガス」「自然エネルギー(太陽熱等)」の組み合わせで冷暖房を行うため，愛称として「ナチュラルチラー」と呼んでいる．

なお，空調用の一般の吸収式冷凍機には冷媒として水，吸収溶液として臭化リチウム(LiBr)水溶液が使用されている．

一重効用冷凍サイクルは，図2・1に示すように5種類の主要熱交換器，すなわち吸収器，再生器，凝縮器，蒸発器および溶液熱交換器で構成されている．

a. 蒸発器で負荷(冷水)から熱Q_Eを奪い蒸発した低温の冷媒蒸気**1'**は吸収器に流入し，溶液に吸収される．この吸収過程で発生する熱Q_Aは冷却水によって除去される．

b. 冷媒を吸収して吸収溶液の濃度が低下した希溶液**2**は溶液ポンプで再生器に送られるが，途中の溶液熱交換器で再生器から吸収器へ流れる高温の濃溶液**4**と熱交換し，温度が上昇して再生器に入る．

c. 再生器では，希溶液**7**が加熱媒体(外部から供給される燃焼ガス，蒸気，温水など)による熱Q_Gによって加熱され，沸騰して冷媒蒸気**4'**を排出し，濃溶液**4**となる．

表2·3 吸収式冷凍機の分類

冷凍サイクル	冷暖房	加熱源	名称
一重効用形	冷房	温水	一重効用温水吸収冷凍機
	冷房	蒸気	一重効用蒸気吸収冷凍機
二重効用形	冷房	温水	二重効用高温水吸収冷凍機
	冷房	蒸気	二重効用蒸気吸収冷凍機
	冷暖房	ガスまたは油	二重効用ガス（または油焚）吸収冷温水機
	冷暖房	ガス油切替	二重効用ガス油切替専焼吸収冷温水機
一重二重併用形	冷房	温水＋蒸気	温水回収蒸気吸収冷凍機（蒸気ジェネリンク）
	冷暖房	温水＋ガス	温水回収ガス吸収冷温水機（ジェネリンク）
	冷暖房	温水＋蒸気＋ガス	温水・蒸気回収ガス吸収冷温水機（温水・蒸気ジェネリンク）
	冷房	温水＋排ガス	温水回収排ガス吸収冷凍機（排ガスジェネリンク）
	冷暖房	温水＋排ガス＋ガス	温水・排ガス回収ガス吸収冷温水機（温水・排ガスジェネリンク）
三重効用形	冷暖房	ガス	三重効用ガス吸収冷温水機

d. この濃溶液 **4** は溶液熱交換器を通って温度が低下し，再び吸収器へ流入する．

e. 一方，発生した冷媒蒸気 **4'** は凝縮器へ流入し，冷却水に熱 Q_C を放出して凝縮する．

f. この凝縮した冷媒液 **3** は，絞りを経て再び蒸発器へ流入する．

一重効用冷凍サイクルにおいて，冷却水に捨てられていた冷媒蒸気の凝縮熱を再利用することにより，効率を改善したのが二重効用冷凍サイクルである．

二重効用冷凍サイクルは**図2·2**のように，高温再生器と低温再生器の二つの再生器と，高温熱交換器と低温熱交換器の二つの溶液熱交換器を有している．都市ガスなどの駆動熱源は高温再生器に加えられ，このとき発生した冷媒蒸気の熱を低温再生器での加熱に用いることで効率向上を図っている．そして，凝縮器の性能を向上させることで，凝縮圧力を低下させ高温再生器の圧力を大気圧以下にしている．また，高温再生器の溶液温度上昇による腐食環境の厳しさ増大，高圧部分と低圧部分の圧力差の増大，および構造の複雑化などへの対応が必要である．

2.2.2 吸収式冷凍機の種類

冷媒と吸収溶液の組合せ，加熱源，冷凍サイクルの種類などによって吸収式冷凍機を分類すると，**表2·3**のようになる．

加熱源には蒸気（低圧，中圧），温水（75～190℃），ガス（または油），排ガスなどが使用されている．特に，温水製造機能を持たせたガス吸収冷温水機は，冷房だけでなく給湯，暖房にも使用可能である．

蒸気を加熱源とするものでは，中圧（490～882 kPa）蒸気を使用する二重効用蒸気吸収冷凍機が大規模建物（特に病院，ホテル，地域冷暖房）に使用されている．ガスタービンを用いたコージェネレーションでは，排ガスボイラから中圧の蒸気が得られるため二重効用が使用できる．

150～190℃の高温水を熱媒体とする高温水吸収冷凍機が，地域冷暖房方式に使用されてい

90℃前後の温水を加熱源とする温水吸収冷凍機や一重二重併用形は，ガスエンジンのコージェネレーションに使用されている．温水を主な熱源として，補助的にガス直だきを利用する温水回収ガス吸収冷温水機は，ガス消費量を最大40％削減することができる．

2.2.3 二重効用ガス吸収冷温水機

吸収式冷凍機の中でも，一般に広く普及している二重効用ガス吸収冷温水機の概要について解説する．

〔1〕 二重効用ガス吸収冷温水機の構造

〔a〕燃焼装置

都市ガス，LPGなどの気体燃料は，高温再生器の燃焼装置において燃焼させる．燃焼制御は，ON/OFF制御，三位置制御（HI/LOW/OFF），比例制御などの方式がある．

ON/OFF制御は，主に小容量のガス吸収冷温水機に採用されており，ガス遮断弁とガバナを一体としたユニット弁が主流で，簡易な機構で燃焼調整も容易である．

三位置制御は，中容量のガス吸収冷温水機に採用され，小容量のガス吸収冷温水機と同様にユニット弁が採用されている．シンプルな機構で燃焼調整も容易となる．

比例制御は，部分負荷効率を高めるために採用され，コントロールモータをPID制御することにより，リンケージされた燃料用調整弁と燃焼空気用ダンパーを開閉し，燃焼量を調整する．

〔b〕安全装置

バーナの燃焼を制御するうえで，燃焼監視器は最も重要な装置である．現在では，ガスの燃焼時に発生する紫外線を受けて監視する紫外線光電管方式や，2本の電極棒の間に交流電圧を印加して，火炎が存在すれば直流電流が流れるしくみを応用したフレームロッド方式の燃焼監視器が使用されている．

ガス吸収冷温水機では，パイロットガス配管系およびメインガス配管系それぞれにガス遮断弁を二重に設置して，安全・確実に燃料を遮断する二重遮断方式が採用されている．電磁コイル式ガス遮断弁は，安価でコンパクトな整流器が利用できるようになり，作動力も大きくなり大容量機種にも採用されている．

また，ガス供給圧力が変動した場合，バーナの安全・安定燃焼に影響を与えることもありうるので，ガス圧力スイッチを設置して監視している．

〔c〕抽気装置

ガス吸収冷温水機において，真空の維持管理はその性能，耐久性などの保全性維持にとって極めて重要である．ガス吸収冷温水機は，防食皮膜を形成するまでの過程において，水素ガスが発生する．機器性能を維持するために，この水素ガスなどの不凝縮ガスを運転中常時貯室タンクに貯め，定期的に外部に排出する必要があり，そのために抽気装置を装備している．

パラジウムセルは，金属パラジウムの膜が高温において水素ガスを透過する性質を利用して，ガス吸収冷温水機内の水素ガスを自動的かつ連続的に機外に排出するものである．その構造を図2・3に示す．

また，全自動抽気装置を図2・4に示す．抽気弁の開閉，抽気ポンプ運転などをすべて自動で行うものであり，不凝縮ガス圧力を圧力センサで検知して，圧力が一定値以上になれば，機外へ排出する．

―口メモ―

臭化リチウム 吸収冷凍機の吸収溶液として使用されている臭化リチウム（LiBr）は，リチウム鉱石から得られるリチウム（Li）と海水から得られる臭素（Br）の化合物である．元素の周期表によれば，リチウムはナトリウム（Na）と，臭素は塩素と，それぞれアルカリ族，ハロゲン族という同種の元素であることから，臭化リチウムと塩化ナトリウム（NaCl）は似たような性質を持つ．

食塩（塩化ナトリウム）は，湿度の高い空気中に放置しておくと空気中の水分を吸収して潮解するが，臭化リチウムの吸湿力は食塩より数段強い．

2.2 ガス吸収式冷凍機

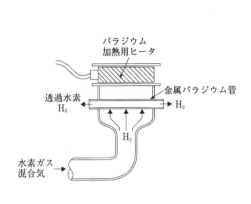

図2・3　パラジウムセルの構造図[3]

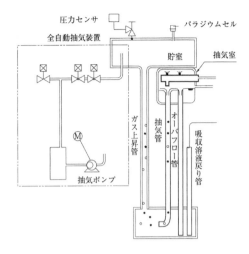

図2・4　全自動抽気装置

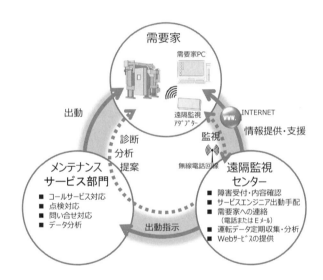

図2・5　遠隔監視システム概念図（例）（パナソニック）

〔2〕 遠隔監視システム

遠隔監視システムは，使用者のガス吸収冷温水機とメーカーの遠隔監視センターとを通信で結ぶことにより，ガス吸収冷温水機の状態を24時間，365日体制で監視するシステムである．通常時は，定期的な運転データの収集と蓄積されたデータを用いて，長期的な傾向管理を行う．異常時には，異常の原因究明と迅速な復旧と予防保全や機器の運転に合わせた適切なメンテナンスを行うことができるシステムである．

図2・5に遠隔監視システムの概念図を示す．

〔3〕 保全性の向上

ガス吸収冷温水機の性能，耐久性などの維持にとって極めて重要な真空管理については，抽気装置のところに記した．真空管理と同様に，保全性向上のためには溶液管理が不可欠である．

現在，実用化されているガス吸収冷温水機は，主に炭素鋼で構成されており，高温の腐食性環

――――一口メモ――――
冷却水条件（JIS）　ガス吸収冷温水機への入口温度を32℃，機器からの出口温度を37.5℃（参考値）とする条件．JIS B 8622に規定されている．

境から炭素鋼を保護するために，各種の腐食抑制剤が使用され，溶液は弱アルカリ性に保たれている．溶液管理として，アルカリ度の調整と腐食抑制剤の濃度管理を行っている．

2.2.4 ガス吸収冷温水機パック型

ガス吸収冷温水機と冷却塔を一体化して，冷温水ポンプ，冷却水ポンプなどの付帯設備をパッケージ内にコンパクトに収納し，設置の省スペース化を図ったシステムである．

図2・6にガス吸収冷温水機パック型のシステム構成を示す．

ガス吸収冷温水機パック型は，システム内で必要になる部品をすべて熱源機まわりに一体化しているため，設備設計および施工の省力化を図ることができる．

また，冷却水系統が製品の一部になったことから，冷却水系の汚れを検知する導電率センサを搭載し，自動ブロー機能や自動薬注機能を有し，冷却水管理が可能な製品もある．

ガス吸収冷温水機パック型は，全体がコンパクトに収まっているので省スペース化が図れるとともに，現地据付け後の工事は冷温水配管，給水配管，ガス配管，電気配線に限られ現地工事が簡素化，工程短縮できるという有効性がある．

2.2.5 ガスコージェネレーション用吸収冷温水機

コージェネレーションは，都市ガスなどの燃料でエンジンやタービンを駆動させ，発電を行うとともに，同時に発生した排熱を給湯や冷暖房に利用するシステムである．このコージェネレーションの排熱を熱源として駆動するガス吸収冷温水機について述べる．

ガスエンジンのジャケット冷却水からは，温水で熱回収できる．また，排ガスからは温水や中圧蒸気で熱回収できる．ガスタービンの排気ガスからは高圧蒸気の形で熱回収できる．回収された温水は，一重効用温水吸収冷凍機や温水回収ガス吸収冷温水機（ジェネリンク）の駆動熱源として，高圧蒸気は二重効用蒸気吸収冷凍機や温水回収蒸気吸収冷凍機の駆動熱源として利用される．

〔1〕 温水回収ガス吸収冷温水機（ジェネリンク）

ジェネリンクは，コージェネレーションからの廃温水により希溶液を加熱することによって，高温再生器に必要な都市ガスなどの消費量を削減できる機器である．

ジェネリンクは，ガスエンジンとの制御上の取合いや廃温水の優先利用のための設計などが

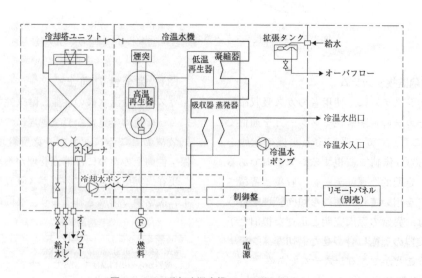

図2・6 ガス吸収冷温水機パック型システム

不要で，設計や施工が容易であること，設置スペースの削減や工期の短縮によりイニシャルコストが低減できること，廃温水の利用効率の向上により，さらなる省エネルギーが可能でランニングコストの削減も可能であることなど，多くの特長を有する．図2・7にジェネリンクの運転特性の一例を示す．

図2・8に示すフロー図のように廃温水により冷媒を蒸発させる再生器の機能を有しており，廃温水回収量を増大させ燃料削減率を高める開発が進められている．最新型では図2・7に示す運転特性のように，定格時の燃料削減率が最大40％で，部分負荷になるほど燃料削減率は高くなり，冷房負荷率60％で廃温水のみの単独運転が可能である．

〔2〕 蒸気吸収冷凍機

蒸気吸収冷凍機は，得られる蒸気の圧力が低圧の場合は一重効用冷凍サイクルとなり，中圧

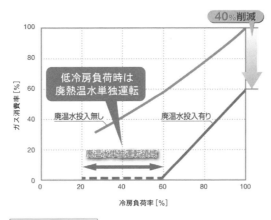

図2・7 ジェネリンクの運転特性例

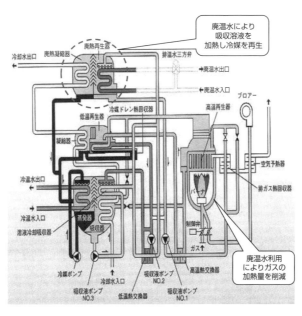

図2・8 ジェネリンクのフロー例

の場合は二重効用冷凍サイクルを駆動することができる．二重効用機の成績係数（冷房能力／蒸気使用熱量）は蒸気入力ベースで標準機において約1.2，最高効率機で約1.5である．

〔3〕温水吸収冷凍機

温水吸収冷凍機は，80～95℃程度の温水を再生器の加熱源として利用する一重効用冷凍サイクル機である．成績係数（冷房能力／温水使用熱量）は，0.6～0.7程度であるが，廃温水の有効利用を図ることができる．駆動熱源としての温水温度と冷凍能力の関係を図2・9に示す．

2.2.6 その他の機種

〔1〕節電型吸収冷温水機[4]

これまで吸収冷温水機本体の効率向上が図られてきたが，熱源機本体以外の補機動力エネルギーも削減しシステムの効率向上を図ることも重要である．システム効率の向上と節電を目的に開発されたのが，節電型吸収冷温水機である．

中央空調方式において電力使用の大きな部分を占める冷却水ポンプ動力を削減するため，

① 定格時の冷却水流量をこれまでの70％の 0.7 m³/RT 以下
② 部分負荷時の変流量の下限値は定格の50％以下

の目標で開発された．冷却水流量を低減させると，能力が低下する方向となるが，節電型の開発では冷却水系の伝熱性能の強化などにより，能力の低下を抑制している．

図2・10に節電型の空調負荷率と冷却水流量のイメージを示す．冷却水流量は定格時にはこれまでの70％以下となり，低負荷時には変流量によりさらに低減され，35％以下となる．消費電力は理論的には流量の3乗に比例するが，インバーターロス等を考慮し，2.5乗とすると，定格時には約60％の消費電力の削減が可能であり，さらに変流量制御により大幅に消費電力の低減が図れる．また冷却水流量を削減することにより，冷却水配管や弁類，冷却塔のサイズダウンも図ることができ，設備コスト低減にもつながる．2015年2月以降，各吸収式メーカより商品化されている．

〔2〕ソーラー吸収冷温水機（ソーラークーリング）[5]

冷房時には太陽熱集熱器からの温水（70～90℃）を温水回収ガス吸収式冷温水機に投入し冷水を作り冷房に利用，暖房時は太陽熱集熱器からの温水（60℃程度）を暖房に利用するシステムである．図2・11にシステムイメージを示す．太陽熱が不足する場合はガスでバックアップを行う．年間を通じて太陽熱を効率よく利用することにより，省エネ，省CO_2を図ることができる．

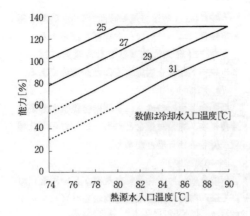

冷水温度および流量　：定格値設定
冷却水流量　　　　　：定格値設定
熱源水流量　　　　　：定格値設定

図2・9　一重効用温水吸収冷凍機の運転特性計算例

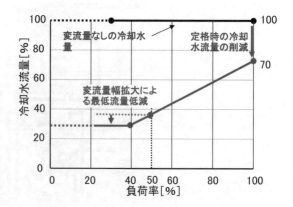

図2・10　節電型吸収冷温水機の冷却水流量

本システムは，延床面積4 000 m²（3～4階建て）のビルの場合で，太陽熱を組み込まない従来の都市ガス空調システムと比べ，冷暖房に使われる年間の一次エネルギー消費量が約24%，CO_2排出量が約21%（約34トン）低減する．2010年6月より発売されている．

〔3〕 モジュール連結型吸収冷温水機[6]

空調設備の更新時に，寸法・重量などの搬入制約により，機械室・屋上などへの搬入・設置が困難な場合がある．これらの課題を解決するために，非常用エレベーター（17人乗り）に積載可能な機種が開発された．図2・12にモジュールの分解説明図を示す．

本機種は，176 kW（50RT）を最小モジュールとし，このモジュールを連結することで，176 kW（50RT）から1 055 kW（300RT）に対応する．運搬時には最小モジュールを二分割することで小型・軽量化し，非常用エレベーター（17人乗り）に積載できるため，設置・搬入などが容易となる．また，冷水・冷却水ポンプのインバーター化などにより，冷房運転時には，従来機に比べ約23%の省エネが図れる．さらに，コンパクトな機体設計により，同冷房容量の一体型吸収冷温水機の設置・保守スペース内での設備更新が可能となる．2014年4月より発売されている．

〔4〕 2温水回収ジェネリンク[7]

工場や病院などでは，コージェネレーションの廃温水や機械の動力源（空気）を供給する空気圧縮機から発生する廃温水，工業炉の廃熱など，使いきれていないエネルギーが数多く存在する．より一層の省エネルギー化を推進していくためには，これらの未利用エネルギーの有効

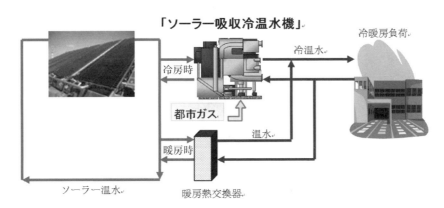

図2・11 ソーラー吸収冷温水機のシステム

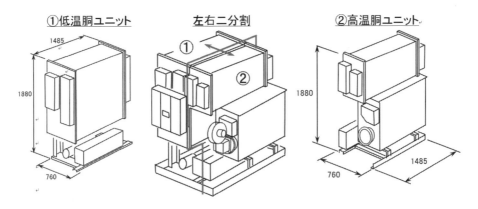

図2・12 モジュールの分割説明図

活用が必要となる.そこで,1台で温度帯や流量の異なる廃温水を効率的に回収し,燃料消費の削減を実現する機種が開発された.**図2·13**にシステムフロー例を示す.

本機種は,工場や病院などに導入されているコージェネレーションの廃温水や,空気圧縮機をはじめとする機械から発生した廃温水(未利用エネルギー)など,温度帯や流量の異なる2種類の廃温水(2温水)を国内で初めて熱源として利用可能とした.従来,2温水を回収し空調用の熱源に利用する場合は,一般的に2台の廃温水回収・利用設備を設置していたが,本機種では1台で回収・利用することが可能なため,スペースの有効活用や設備導入時のコスト低減が図れる.本機種を用いることで,廃温水を利用しない吸収冷温水機と比較して,主熱源の都市ガス消費量を冷房定格運転時に約25%削減することができる.

2.2.7 機種選定の考え方

表2·4に用途別の機種選定例を示す.

〔1〕ヘビーロード仕様吸収冷温水機

一般空調用途に比較して運転時間が長い用途や24時間運転などの用途向けに,ヘビーロード仕様のガス吸収冷温水機がある.

ヘビーロード仕様機種については,以下のような対応がなされている.

〔a〕耐久性の向上

　高性能伝熱管の採用や冷房能力に余裕を持たせた機種の採用により伝熱面積を増

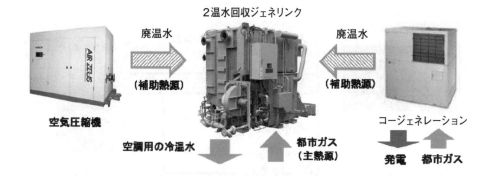

図2·13　2温水回収ジェネリンクのシステムフロー例

表2·4　用途別の機種選定例 [3]

用途	運転条件			機種	
	冷房期間	冷房運転期間	平均負荷率	大型機	中小型機
事務所建物	3月～11月	1700h/(年・台)	40～50%	標準仕様×2	標準仕様×2
電算機建物	年間冷房 (24時間運転)	5000 〃	60～80%	ヘビーロード仕様×2	ヘビーロード仕様×複数台
ホテル	年間冷房	2400 〃	30～50%	標準機種×2,または ヘビーロード仕様×2	仕様変更×2,または ヘビーロード仕様×2
大規模病院	5月～9月 (24時間運転)	2400 〃	20～30%	ヘビーロード仕様 +標準仕様,または ヘビーロード仕様×2	仕様変更
大規模店舗	3月～11月	2000 〃	40～60%	標準仕様×2	標準仕様×2
プロセス冷却	年間冷房 (24時間運転)	7000 〃	90～100%	ヘビーロード仕様×2	ヘビーロード仕様×複数台

加させ，運転中の溶液温度を下げることによって耐久性の向上を図っている．

〔b〕性能維持

パラジウムセル容量の増強や自動抽気装置の装備・増強によって機内の真空維持レベルを向上させ，性能維持と耐久性の向上を図っている．

〔c〕保全性の向上

溶液ろ過装置や冷媒凍結防止用ヒータの装備により，機器保全性の向上を図っている．

〔2〕機種選定の考え方

ヘビーロード仕様機を選定するか否かの判断は，年間冷房運転時間を基準として行うことが基本である．ガス吸収冷温水機の耐久性に影響を与える高温再生器の溶液温度が冷房運転時のほうが暖房運転時よりも高いために，冷房運転時間を機種選定基準としている．

しかし，実際の機種選定にあたっては，用途や使用条件によって次の事項を考慮する必要がある．

〔a〕熱源機1台あたりの年間冷房運転時間

一般には，年間冷房運転時間が4 000時間を超える場合にはヘビーロード仕様を選定する．また，24時間連続運転を行う場合には，ヘビーロード仕様を選定することが適切である．

〔b〕冷房期間

年間冷房運転のように冬期冷房運転が必要な場合には，凍結対策などを施す仕様を加えた上でヘビーロード仕様機が選定される場合がある．

〔c〕平均負荷率

年間を通した平均運転負荷率が高い用途においては，年間の冷房運転時間からヘビーロード仕様機が選定される場合がある．

〔d〕最高負荷率および最高負荷率での連続運転時間

運転中の最高負荷率と最高負荷率での連続運転時間によっても，ヘビーロード仕様機の選定を考慮する必要がある．

2.3 ガスヒートポンプ

ガスヒートポンプは，Gas Heat Pumpの頭文字を取ってGHPの略称で呼ばれ，文字どおり，都市ガスを燃料とするガスエンジンによってヒートポンプサイクルを駆動し，冷暖房を行うシステムである．

電気式ヒートポンプ（EHP）と異なる点は，室外ユニットのコンプレッサの駆動を電気モータの代わりにガスエンジンで行うという点で，室内ユニットや操作性はEHPとほとんど同じである．そのためGHPは消費電力が小さく，またガスエンジンの排熱が利用できるため暖房性能が高いという特長がある．

GHPはEHPと同様にフロン系冷媒を使用する空調機であるが，2004年からはオゾン破壊係数ゼロの代替フロン（R 410A）に順次切り替えられている．近年，地球温暖化係数が小さい代替フロンの検討も行われ，EHPの一部機種ではR32（地球温暖化係数等の詳細は**3.4.3 冷媒特性**を参照）を使用した機種も登場している．

GHPの開発の経緯は，猛暑での冷房需要による電力危機を発端に，中小規模分野で圧倒的にシェアの大きいEHPに対して小型ガス空調機の開発が呼びかけられ，1979年に国の重要技術研究補助事業に指定された．1981年には「小型ガス冷房技術研究組合」が設立されて技術開発が始まり，1987年に商品化されたことに始まる．1992年にビル用マルチ型が商品化された後，バリエーション拡大・大容量化・高効率化等の技術開発が行われた．

GHPは中小規模での個別空調システムの利便性が評価され，またビル用マルチ型の開発により，延べ床面積20 000 m^2規模にまで市場を拡大している．

製品としてはパッケージ型，店舗用マルチ型，ビル用マルチ型などがあり，主に学校，事務所，工場，店舗などの冷暖房に利用されている．さらにニーズの多様化に伴い，消費電力をさらに低減する発電機能，停電時にも冷暖房できる電

源自立機能などを付加した応用製品も商品化されている．

2.3.1 ガスヒートポンプの作動原理

図2・14に示すように，GHPの冷媒循環系統には圧縮機（コンプレッサ），室外機熱交換器，膨張弁，室内機熱交換器と呼ばれる四つの機器があり，この中を冷媒が気体から液体，液体から気体へ相変化をしながら循環する．

冷房の場合，液体が蒸発して気体に変わるときにまわりから熱を奪う性質を利用する．

a 圧縮機で圧縮された高温・高圧の冷媒ガスは，四方弁を経て室外機熱交換器で凝縮し，凝縮熱は大気中に放出される．ここで冷媒は高圧で気体から液体になる．

b この冷媒液は膨張弁を通って膨張し，低温・低圧の液体（一部は蒸発して気体）となる．

c 冷媒は，室内機熱交換器に入って室内の空気から蒸発熱を奪い，液体から気体に変化する．このとき空気は熱を奪われて冷風となり，室内を冷房する．

d 気体となった冷媒は再び室外機の圧縮機に戻り，同じサイクルを繰り返す．

暖房の場合は，四方弁によって冷媒の流れを冷房の場合と逆にして運転する．

e 圧縮機で圧縮された高温・高圧の冷媒ガスは，四方弁を経て室内機熱交換器で凝縮し，凝縮熱は室内に温風として放出され，暖房に使用される．冷媒は高圧で気体から液体になる．

f この冷媒液は膨張弁を通って膨張し，低温・低圧の液体（一部は蒸発して気体）となる．

g 冷媒は，室外機熱交換器に入って大気から蒸発熱を奪い，その大半は低温・低圧の気体に変化する．

h さらに冷媒は排熱回収器を通り，ガスエンジンの冷却水（温水）から熱を奪い，完全に蒸発し低温・低圧の気体になる．

i 気体となった冷媒は再び室外機の圧縮機に戻り，同じサイクルを繰り返す．

冷凍サイクル上EHPと大きく異なる点は，暖房時のhの過程である．GHPはエンジンの排熱を利用するため，暖房能力が高く，また暖房運転を継続したまま室外機熱交換器の霜取り（デフロスト）運転が可能である．

2.3.2 ガスヒートポンプの種類

〔1〕 パッケージ型GHP

パッケージ型は，1台の室外機で室内機を1台，または複数台を同時に稼働させることができるシステムである．図2・15に同時運転タイプのシステム構成を示す．

同時運転タイプは，大きな空間の空調に適しており，大型のレストランやディスカウントストアなどの空調に適している．

〔2〕 店舗用マルチ型GHP

店舗用マルチ型は，異容量，異タイプの室内機が接続可能であり，各部屋ごとに個別制御が可能である．

また，室外機の能力以上の室内機を接続することができるため，昼間は主に店舗部分，夜は住宅部分と，活動サイクルに応じた空調が要求

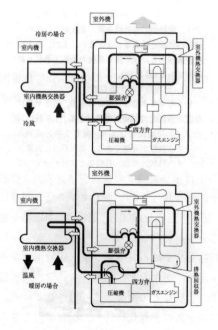

図2・14 GHPの作動原理

2.3 ガスヒートポンプ

される店舗併用住宅や医院などに適している．1台の室外機に8台程度までの室内機を接続でき，複数台の室外機を置く必要がないため，建物の外観を損ねることがない．また，室内機は複数台でも，配管は1系統のため工事代も経済的である（図2・16）．

〔3〕 ビル用マルチ型GHP

ビル用マルチ型は，部屋の用途，広さや形状などの多様化に的確に対応できる．1系統のみのメイン冷媒配管により，配管工事と設置スペースの軽減が可能である．室内機は，設置スペースの形状，用途，目的などに合わせて，またインテリアに合わせて自由に選べるバリエーションがある．これら異容量・異タイプの室内機を同時にコントロールできる集中管理システムにより，きめ細かな個別制御が可能である（図2・17）．

〔4〕 リニューアル対応型GHP

GHPは発売以来約30年が経過し，リニューアル需要が拡大している．リニューアルの際，既設の冷媒配管を再利用できるかどうかは施工費，工期，廃棄物処理において重要となる．既設配管をそのまま利用できるリニューアル対応型も商品化されており，施工費低減を実現するとともに，最新機器への更新により省エネ性向上・ランニングコスト低減を実現している．

〔5〕 室外機組合せ型GHP

室外機組合せ型GHPは，冷房能力が45 kW～85 kWの室外機を2台接続して冷房能力が90 kW～168 kWの大能力を提供するシステムである．冷媒配管系統の簡素化，部分負荷時の効率維持，ローテーション運転による運転時間の平準化，メンテナンス時・故障時の運転確保など多くのメリットがあり，高い信頼性が要求される場合等に採用されている．

〔6〕 冷暖同時マルチ型GHP

冷暖同時マルチ型GHPは，1台の室外機（1系統内）で冷房運転と暖房運転の混在が可能であり，負荷の異なるゾーンで室内機ごとに冷房・暖房運転の任意設定が可能なシステムである．

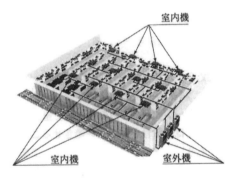

図2・15　パッケージ型GHP[8]

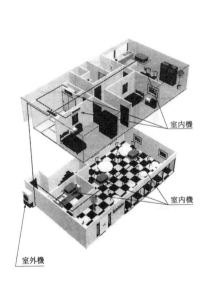

図2・16　店舗用マルチ型GHP[8]

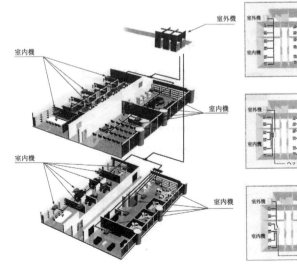

図2・17　ビル用マルチ型GHP[8]

1台の室外機（1系統の冷媒配管）で室内機はいつでも自由に冷房と暖房を選択できるため，使用条件が異なるスペースでも効果的な個別空調が可能である．

冷暖同時運転時に，冷房する部屋の排熱を暖房する部屋の熱源として有効利用するため，圧縮機と室外機側熱交換器の負荷を減少させ，省エネルギー効果の大きい優れた熱回収システムである．

冷暖同時マルチ型は，次のような用途に使用されている．

a 建物の南側と北側の個室で空調負荷の差が大きい建物（個室のあるレストランなど）
b 入居者の入替り，間仕切りの変更などが考えられる建物（テナントビル，事務所建物など）
c 性別や年齢が大きく異なる人々が，同時に利用する建物（病院，老人ホーム，ケアハウスなど）

冷暖同時マルチ型の特徴は，図2·18に示すとおり，室外機と室内機の間に電磁弁キットを設け，電磁弁の開閉によって冷房と暖房の切替えを行っていることにある．

〔7〕 発電機付きGHP

発電機付きGHPは，エンジンで圧縮機を駆動すると同時に約1kWの小型発電機も駆動するしくみで，その特長は，室外機の消費電力が従来機よりも大幅に少ないことにある（図2·19）．

小型発電機で発電した電力（交流）をコンバータで昇圧して直流に変換し，室外機ファン用インバータに供給することで，室外機の消費電力の低減を行っている．

従来のGHPは，同クラスのEHPに比べ消費電力が約1/10と少ないことが特長であるが，発電システムの追加により商用電力系統からの電力量をEHPの約1/100に抑えることが可能

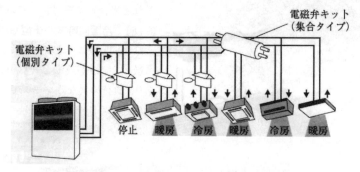

図2·18 冷暖同時マルチ型GHP（東京ガス）

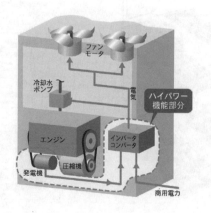

図2·19 発電機付きGHP（内部消費形）（大阪ガス）

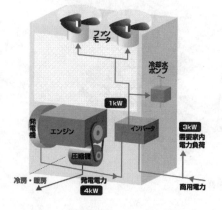

図2·20 発電機付きGHP（外部出力形）[9]

2.3 ガスヒートポンプ

となる．発電システムの追加はガス消費量を若干増加させるが，小電力化による契約電力の削減効果と高効率発電により，従来のGHPに比べてさらなるランニングコストの低減が可能となるものもある．

さらに，図2·20に示すように約4kWの発電機を搭載し，室外機内部の補機に発電電力を供給するだけでなく，商用電力と系統連系することにより余った発電電力を機外へ給電することが出来，商用からの購入電力を削減し，さらなる小電力・ランニングコスト低減が可能となる．

〔8〕電源自立型GHP

発電機付きGHPにバッテリーを搭載し，停電時には搭載したバッテリーでエンジンを起動し，停電時にも発電した電力で空調と照明等の電力負荷への給電を可能とした電源自立型GHPも商品化されている．図2·21にシステム概要を示す．

〔9〕ハイブリッド型GHP

GHPとEHPを1つの冷媒配管に接続して同一冷媒系統に組み合わせ，室外機に遠隔通信機能を有する遠隔監視アダプタを接続したハイブリッド型GHPが商品化されている．ハイブリッド型GHPのシステム概要を図2·22に示す．コンプレッサー構造の異なるGHPとEHPを一つの冷媒系統に組み合わせるための連係制御技術の開発や冷凍機油を共通化するための技術開発等が行われた．

ハイブリッド型GHPは，使用者のニーズやエネルギー需給状況，エネルギー価格等に合わせて，遠隔制御により，サーバ側からGHPとEHPを最適な比率で制御することで，使用者毎

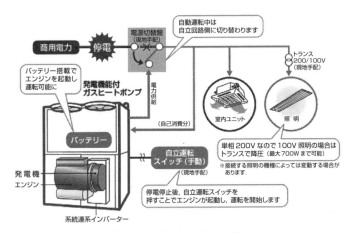

図2·21 電源自立型GHP[10]

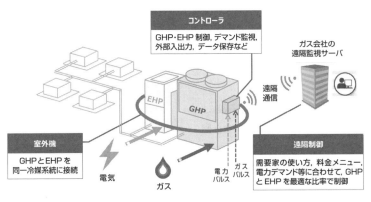

図2·22 ハイブリッド型GHP[11]

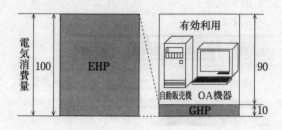

図2・23 小 電 力

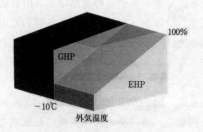

図2・24 外気温度と暖房能力[12]

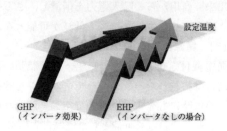

図2・25 快適冷暖房[12]

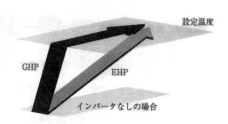

図2・26 暖房立上り特性[12]

に最適な運転を実現できるシステムである．

2.3.3 ガスヒートポンプの特長
〔1〕 小 電 力

GHPは，ファンなどの補機類以外には電気を使わないため，空調能力56 kW相当の室外機でも電気消費量は約1 kWとヘアドライヤ程度である．そのため，契約電力そのものの低減や受電設備の軽減が図れ，また，それまでEHPに費やしていた電力を，OA化の推進や照明などに，より有効に活用できることになる（図2・23）．

〔2〕 外気温度と暖房能力比較

外気を熱源とする場合，EHPでは外気温度の低下にともなって暖房時の能力は減少し，成績係数は低下する．しかし，GHPではエンジン排熱を熱源として利用できるため，暖房時の能力低下が少ない（図2・24）．

2.3.4 ガスヒートポンプの運転特性
〔1〕 冷暖房特性

室内機の負荷（使用状況）に応じて，エンジン回転数を最適にコントロールして経済的な運転を行うことができ，これをインバータ効果と呼んでいる（図2・25）．

〔2〕 暖房立上り特性

GHPはヒートポンプの暖房能力に加え，冬はガスエンジンの冷却水および排ガスから熱を回収するので，暖房能力が上昇する．また，エンジンの許容回転数内で能力上昇が可能なため，システム全体としての能力低下が少ない．そのため，室温が所定温度になるまでの時間は比較的短い（図2・26）．

2.3.5 遠隔監視システム

近年の空調熱源機の多くはマイコンを搭載し，高度なデータ処理能力と制御機能を有している．一方，最近のIT技術の発展により，高性能でかつ低コストの通信システムを構築できる環境が整ってきた．当初，遠隔監視システムは故障時の警報発報を目的として導入が開始されたが，通信性能の向上に伴い，省エネルギーを目的とした日常の運転管理や遠隔制御，さらには故障予知を目的とする高度なシステムに発展しつつある．

GHPに接続された遠隔監視アダプタと遠隔監視センターとを無線通信で結び，常時監視を

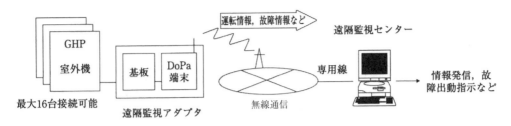

図2・27 GHP遠隔監視システム

行う．アダプタから故障情報，詳細運転情報などを送信するだけでなく，センターからのアクセスで必要な運転情報を収集することができる．また，アダプタとセンター間の通信仕様はメーカー間の共通化が図られており，一つの遠隔監視センターで全メーカーのGHPを監視することが可能である．図2・27にシステム概要図を示す．

さらに遠隔監視を用いた省エネルギーサービスにより，以下の機能を使用者に提供することで，GHPが使用者の求める省エネルギーレベルや室内温度等を考慮した省エネルギー運転を自動で行うことができるサービスもある．

〔1〕 省エネルギー制御機能

使用者が設定した3段階の省エネルギーレベルに合わせ，室内温度を確認しながら快適性を損なわない範囲で空調出力を抑制することで，省エネ性を高める．

〔2〕 間引き制御機能

複数のGHP室外機で一つの大空間を空調しており，大半の室外機が効率の悪い低負荷運転を行っている場合は，一部の室外機を間引き停止することで，運転する室外機の負荷率を上げて機器効率を高める．

〔3〕 スケジュール設定機能

使用者がスケジュール運転の一括設定（発停，冷暖モード，設定温度，風量）を行うと，空調の消し忘れや，設定温度の下げすぎ，上げすぎを行っても，あらかじめ設定した運転モードに戻す機能を持つ．

2.4 ガスボイラ

ガスボイラは家庭用の小型のものから，地域冷暖房用の大型のものまで広い範囲にわたって使用されている．空調用では蒸気圧1 MPaG以下がほとんどである．地域冷暖房用を除けば容量も大きくない．

都市ガスは第1章で述べたように二酸化炭素（CO_2），硫黄酸化物（SO_x）排出面で大気にやさしい燃料として多く使用されている．また，窒素酸化物（NO_x）についても近年，燃焼方法や燃焼装置の改善がなされ，他燃料に比べて大幅に低くなっている．

2.4.1 ガスボイラの特性

ボイラには特有の特性値が使用されているが，その代表的なものを表2・5以下に記す．

〔1〕 定 格 出 力

ボイラの容量は最大連続出力，すなわち定格出力で表示される．蒸気ボイラでは蒸発量[kg/h]が，温水ボイラでは熱出力[kW]が用いられている．蒸発量には，実際蒸発量と換算蒸発量とがある．実際蒸発量は，熱出力[kJ/h]を発生蒸気と給水の比エンタルピー差[kJ/kg]で除したものである．一方，換算蒸発量は，熱出力[kJ/h]を大気圧下での飽和蒸気と飽和水の比エンタルピー差，すなわち蒸発潜熱（2 257 kJ/kg）で除したものである．実際蒸発量は蒸気・給水条件で値は異なり，換算蒸発量は蒸気・給水条件に左右されない．換算蒸発量は，実際蒸発量の1.2倍と考えて通常は問題ない．

第2章　都市ガス空調の種類と特徴

表2・5　各種空調用ボイラの特徴

機　種	特　徴	用　途	換算蒸発量熱出力
鋳鉄製ボイラ	①分割搬入ができ，入替え時などに搬入が容易である． ②水処理が容易であり，寿命が長い． ③取扱いが容易である． ④熱衝撃に弱い． ⑤容量が大きくなると取扱いにはボイラ技士免許が必要である．	蒸気：0.1 MPaG 以下 温水：120 ℃ 以下	0.3～4 t/h 30～2 300 kW
炉筒煙管ボイラ	①保有水量が大きく，負荷変動に対して安定性が高い． ②水処理は比較的容易である． ③起蒸時間が長い． ④取扱いにはボイラ技士免許が必要である．容量が小さくなると講習修了者で取り扱える．	蒸気：1.6 MPaG 以下 温水：200 ℃ 以下	0.6～24 t/h 700～7 000 kW
小型多管貫流ボイラ	①事業者の教育を受ければ取り扱うことができる． ②保有水量が少ないため，起蒸時間が短い． ③小型軽量で据付け面積が小さい． ④厳密な水処理が必要である． ⑤蒸気圧制御に段階制御を採用している場合，圧力変化が大きい．	蒸気：1 MPaG 以下	0.1～3.0 t/h
二胴水管ボイラ	①取扱いにはボイラ技士免許が必要である． ②比較的，高圧，大容量に対応できる． ③年間連続運転仕様に対応できる．	蒸気：3.2 MPaG 以下	4.8～36 t/h
真空温水器	①取扱いに資格が不要である． ②缶内の水は密封されているため水処理は，ほとんど不要である． ③真空管理が必要である．	温水：80 ℃ 以下	46～3 000 kW
無圧温水器	①取扱いに資格が不要である． ②熱媒水と利用する温水が分離されているため，利用温水の汚れが少ない． ③真空式に比べ耐久性があり，立ち上げ時の音も静か．	温水：70 ℃ 以下	46～1 160 kW

〔2〕　ボイラの蒸発率

ボイラの蒸発率とは，単位伝熱面積[m²]あたりの毎時蒸発量[kg/h]である．蒸発量は実際蒸発量を用いる．この値はボイラの熱負荷の程度を表すもので，一般に50～170 kg/(m²·h)の範囲にある．この値が大きいほどボイラはコンパクトになるが，反面，厳しい水質管理が必要となり，管理を怠ると大きな損傷に直結する．

〔3〕　ボイラ効率

ボイラ効率は，燃料を燃焼することによりボイラに投入される熱量に対する熱出力の比をいう．燃料の発熱量には，高位発熱量と低位発熱量とがあるが，通常，低位発熱量を用いてボイラ効率を算出する．なお，ボイラ効率はブローをしない条件で示すことが多い．

100からボイラ効率[％]を引いた値が熱損失率[％]となる．熱損失は排ガスとして排出されるものがほとんどで，ボイラからの放熱損失や未燃損失はわずかである．排ガス温度を20℃下げると，ボイラ効率は約1％上昇する．このため，

――― 一口メモ ―――
高位発熱量（総発熱量）と低位発熱量（真発熱量）　燃料の燃焼によって発生した燃焼熱を熱量計で測定した熱量を高位発熱量(HHV)といい，その際に生成した水蒸気が常温で水に凝縮するときに放出する凝縮熱(蒸発潜熱)を高位発熱量から差し引いた熱量を低位発熱量(LHV)という．(詳細は3.3.4参照)

排ガス中の熱をボイラに回収する熱回収器が設置されることが多くなっている．

排ガスを燃焼空気あるいは給水と熱交換させるのが一般的で，前者を空気予熱器，後者をエコノマイザという．燃焼空気の温度が上がると窒素酸化物（NO_x）が増える傾向があり，最近ではエコノマイザの設置が多い．これら省エネルギー機器の設置でボイラ効率は96％，それ以上に達しているものもある．ボイラー効率の変遷を図2・28に示す．

2.4.2　ガスボイラの種類

ガスボイラには，分類の仕方によって次のようなものがある．出力するものによって，蒸気を出力する蒸気ボイラと温水（暖房用温水と給湯）を出力する温水ボイラとがあり，材料の違いにより鋳鉄製ボイラと鋼板製ボイラとがある．伝熱管の中に何を流すかによって，煙管ボイラと水管ボイラがあり，水の流れから，自然循環ボイラと貫流ボイラがある．また，法的にはボイラ，小規模ボイラ，小型ボイラ，簡易ボイラなどの区分がある．

〔1〕鋳鉄製ボイラ

図2・29に鋳鉄製蒸気ボイラの一例（構造断面図）を示す．鋳鉄製の前部，中間，後部セクションを3～20枚程度，容量に応じて組み合わせて，外部からボルトで一体となるように締結している．セクション間の蒸気，水の連通はセクションの必要箇所に設けられた穴にニップルと称するテーパーリングを圧入して行われる．蒸気，温水の取出しは，セクションの上部に容量に応じて必要本数取り出し，管寄せで集合している．

一方，給水は後部セクションに供給している．

鋳鉄製ボイラは，鋳鉄という材質から給水の急激な温度変化を避けなければならない．また，給水温度は，出口温度との間に大きな差がでないようにしなければならない．温水ボイラの場合は温度差20℃以下となるように温水循環量を定め，蒸気ボイラでは蒸気管寄せで気水分離し，蒸気ドレンと給水を混合した後にセクションに供給する配管構造を採用するなどの注意が必要である．

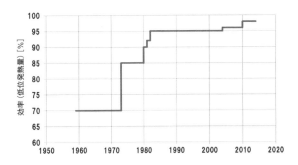

図2・28　ボイラーの高効率化（大阪ガス）

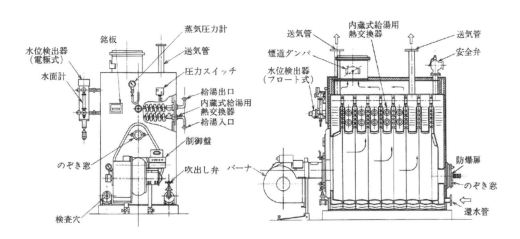

図2・29　鋳鉄製組合せボイラ[13]

〔2〕 炉筒煙管ボイラ

このボイラは**図2・30**に示すように，大きなドラムの中の炉筒と煙管が主たる構成部品である．炉筒は燃焼室であり，燃焼後の燃焼ガスは煙管を通って排出されるもので，構造が簡単である特徴を持っている．炉筒，煙管は水没しており，上部に蒸気室を持っている．煙管に裸管を採用しているものでは，煙管群を2～3パスに分割しているが，煙管にらせん状の溝を加工したらせん煙管を採用しているものは，煙管群が1パスとなっており，炉筒のパスを入れて，2～4パスとなっている．

炉筒出口の反転室には，乾燃室式と湿燃室式とがある．乾燃室式はドラム外に耐火断熱材で被覆した部屋を設ける方式で，湿燃室式はドラム内の水部に部屋を設ける方式である．乾燃室式は構造が簡単であり，コスト面でも優位で数多く採用されている．

炉筒煙管ボイラは蒸発量あたりの保有水量が他の構造のボイラに比べて大きく，負荷変動に強く，水質管理ミスがあっても損傷が小さい利点がある反面，立上り時間が長い弱点を持っている．

温水ボイラは，発生した蒸気を温水と熱交換する方式と，蒸気室をなくしてドラム内を満水状態にする満湯式とがある．

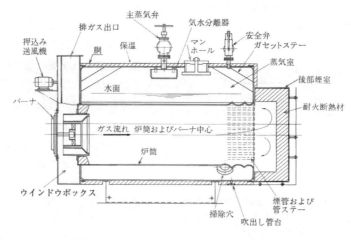

図2・30 2パス式炉筒煙管ボイラ（蒸気）[13]

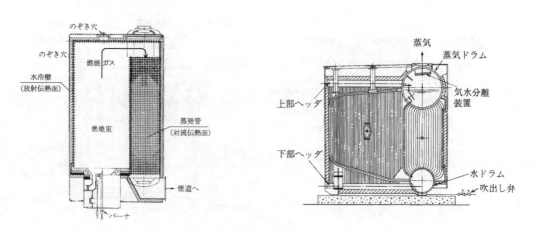

図2・31 二胴水管ボイラ[13]

〔3〕 水管ボイラ

管内が水である水管で構成されているボイラということでは種々の構造のボイラがあるが、空調関係では、自然循環式二胴水管ボイラを水管ボイラと呼ぶことが多い。図2・31にその一例を示す。

大きな蒸気ドラムと水ドラムがあり、その間を水管で接続して燃焼室、対流伝熱部を構成する構造となっており、対流伝熱部の水管は、ドラムと拡管で接続するためにドラム内に人が入れるようにもなっている。図中のD字を裏返した形の水管側壁はドラムと溶接、拡管いずれかで接続される。ドラムに人が入れるため、水側の状況を目で確認できること、水側の洗浄をクリーナなどで行うことができる利点がある。

蒸気ドラム内で蒸気を分離して取り出す一方、残った水は別に設けた非加熱降水管あるいは加熱降水管（対流伝熱部の伝熱の小さい水管）を下降して水ドラムに入り、蒸発水管に分配されて蒸気ドラムに戻る。降水管中は水で、蒸発管中は蒸気と水の混合であり、密度の差で自然に水が循環する。

天然ガスなどのすすの発生が少ない燃料では、すす吹き器の設置はほとんど必要なく、スートブローなしで年間連続運転している実績が多数ある。

対流伝熱部の水管にらせんフィンを取り付けて高効率化し、さらには、エコノマイザを内蔵したコンパクトで高性能なガスボイラも製造されている。構造上、大容量まで製造できる。

〔4〕 貫流ボイラ

貫流ボイラとは、管によって構成され、一端から水または熱媒を送り込み、他端から蒸気や温水、加熱された熱媒を取り出すボイラをいう。

貫流ボイラは構成部品の寸法が小さい、保有水量が小さいなどの理由から安全性が高いと考えられて、法的に取扱い資格などが大幅に緩和されている。

法的に貫流ボイラと認められた多管貫流ボイラが、価格面での優位性もあいまって多く使用されている。

図2・32は多管式小型貫流ボイラの一例である。上下にドーナツ状の管寄せがあり、その間を管で接続し、中央に燃焼室、周囲に対流伝熱部を構成し、上部から抜き出した蒸気、飽和水を気水分離器に導き、蒸気は負荷側へ、飽和水は下部管寄せへ戻す構造である。対流伝熱部にフィンを用いて高効率化と容量拡大がなされ、伝熱面積 10 m² 以下の小型多管貫流ボイラでは、換算蒸発量 3 000 kg/h まで製造されている。最近では、伝熱面積 30 m² 以下の小規模ボイラとしては、換算蒸発量 7 000 kg/h まで大型化した貫流ボイラも製造されている。

図2・33に小型多管貫流ボイラの換算蒸発量の推移を示す。

このほか、表面燃焼バーナの火炎が短いことを利用し、さらに管群中でも燃焼させることで、大きな空間を要した燃焼室を大幅にコンパクト

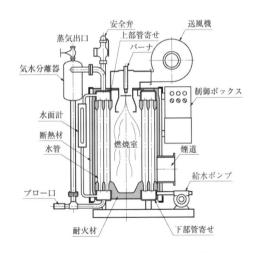

図2・32　多管式小型貫流ボイラ[13]

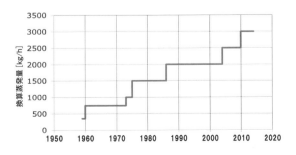

図2・33　小型貫流ボイラの換算蒸発量の推移（大阪ガス）

第2章 都市ガス空調の種類と特徴

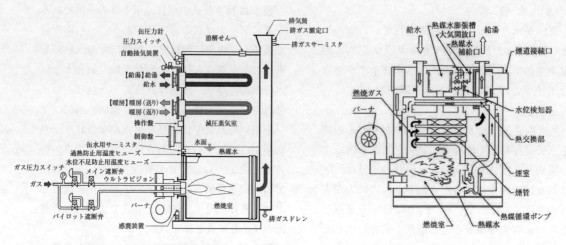

図2・34 真空式暖房・給湯ボイラ[13]　　　図2・35 無圧式温水ボイラー[14]

にしたガスボイラも製造されている.

小型ボイラを多数設置しても，小型ボイラの取扱い資格者が運転できるため，小型多管貫流ボイラの多缶設置で大容量対応する方式が広く採用されている.

多管貫流ボイラは保有水量が小さく，コンパクトであるため，水質管理のミスが大きな損傷を与えるため，多くの場合，水処理の自動化が図られている.

〔5〕 真空式温水ボイラ（真空温水器）

絶対圧35 kPa程度の真空を保っている密閉容器内の水を蒸発させ，大気圧以下の真空蒸気室内に熱交換器を設置し，真空蒸気で水を加熱し，暖房用，給湯用温水を取り出す.

図2・34に一例を示す．容器内が大気圧以下であるため，法的にボイラの適用を受けず，通常はボイラとは呼ばずに，真空温水器（真空ヒータ）といわれる．取扱い資格などボイラで必要な規制を全く受けない.

容器内の水は一度封入されると，入れ替わることがなく，水処理不用であり，簡便さも手伝って暖房，給湯用には多く用いられている.

〔6〕 無圧式温水ボイラ（無圧温水器）

燃焼室，伝熱面からなる本体と大気に開放された熱媒水，熱交換器からなり，温められた熱媒水と給水管の水とを熱交換させ，その温水を

取り出して利用する．一般的に真空式に比べ，立ち上げ時の音が静かである.

図2・35に一例を示す．熱媒水を大気に開放することで，圧力がかからないため，ボイラの法規制を受けることなく，資格なしで誰でも簡単に取り扱いができ，シンプルな構造により維持管理が簡単である.

また多回路から異なった用途の温水を取り出すことができ，湯温が安定し，熱媒水と利用する温水が分離されているため，利用温水の汚れが少なくてすむ.

―――― 一口メモ ――――
スートブロー　ボイラから発生する蒸気を水管の伝熱面に吹きつけて，水管外面に付着して伝熱を阻害しているすすを払い落とす機器．重油燃焼のボイラを運転する場合によく使用されてきた.

―――― 一口メモ ――――
ボイラの高効率伝熱管　平滑な水管外面に鋼製フィンをらせん状に巻きつけ溶接で取り付けた伝熱管．フィンの取付けで伝熱量を決定づける燃焼ガス側の伝熱面積が増えるので，伝熱管単位長さあたりの伝熱性能を平滑管の5～6倍にまで上げることができる.

―――― 一口メモ ――――
表面燃焼バーナ　金属繊維などを高い空隙率で焼結したマット状のたき口により，火炎を短く平面的な形状にしたガスバーナで，高い放射率や低NO_x性能とともに燃焼室をコンパクトにできる特徴を持つ.

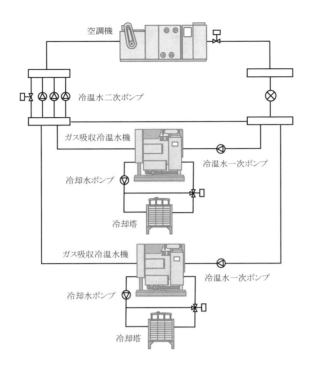

図2・36　ガス吸収冷温水機システム例

[7] ガスボイラの選定上の留意点

ガスボイラには同じ容量でも多くの型式がある．しかし，空調用は蒸気，温水の仕様あるいは容量範囲がほぼ決まっているため，鋳鉄製ボイラ，炉筒煙管ボイラ，小型多管貫流ボイラ，真空温水器（真空ヒータ）などが多く使用されている．地域冷暖房用では大容量になる場合，二胴水管ボイラが使用されている．

機種選定をする場合，ボイラの特徴をまとめた表2・5を参考にできる．

近年は，取扱い資格，定期検査を必要としない，あるいは緩和されている機種が好まれており，この点から，蒸気ボイラでは小型多管貫流ボイラ，温水ボイラでは真空温水器（真空ヒータ）が多く使用されている．小型多管貫流ボイラは単機容量に限界があり，換算蒸発量で最大3 000 kg/h程度であり，それ以上の容量を必要とする時は多缶設置で対応し，台数制御を付加する．真空温水器は，単機容量を大きくしても取扱い資格，定期検査を必要としないので，単機で必要な容量の温水器を設置してもよいが，故障時を考えて複数台設置としていることが多い．

ボイラ室の計画には消防法などの関連法規を順守し，機器メーカーの技術資料を参考にして，取扱い者の安全，火災予防，保守管理に必要なスペースを確保しなければならない．また，燃焼に必要な空気が得られ，ボイラ室の換気が十分行われるようにガラリの設置，強制給排気ファンの設置などに留意する必要がある．

2.5　都市ガス空調システムの構成例

前項まで各ガス熱源機器の解説をしてきたが，本項ではそれらの機器を組み合わせた都市ガス空調の中央空調方式の構成例について解説する．

2.5.1　ガス吸収冷温水機システム

ガス熱源システムとして最も広く使用されているシステムで，冷媒に自然冷媒の「水」を使用しているためフロン類のような冷媒漏えいに

第2章 都市ガス空調の種類と特徴

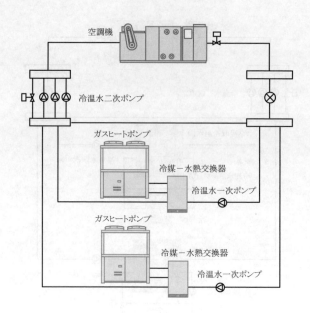

図2・37　ガスヒートポンプチラーシステム

よる地球温暖化への影響がない特長がある．その他，冷暖房兼用熱源であるためシステム構成が非常にシンプルであり，騒音，振動が少ない，運転操作が容易，設置スペースが小さいといった多くの利点から種々の用途の建物において採用されている．図2・36にシステム例を示す．

最近では実用上運転時間の長い部分負荷時の効率を高めた高期間効率機や，補機動力のうち大半を占める冷却水ポンプ動力の削減を図った節電型の機種が出てきており，年間を通じて空調システム全体として省エネルギーを図る機器開発が進められている．

2.5.2　ガスヒートポンプチラーシステム

図2・37にガスヒートポンプチラーのシステム例を示す．ガスヒートポンプチラーは，個別空調方式に用いられるガスヒートポンプに冷媒－水熱交換器を組み合わせた機器であり，熱交換器はメーカにより別置型と内蔵型の2種類がある．図に示すように，中央空調方式に対応したシステムであり，空冷のヒートポンプシステムのため1台で冷暖房が可能で，冷却塔が不要となる．

2.5.3　ガスボイラ＋吸収冷凍機システム

吸収冷凍機には一重効用形と二重効用形があるが，現在では，廃温水を利用するといった特殊な場合を除くと，二重効用形が使用されるのがほとんどである．この吸収冷凍機を用いる場合は駆動源として蒸気が必要であるため，ガスボイラを設置することが多い．このため，空調以外にも蒸気を必要とする病院，ホテルなどにおいて採用されることが多い．また，工場などにおいてプロセス用の蒸気がある場合にも有効なシステムである．ガスボイラを設置するにあたっては，ボイラ技士の資格保有者が必要であることも考慮しなければならない（表2・5参照）．

2.5.4　コージェネレーション排熱利用システム

図2・38にガスエンジンを用いたコージェネレーション排熱利用システムの例を示す．このシステムは，ガスエンジンを駆動して発電を行うとともにエンジンのジャケット冷却水および

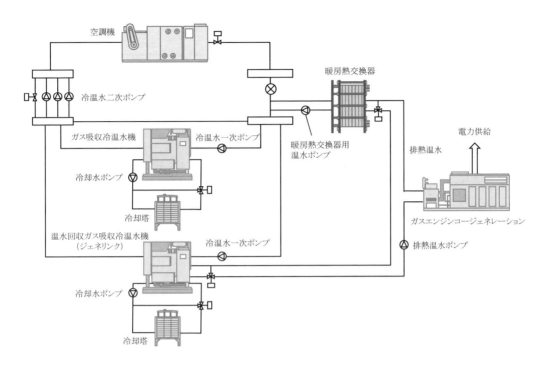

図2・38 コージェネレーション排熱利用システム

排ガスから熱回収を行い，冷暖房，給湯に利用するものである．電力需要と熱需要が時間的にうまくバランスすると，非常に高効率で運転できるシステムである．

排熱の冷房利用には，排熱を直接投入することができる温水回収ガス吸収冷温水機（ジェネリンク）を用いている．ジェネリンクは，排熱を優先利用して冷水を製造することによりガスの消費量を削減することができ，冷房負荷が少ない時には排熱単独での運転が可能な機器である．逆に排熱が不足する場合には，ガスで追い焚き運転することにより冷房出力を担保している．

2.6 省エネルギー性の向上技術

昨今，地球温暖化抑制の活動として，省エネルギーの推進や二酸化炭素（CO_2）削減の活動が活発化している．その活動の中心は，空調機の高効率化の推進およびエネルギーの総合効率を向上させる設備の導入と，省エネルギー性の確認をして，省エネルギー性が継続的に維持される，もしくはより向上させるようにさらなる活動を展開することにある．ここでは，都市ガス空調システムに関連する省エネルギー性向上のための技術・手法について紹介する．

2.6.1 ガス吸収式冷凍機の高効率化

現在では，ガス吸収冷温水機といえば二重効用形を指すようになっているが，その技術的特徴は，溶液熱交換器の効率向上と排ガス熱交換器の採用である．二重効用ガス吸収冷温水機の主な省エネルギー手法を以下に示す．

 a 溶液循環量の最適化と溶液熱交換器の高性能化
 b 燃焼排ガスからの熱回収，内部熱損失の低減，冷媒ドレンからの熱回収
 c 伝熱管配置の最適化，外部への放熱損失の低減，伝熱面積の増加
 d 高性能熱交換器，高性能伝熱管の採用，高温再生器の効率改善

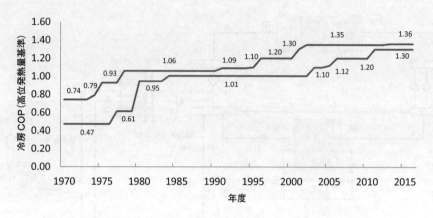

図2・39　ガス吸収冷温水機の高効率化（大阪ガス）

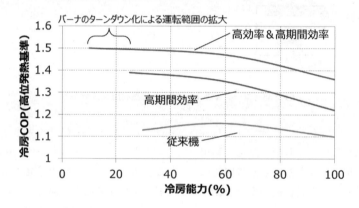

図2・40　高期間効率機の冷房COP特性（冷却水温度はJIS基準）

　溶液熱交換器の性能を改善すると，高温再生器で希溶液を沸騰，濃縮して冷媒と濃溶液に分離するために使われるガス入力のうち，希溶液が沸騰温度に達するまでの顕熱変化分に使われるガス入力が削減される．また，燃焼排ガスからの熱回収については，燃焼ガスと希溶液との熱交換による排ガス熱回収器を設けることにより，通常200～250℃の排ガス温度を100℃レベルまで下げることで大幅な熱回収ができる．

　これらの省エネルギー手法により，開発初期に比べ，ガス吸収式冷凍機の成績係数（COP＝冷房能力／燃焼ガス使用量）は格段に向上し，**図2・39**に示すように現在では，大型はCOP＝1.36（燃焼ガスの高位発熱量基準），中小型はCOP＝1.30の実用機が登場している．さらに2005年には吸収式冷凍機では，世界最高効率となる三重効用吸収冷温水機（COP＝1.6）が発売されている．

　近年，ガス会社はメーカーと共同して，環境負荷削減の面で特出した機能を有する高品質機種を「グリーン機種」として選定する「ナチュラルチラーグリーン制度」を運用している．グリーン制度の運用と伴に吸収式メーカーと都市ガス会社とが共同して，高効率な吸収式の開発を行った結果，大幅にガス吸収冷温水機の効率が向上した．また，近年100％負荷時だけでなく，部分負荷時の効率も大幅に向上した高期間効率機のラインナップも拡充している（**図2・40**）．高

2.6 省エネルギー性の向上技術

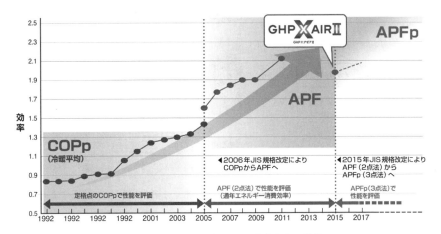

図2・41 ガスヒートポンプの効率向上の推移

期間効率機は負荷が下がるほど効率が向上する特性があり，またバーナの燃焼制御範囲（ターンダウン比）についても従来機より広くなっているため，低負荷運転時のON/OFF動作によるエネルギーロスが低減でき，実運転における効率向上を実現している．

2.6.2 ガスヒートポンプの高効率化

ガスヒートポンプは発売以来，高効率化が進んでいる（図2・41）．

2005年以前は定格運転時の成績係数（COP）による効率評価が行われていたが，市場における使用実態としてはガスヒートポンプが年間を通して定格で運転されることは少ない状況にあった．そこで，2006年のJIS規格の改訂により，定格運転時の効率に加えて中間負荷運転時の効率も評価ポイントに加えた通年エネルギー消費効率（APF）が評価指標となった（詳細は3.3.1参照）．さらに，2015年以降は，APFの評価対象となる負荷領域を中間負荷よりさらに低い負荷領域まで拡げるとともに，消費電力を一次エネルギー換算した通年エネルギー消費効率（APFp）により性能評価されている．

ガスヒートポンプ高効率化の技術開発ポイントは，以下に大別される．

  a　エンジンの熱効率向上

  b　冷凍サイクルの効率向上

  c　エンジン排熱の有効利用

〔1〕 エンジンの熱効率向上

一般に，エンジンの燃焼効率を上げると，排ガス中のNO_x値が増加する．しかし，以下の各要素技術を最適化し，ベストミックスすることでNO_x値を低減しながら効率向上を図っている．

・エンジンのダウンサイジング（高出力化）
・エンジンの高圧縮比化
・空燃比の最適化（希薄燃焼化）
・燃焼室形状の最適化（均一燃焼化）
・点火タイミングの最適化
・バルブタイミングの最適化（ミラーサイクル化）
・気筒間の吸気バラツキの低減
・吸気，排気抵抗の低減
・エンジン部品の軽量化，薄肉化（機械損失低減）

図2・42にエンジン効率の向上のイメージを示す．

〔2〕 冷凍サイクルの効率向上

冷凍サイクルの効率向上のために，コンプレッサの圧損低減・熱交換器の伝熱面積拡大・室外機ファンの送風効率向上等の開発により高効率化を図っている．

最新の機種では，熱交換器の列数を2列か

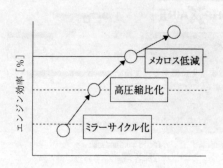

図2・42 エンジン効率の向上のイメージ

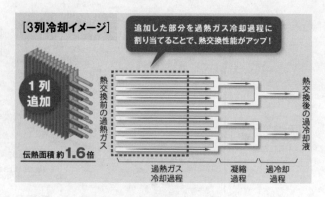

図2・43 冷凍サイクル効率の向上のイメージ（アイシン）

ら3列に増加させ伝熱面積を拡大するとともに，追加した列は高温の冷媒ガスの冷却過程として用いることで，空気と冷媒の温度差を大きくすることで高効率化を図っている（**図2・43**）．

〔3〕 エンジン排熱の有効利用

ガスヒートポンプ特有の省エネ技術として，エンジン排熱の有効利用がある．暖房時のエンジン排熱を従来以上に効率良く利用できる新たな冷凍サイクルを開発し，暖房効率の向上を図っている．

今後も，エンジン効率および冷凍サイクル効率の向上等により，ガスヒートポンプのさらなる高効率化を図っていくことが必要である．

2.6.3 システムロスの低減

都市ガス空調システムの主要な機器としては，ガス吸収冷温水機とガスヒートポンプが挙げられる．ただし，ガスヒートポンプはメーカーのパッケージ商品であり，システムロス低減（システム効率向上）はすべてメーカー範疇となるため割愛する．

ガス吸収冷温水機のシステムロスを低減するためには，ガス吸収冷温水機周辺機器である補機の効率向上が重要となる．補機類の主要機器は，以下の三つである．

 a 冷却塔
 b 冷却水ポンプ
 c 冷温水ポンプ

〔1〕 冷却塔のシステムロスの低減

冷却塔の制御としては，冷却水ポンプとガス吸収冷温水機本体とを連動するON/OFF制御を組む場合が多い．また，冷却塔ファンは通常，冷却水温度（冷却塔出口温度）による，例えば29℃以上でONし26℃以下でOFFするON/OFF制御が行われているが，冷却水温度に応じてファン回転数をインバータで制御するものもある．

〔2〕 冷却水ポンプのシステムロスの低減

冷却水ポンプも，冷却塔同様にガス吸収冷温水機本体と連動するON/OFF制御を組む場合が多い．メーカー側も吸収冷凍機本体の高温再生器の温度上昇防止のために，冷却水ポンプが回り続ける制御を推奨している．システムロスを低減させる手法としては，冷却水量を冷房負荷に追随させ低減する変流量インバータ制御が一般的である．その他には，イニシャルコスト面でコスト安となるマニュアルインバータによるシステムロス削減などの手法も注目されつつある．また，熱源機の冷却水の温度差を大温度差化し，流量を従来1 m³/(h・RT)であったものを0.7 m³/(h・RT)とした「節電型」吸収冷温水機が商品化され，冷却水ポンプ動力の大幅な削減を可能にしている（詳細は**2.2.6**参照）．

ここでは一例として，冷却水系の改善策として大温度差＋マニュアルインバータの事例を紹介する．冷却水の大温度差の採用により，冷却水の循環流量を削減できるため，当然，ポンプ

2.6 省エネルギー性の向上技術

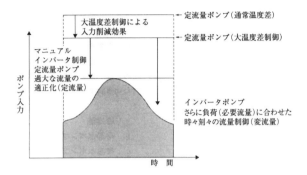

図2・44 インバータ化によるエネルギーロス削減のイメージ

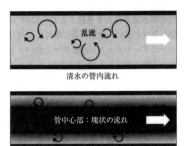

図2・45 管内流動状態の比較

表2・6 流量削減手法の例

手法	内容	電力削減効果
ダンパ等の絞り機構	バタフライダンパなどのバルブにより過剰流量を定格流量まで下げる.（流量は定流量）	少
マニュアルインバータ	インバータによりポンプ回転数を下げることで,過剰流量を定格流量まで下げる.（流量は定流量）	中

の必要流量を削減できる．しかし，通常冷却水ポンプに用いられるポンプは定流量ポンプであるため，削減流量に対する電力削減量の割合は大幅に小さくなっている．そこで，定流量ポンプをマニュアルインバータ化し，ポンプの回転数で流量を絞り込むことにより，大幅にエネルギーロスを低減することができる（**図2・44**）．**表2・6**に流量削減手法と電力削減効果を示す．

通常，設備設計者は建築物の配管の設計から予想される必要揚程と，熱源機等に必要な必要流量からポンプ容量を選定する．しかし，ポンプに使われているモータの容量が段階的であり，また設計上の余裕も一因となって選定されるポンプは必然的に最適容量以上のものとなる．そのため従来は，過剰流量分をダンパによって絞っていたが，近年大型のインバータが購入しやすくなったことから，マニュアルインバータあるいは変流量制御による省エネルギー手法が注目されるようになった．

また，メーカーによっては空調負荷が著しく小さい場合は，冷却水ポンプを停止するオプション機能を有する機器もある．

〔3〕 冷温水ポンプのシステムロスの低減

冷温水ポンプも，冷却水ポンプ同様に大温度差制御＋マニュアルインバータ制御や変流量制御が推奨される場合が多い．冷却水ポンプが冷房期間のみであるのに対し，冷温水ポンプの場合，冷暖房期間に適用できる．ここではさらにシステムロスを低減する技術として，配管摩擦低減剤について紹介する．冷温水配管に配管摩擦低減剤を投入することにより，配管中心部の乱流運動を抑制することにより（**図2・45**），配管内の摩擦を低減し，冷温水ポンプの電力消費量を低減させるものである．この技術は配管長の長い案件や年間冷房対応機などで効果が高い．

2.6.4 未利用エネルギー・再生可能エネルギーの活用

未利用エネルギー・再生可能エネルギーの活用は従来から注目されており，多くの機関で今なお研究・開発が行われている．代表的な活用例には，太陽集熱器と吸収冷温水機を組み合わせたソーラークーリング（詳細は，2.2.6〔2〕参照），木質ペレット焚吸収冷温水機，吸収ヒートポンプ等がある．

〔1〕 木質ペレット焚吸収冷温水機

木質ペレット焚吸収冷温水機は（**図2・46**），燃料として再生可能エネルギーである木質ペレッ

第2章 都市ガス空調の種類と特徴

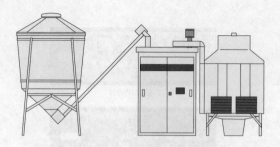

図2・46 木質ペレット焚き吸収冷温水機の構成図

図2・47 木質ペレット(ヤンマーエネルギーシステム)

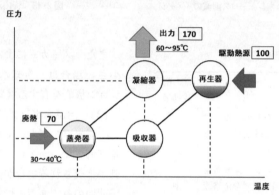

図2・48 第一種(増熱型)吸収ヒートポンプのサイクルフロー[15]

ト(図2・47)を利用することが可能で，ガスバーナの代わりにペレットバーナを搭載した二重効用形の吸収冷温水機が商品化されている．他の構造は従来の吸収冷温水機と同様で，木質ペレットをバーナに供給する搬送装置が別途必要となる．

〔2〕吸収ヒートポンプ

吸収冷凍サイクルは圧縮式の冷凍機と同様にヒートポンプとしても利用することが可能である．吸収サイクルは再生器・蒸発器が入熱部となり，凝縮器・吸収器が出熱部となる．それぞれの部位の温度，圧力を適正に設定することで，未利用エネルギーなど様々な熱を取り込んだヒートポンプサイクルを形成することができる．

吸収ヒートポンプは凝縮器・吸収器から熱を利用するものを第一種，吸収器からの熱のみを利用するものを第二種として分類されている．

〔a〕第一種吸収ヒートポンプ

第一種吸収ヒートポンプサイクルは「増熱型」とも呼ばれ，再生器に蒸気や燃料ガス等の駆動熱源を導入し，30℃～40℃程度の廃熱(廃温水)を蒸発器に導入して，凝縮器と吸収器から60℃～95℃の温水を生成することができる．廃温水から熱をくみ上げているため，一般的にCOPは駆動熱源ベースで1.6～1.8となり，再生器へ導入した駆動熱源より多くの熱量を温水として取り出すことができる(図2・48)．

第一種吸収ヒートポンプの適用事例を図2・49に示す．この事例では駆動熱源に0.8 MPaGの蒸気を使用し，冷却塔の廃熱(37℃)から熱をくみ上げている．出力はガスエンジン排ガスボイラへの給水を30℃から60℃まで加熱するとともに，90℃でプロセス加熱を行っている．蒸気ボイラ(ボイラー効率0.85)での加熱から吸収ヒートポンプ(COP1.7)に更新することで，熱変換効率は2倍となる．

2.6 省エネルギー性の向上技術

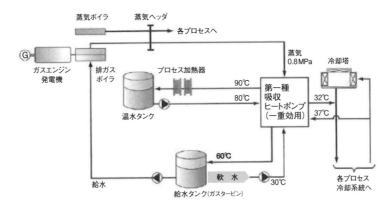

図2・49 第一種吸収ヒートポンプの適用事例[15]

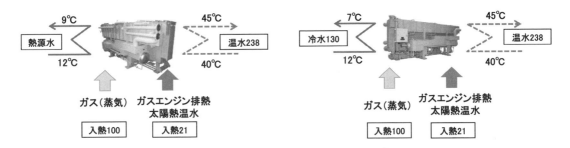

図2・50 二重効用吸収ヒートポンプジェネリンク（左：暖房運転，右：冷暖同時運転）

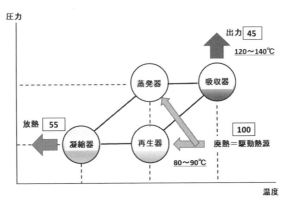

図2・51 第二種（昇温型）吸収ヒートポンプのサイクルフロー[15]

第一種吸収ヒートポンプを空調に適用した商品として，ジェネリンク（温水回収ガス吸収冷温水機）をベースにしたものがある．暖房サイクルでは蒸発器に下水処理水，地下水などの12℃程度の熱源水を導入し，再生器にはガス以外に蒸気，廃温水（ガスエンジンジャケット水，太陽熱温水など）が導入できるため，蒸発器と再生器で未利用エネルギーの利用が可能であり，凝縮器・吸収器で発生する熱から45℃の暖房用温水を取り出す．この時のCOPを［暖房出力÷ガスインプット］とすると約2.38になる．

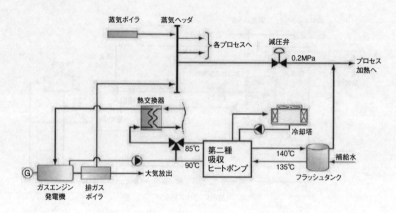

図2・52 第二種吸収ヒートポンプの適用事例[15]

冷房は通常の二重効用の吸収冷凍サイクルと同様で，蒸発器で冷水を作り凝縮器・吸収器の熱を冷却水で放熱させる．

冬季に冷房負荷がある場合には熱源水を冷房用の冷水とすることで冷暖同時運転が可能で，この場合COPを[(冷房出力＋暖房出力)÷ガスインプット]とすると約3.68になる(図2・50)．

〔b〕第二種吸収ヒートポンプサイクル

第二種吸収ヒートポンプサイクルは「昇温型」とも呼ばれ，蒸発器と再生器に80℃～90℃の廃熱を導入し，吸収器から120～140℃の高温水あるいは蒸気を取り出すことができる．発生する熱のうち凝縮器から出てくる熱は冷却水で放熱されるため，一般的にCOPは投入熱量ベースで0.5程度となる．しかし，投入温水より高い温度の温水あるいは蒸気が得られるため，利用度は高くなる(図2・51)．

第二種吸収ヒートポンプの適用事例を図2・52に示す．この事例ではガスエンジン発電機のジャケット温水90℃を駆動熱源として140℃の温水を取出し，その後にフラッシュタンクにより0.2 MPaの低圧蒸気としてプロセスに供給する．蒸気ボイラ(ボイラー効率0.85)より吸収ヒートポンプ(COP 0.45)のほうが熱変換効率は低いが，吸収ヒートポンプは廃温水(90℃)を活用しているため，実際のエネルギー投入量は補機動力だけとなる．

〔3〕デシカント空調

デシカント空調は水分吸着剤を有しており，吸着剤により空気中の水分を吸着して除湿する．温度と湿度を分離して制御することができ，一般的な空調機のみでは除湿するために空気を過冷却する必要があるが，デシカント空調機を併用することで，過冷却を必要としない顕熱負荷のみを対象とした空調が可能となり省エネに貢献する．一方で，その吸着剤から水分を脱離させる再生工程では温熱が必要となるが，その温熱源としてコージェネ廃熱，未利用エネルギー，再生可能エネルギーを利用することができる技術としても注目されている．また，雑菌が繁殖しにくい湿度域40％～60％に制御することで，浮遊菌やカビが少なく，衛生的な空調を実現できるという特徴もある．

1ロータ方式のデシカント空調機の動作は以下であり，その構成例と湿り空気線図での温湿度の動きの例を図2・53，54に示す．

〔a〕除湿側の動作

①処理空気の相対湿度を高めて除湿しやすくするために処理空気を予冷する．

②処理空気を除湿ロータに通過させることで，空気中の水分が除湿ロータに吸着される．

③除湿ロータを通った空気は湿度の低い空気

2.6 省エネルギー性の向上技術

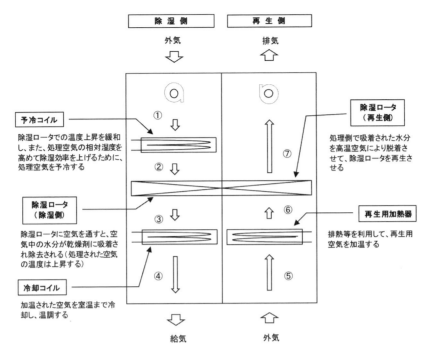

図2·53 デシカント空調機(1ロータ方式)の構成例

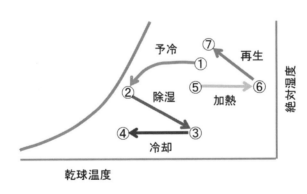

図2·54 湿り空気線図でみるデシカント空調機(1ロータ方式)の動作例

となる．
④除湿ロータ通過後の空気は温度が高いので必要に応じて冷却または顕熱交換器に通し温調する．

〔b〕再生側の動作
⑤除湿ロータに含まれている水分を取り除くために，再生用の空気の温度を上げて（相対湿度を下げて）除湿ロータに送る．
⑥高温で湿度の低い空気は，除湿ロータから水分を奪い取り排気される．
⑦乾燥された除湿ロータは回転して再び除湿側に戻り水分を吸着する．

また，1ロータ方式に顕熱交換ロータを追加した2ロータ方式とすることで，より省エネルギー性の高いシステムを構築することができる．2ロータ方式のデシカント空調機の構成例と湿り空気線図での温湿度の動きの例を図2·55, 56に示す．

- 51 -

第2章　都市ガス空調の種類と特徴

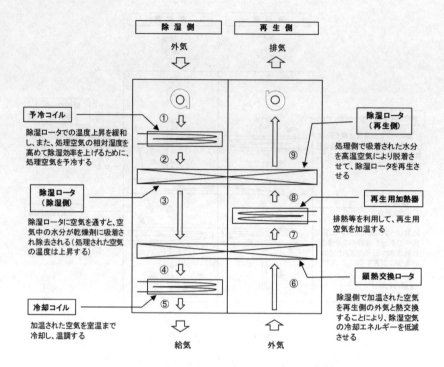

図2・55　デシカント空調機（2ロータ方式）の構成例

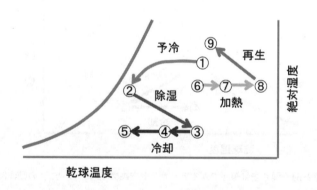

図2・56　湿り空気線図でみるデシカント空調機（2ロータ方式）の動作例

第 2 章　参考資料

1）空気調和・衛生工学会：空気調和・衛生工学便覧，第 14 版　空気調和設備設計編，P68 を元に一部変更
2）空気調和・衛生工学会：空気調和・衛生工学便覧，第 14 版　空気調和設備設計編，P64 を元に一部変更
3）日本冷凍空調学会編：吸収冷凍技術の進展　炎で冷やした半世紀（2002），日本冷凍空調学会，P112，134
4）クリーンエネルギー「省エネに貢献する最新のナチュラルチラー」（2014.10），P2，3
5）プレスリリース：太陽熱を冷房に利用する「ソーラー吸収冷温水機」の開発について ～太陽熱を有効活用した業務用の空調システム～（東京ガス株式会社，東邦ガス株式会社，大阪ガス株式会社，2010 年 6 月 22 日）
6）プレスリリース：モジュール連結型ナチュラルチラー（ガス吸収冷温水機）「スマートコアラ」を共同開発　～非常用エレベーターに積載可能な寸法と重量を実現し，搬入が容易に～（大阪ガス株式会社，日立アプライアンス株式会社，2014 年 4 月 15 日）
7）プレスリリース：温度帯や流量の異なる 2 種類の排温水を同時に利用できるナチュラルチラー（ガス吸収冷温水機）国内初「2 温水回収ジェネリンク*3」を共同開発　～未利用エネルギーなどの有効活用による省エネ化を推進（東邦ガス株式会社，日立アプライアンス株式会社，2014 年 5 月 26 日）
8）日本ガス協会：ガス空調システムの概要，P49 ～ 54
9）プレスリリース：～空調と発電の融合～ 消費電力ゼロ，さらに建物内に電力を供給できる業務用ガスエンジンヒートポンプエアコンを発売します（大阪ガス株式会社，2006 年 2 月 22 日）
10）都市ガスシンポジウム 2012「電源自立型空調 GHP エクセルプラスの開発」
11）クリーンエネルギー「ハイブリッド空調「スマートマルチ」の開発」（2016.4），P2
12）日本ガス協会　都市ガス空調システム，P60
13）空気調和・衛生工学会便覧第 14 版　機器・材料編，P113 ～ 116
14）冷凍空調便覧第 6 版第 II 巻　機器編，P303
15）三善信孝：省エネルギー 2016 年 6 月号「吸収ヒートポンプの仕組みと導入事例について」，P50 ～ 54

第3章
都市ガス空調システムの評価

3.1 評価手法の概要

本章では,都市ガス空調システムにおける経済性,省エネルギー性,環境性,電力需要平準化の4項目を取り上げ,その評価手法の解説ならびに,各評価項目の向上のための技術について述べる.

都市ガス空調システムの評価に必要な項目とその主な内容を表3・1に示す.

表3・1 評価項目とその内容

評価項目	評価内容
経済性	イニシャルコスト ランニングコスト
省エネルギー性	一次エネルギー消費量 COP APFp
環境性	排気ガス特性 冷媒の特性 騒音・振動特性
電力需要平準化	電力ピークカット 電力年負荷率

3.2 経済性の評価

3.2.1 概論

空調システムの検討において,どのシステムが経済的に有利であるかを判断するための評価手法について記述する.現在一般に行われている評価方法では,各システム案それぞれの設備を建設する際に要する費用(イニシャルコスト)と,年間費用(ランニングコスト)を算出することにより,経済的優劣の判断を行うことが多い.

〔1〕評価費目

空調システムの経済性を検討するための主な費目を図3・1に示す.

〔2〕評価の手順

経済性を検討する手順のフローを図3・2,図3・3に示す.まず,建物概要と建物使用形態から

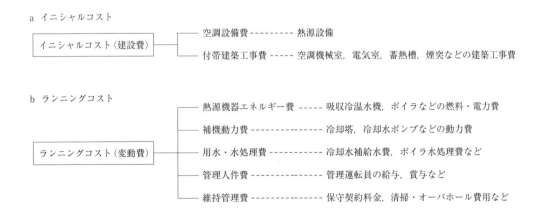

図3・1 空調システムの検討費目

第3章 都市ガス空調システムの評価

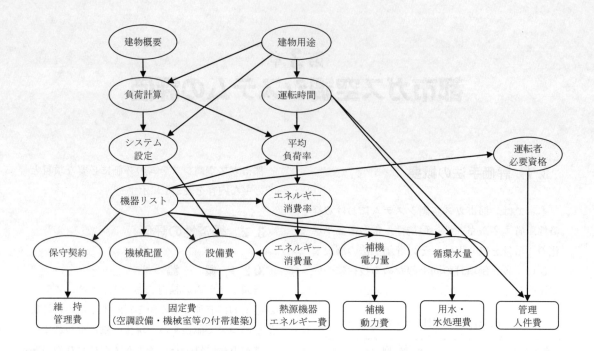

図3・2 検討の手順(中央空調方式の場合)

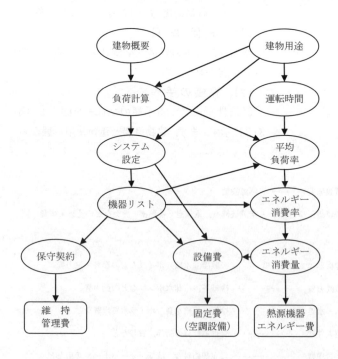

図3・3 検討の手順(個別空調方式の場合)

熱負荷計算を行い，その建物に適した空調システムを何案か選定する．次に，各システム案の機器リストを作成し，この機器リストをもとに機器配置，設備，エネルギー消費量，補機電力量，循環水量，運転時間などの検討から，各費用の算出を行う．

3.2.2 イニシャルコスト（建設費）

イニシャルコストを大きく分けると空調設備費と付帯建築工事費に分かれ，このうち空調設備費は熱源設備費，ガス設備費，電気設備費に分かれる．

〔1〕 熱源設備費

熱源システムに必要な機器をリストアップし，その仕様を決定する．システムを構成する熱源機器，熱源補機，配管設備，自動制御設備などの購入，設置についての金額を積算する（表3・2参照）．

〔2〕 付帯建築工事費

付帯建築工事費は，熱源機械室，電気設備室，煙突，蓄熱槽などの建築費であり，各室の面積に建築工事費単価を乗じて求める．熱源機械室は，熱源システムに必要な機器類を修理するためのスペース，機器の間隔などを考慮して決定する．

3.2.3 ランニングコスト（変動費）

ランニングコスト（変動費）は熱源機器エネルギー費，補機動力費，用水および水処理費，維持修理費に分かれる．

〔1〕 熱源機器エネルギー費，補機動力費

熱源機器エネルギー費は，機器にかかる冷房（または暖房）負荷に応じて変動する一方，冷却塔，冷却水ポンプ，冷温水ポンプなどの補機の運転に要する費用は，熱源機器の負荷よりも運転時間の影響を大きく受けるため，一般に熱源機器エネルギー費とは別に補機動力費として取り扱う．

〔熱源機器エネルギー費〕

熱源機器エネルギー量は，熱源機器にかかる

表3・2 熱源設備費の内訳

項　　目	空　調　方　式　（代表機器）	
	中央空調方式 （ガス吸収冷温水機など）	個別空調方式 （GHP，EHPなど）
熱　源　機　器	（冷温熱源用）ガス吸収冷温水機など （冷熱源用）　蒸気吸収冷凍機，電動冷凍機など （温熱源用）　蒸気ボイラ，温水ボイラなど	（冷温熱源用）GHP
熱　源　補　機	冷却塔 冷却水ポンプ 冷温水ポンプ	
配管設備工事	冷却水配管 冷温水配管 蒸気配管 ガス配管	冷媒配管 ガス配管
電　気　工　事	電源配線 通信配線	電源配線 通信配線
タ　ン　ク　類	ホットウェルタンク，膨張タンク	
煙　道　工　事	屋内設置のガス機器の場合に必要	
自動制御設備工事	中央監視・制御システムなど	
付　帯　工　事	搬入，据付け，試運転調整	搬入，据付け，試運転調整

冷暖房負荷とエネルギー消費率から求められる．冷暖房負荷は，建物の用途，使用形態などにより大きく異なり，その想定方法には各種あるが，経済性検討の段階では運転状況，稼動率など不明な点が多いため，同様の用途，規模の建物における使用実績を参考にして決定することが多い．

以下では実務においてよく利用される全負荷相当運転時間を用いる方法を説明する．全負荷相当運転時間とは，年間をとおした建物の冷暖房負荷のすべてを，熱源機器の定格運転で賄ったと仮定した場合に何時間運転されるかを表す数値であり，熱源機器の全負荷相当運転時間 H および平均負荷率 a は，それぞれ次式で表される．

$$H = \frac{Q}{q} \quad Q = q \cdot H$$

$$a = \frac{H}{H'} = \frac{Q}{q \cdot H'} \quad Q = q \cdot H' \cdot a$$

ここに，
- H：全負荷相当運転時間　　　　　[h/年]
- Q：冷(暖)房期間熱負荷　　　[(kW·h)/年]
- q：熱源機器の定格出力　　　　　[kW]
- a：平均負荷率　　　　　　　　　[－]
- H'：熱源機器の運転時間　　　　[h/年]

全負荷相当運転時間が経験的に想定できるため，上式から期間熱負荷 Q が求められれば，これに熱負荷あたりのコストを乗じることにより熱源機器エネルギー費が求められる．1 kWh あたりのコストを C_p [円/kWh] とすると，熱源機器エネルギー費は次のように表される．

熱源機器エネルギー費 [円/年]
$$= Q \cdot C_p = q \cdot H \cdot C_p \quad (3 \cdot 2)$$

ガス空調の場合，熱源機器エネルギー費はガス空調に伴うガス料金そのものになるため，年間の平均的なガス使用量を想定して，平均単価を掛ければ概算金額を求めることができる．

熱源機器エネルギー費 [円/年]
= (年間ガス使用量) × (年間平均ガス単価)

冷房時のガス使用量 $= Q_g \cdot H'_c \cdot a_c \cdot f$
$$(3 \cdot 3)$$

ここに，
- Q_g：機器の冷房時定格ガス消費量　[m³/h]
- H'_c：冷房総運転時間　　　　　　　[h/年]
- a_c：冷房平均負荷率　　　　　　　[－]
- f：部分負荷特性を考慮した補正係数 [－]

となるが，ガス吸収冷温水機の特性の一つとして機器の負荷が 20% を超えれば，補正係数 f は 1 あるいは 1 以下となり，ガス使用量は次式で表される．

冷房時のガス使用量 $= Q_g \cdot H'_c \cdot a_c \cdot f$
$$= Q_g \cdot H_c \quad (3 \cdot 4)$$

ここに，
- H_c：冷房全負荷相当運転時間　　　[h/年]

となる．

暖房ガス使用量は，冷房の場合と同様に次式で算出される．

暖房時のガス使用量 $= Q_g \cdot H'_h \cdot a_h$
$$= Q_g \cdot H_h \quad (3 \cdot 5)$$

ここに，
- Q_g：機器の暖房時定格ガス消費量 [Nm³/h]
- H'_h：暖房総運転時間　　　　　　　[h/年]
- a_h：暖房平均負荷率　　　　　　　[－]
- H_h：暖房全負荷相当運転時間　　　[h/年]

また，GHP に代表される個別空調方式のガス空調の場合，2006 年の JIS 改訂以降は機器効率として部分負荷効率が重要視され，APFp や中間効率がカタログ表示されることとなった．これに伴い，ガス使用量は上記の補正係数 f の代わりに部分負荷特性を考慮した効率を利用して，式 (3·6) で表される．GHP の部分負荷特性を考慮した効率としては，例えば APFp が用いられる．

冷房時のガス使用量 $= (q_c \cdot a_c \div \eta_c) \cdot H'_c$
$$(3 \cdot 6)$$

ここに，
- q_c：GHP の冷房時定格能力　　　　[kW]
- H'_c：冷房総運転時間　　　　　　　[h/年]
- a_c：冷房平均負荷率　　　　　　　[－]
- η_c：GHP の部分負荷特性を考慮した冷房効率 [－]

暖房時のガス使用量 $= (q_h \cdot a_h \div \eta_h) \cdot H'_h$
$$(3 \cdot 7)$$

ここに,
 q_h：GHP の暖房時定格能力　　　　[kW]
 H'_h：暖房総運転時間　　　　　　　[h/年]
 a_h：暖房平均負荷率　　　　　　　　[−]
 η_h：GHP の部分負荷特性を考慮した暖房
  効率　　　　　　　　　　　　　[−]

なお，ガス空調機器は僅かではあるが電気も消費する．その電気使用量は，全負荷相当運転時間を利用して概算することができ，次式で表される．

$$\text{冷房時の電気使用量} = P_c \cdot H_c \quad (3\cdot 8)$$

ここに,
 P_c：冷房時定格消費電力　　　　　　[kW]
 H_c：冷房全負荷相当運転時間　　　　[h/年]

$$\text{暖房時の電気使用量} = P_h \cdot H_h \quad (3\cdot 9)$$

ここに,
 P_h：暖房時定格消費電力　　　　　　[kW]
 H_h：暖房全負荷相当運転時間　　　　[h/年]

〔補機動力費〕

補機動力費は冷却塔，冷却水ポンプ，冷温水ポンプなどの電力費をいい，年間基本料金，冷房・暖房用電力量料金に分けて算出する．電力量料金の計算式における平均負荷率 a は 0.8〜0.9，部分負荷特性を考慮した補正係数 f を 1.0 にとる場合が多い．

$$\text{補機動力費 [円/年]} = V_1 \cdot H_e \cdot a \cdot f \cdot P_2 \quad (3\cdot 10)$$

ここに,
 V_1：機器入力合計　　　　　　　　　[kW]
 H_e：機器運転時間　　　　　　　　　[h/年]
 a：平均負荷率　　　　　　　　　　　[−]
 f：部分負荷特性を考慮した補正係数　[−]
 P_2：平均電力単価　　　　　　　　　[円/kWh]

〔2〕 用水費および水処理費

用水費とは，冷却塔，ボイラなどの補給水，蓄熱槽の用水入替えなどの経費であり，水道水使用の場合，水道料金のほかに下水道料金として 20〜40% が加算される．なお，地方自治体によっては，冷却塔で蒸発する冷却水等を下水の実排出量から控除し，下水道料金を削減することができる下水道減免制度を用意していることもある．

〔冷却水・ボイラ補給水量〕

冷却塔の冷却水は，その蒸発量・飛散量・不純物の濃縮を防ぐブロー量を補給する必要がある．また，ボイラは，使用蒸気の復水（ドレン）の損失量やボイラ缶内の不純物の濃縮を防ぐブロー水量を補給する必要がある．冷却水・ボイラの補給水量の概略は次式で求められる．

$$V_3 = V_3' \cdot H_c \cdot K_2 + V_4' \cdot H \cdot K_3 \quad (3\cdot 11)$$

ここに,
 V_3：冷却水・ボイラ補給水量　　　　[m³/年]
 V_3'：冷却水循環水量　　　　　　　　[m³/h]
 H_c：冷房補機運転時間　　　　　　　[h/年]
 K_2：補給率　　　　　　　　　　　　[−]
 V_4'：蒸気循環水量　　　　　　　　　[m³/h]
 H：補機運転時間　　　　　　　　　　[h/年]
 K_3：補給率　　　　　　　　　　　　[−]

用水費は次式から求められる．

$$\text{用水費 [円/年]} = V_3 \cdot C_w \quad (3\cdot 12)$$

ここに,
 C_w：用水単価　　　　　　　　　　　[円/m³]

なお，冷却水循環水量に対する補給水量の割合である補給率としては，$K_2 = 0.012$ が用いられる場合が多い．また，蒸気循環水量に対する補給水量の割合である補給率としては，一般に $K_3 = 0.01$〜0.1 程度である．

〔3〕 管理人件費

空調設備の管理・運転には，自社で運転管理者を雇用する場合と，建物管理会社に一括して委託する場合がある．前者の場合，管理人件費は次式で求められる．

$$\text{管理人件費 [円/年]} = \Phi_p \cdot m \quad (3\cdot 13)$$

ここに,
 Φ_p：1 人あたり人件費　　　　　　[円/(年・人)]
 m：必要人員数　　　　　　　　　　　[人]

後者の場合，管理人件費は建物管理会社と契約する年間の管理委託費に相当する．

〔4〕 維持修理費

維持修理費には，設備の保守契約費，故障修理費，検査費などがある．

図3・4 固定費の費目

3.2.4 経済性の評価方法

空調システムの経済性を評価する代表的な評価指標として，単純回収年数，年間経常費などがある．

〔1〕 単純回収年数

設備投資した資金が何年で回収できるかを評価する指標であり，空調システムの場合，比較する空調システムとのイニシャルコストの差をランニングコスト（変動費）の差で除すことで，回収年数とする．計画の初期段階で比較対象システムがある場合や追加的投資を検討する場合に用いられることの多い指標であり，簡易に評価できる．

$$単純回収年数 = \frac{(a-b)}{(c-d)}$$

$$= \frac{設備費増分}{ランニングメリット} \quad (3 \cdot 14)$$

a：都市ガス空調システムのイニシャルコスト
b：比較する空調システムのイニシャルコスト
c：比較する空調システムのランニングコスト（変動費）
d：都市ガス空調システムのランニングコスト（変動費）

〔2〕 年間経常費

年間経常費とは，ランニングコスト（変動費）に，イニシャルコストに耐用年数や金利など加味して1年あたりの金額に換算した固定費を加えたものである．固定費の主な費目を図3・4に示す．

年間経常費は長期の経済的効果を評価できる簡易な指標である．

$$年間経常費 = 変動費 + 固定費 \quad (3 \cdot 15)$$

$$固定費 = 設備費 \times 固定比率 \quad (3 \cdot 16)$$

$$固定比率 = (1 + Ar') \cdot \frac{i \cdot (1+i)^t}{(1+i)^t - 1}$$

$$+ \frac{Ar \cdot (1 - S/C)}{(1 - \sqrt[t]{S/C}) \cdot t}$$

$$(3 \cdot 17)$$

ここに，
C：設備費　　S：残存価格　　t：耐用年数
i：利率　　A：評価額　　r, r'：保険料率，税率

なお，簡易な評価として，残価を評価せず固定比率を資本回収係数として評価する場合もある．

$$固定比率 = \frac{i \cdot (1+i)^t}{(1+i)^t - 1} \quad (3 \cdot 18)$$

─── 一口メモ ───

耐用年数　建物付属設備，無形資産，機械および装置に関する税法上の耐用年数は**表3・3**のとおりであるが，吸収冷凍機およびGHPの耐用年数については，以下の注意が必要である．

〔1〕地域冷暖房以外に使用される吸収式冷凍機，およびGHP（**表3・3**の※1に該当）

吸収式冷凍機の耐用年数に関する国税不服審判所の裁決（平12.9.28裁決，裁決事例集No.60 387頁）により，その耐用年数は13年とするのが相当であると示された．

〔2〕地域冷暖房に使用される吸収式冷凍機（**表3・3**の※2に該当）

吸収式冷凍機は「機械および装置の熱供給業用設備」に該当し，その耐用年数は17年である．

表3・3　「建物付属装置」，「無形資産」および「機械および装置」の法廷耐用年数

項　目		耐用年数
建物付属装置	電気設備（照明設備を含む） 蓄電池電源設備	6年
	その他	15年
	給排水衛生設備，ガス設備	15年
	冷房，暖房，通風またはボイラ設備　冷凍機出力が22 kW以下の冷暖房設備	13年※1
	その他	15年
無形資産	ガス・電気供給施設利用権	15年
機械および装置	熱供給業用設備	17年※2

3.3 省エネルギー性の評価

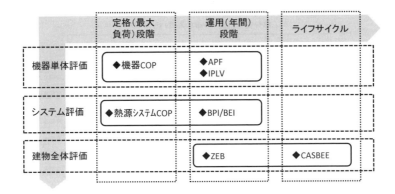

図3・5 設計時における空調システム評価手法の分類

3.3.1 空調システムの省エネルギー評価の分類

設計時に実施される空調システムの省エネルギー性評価方法に関する分類の例を**図3・5**に示す．評価方法はその対象とする領域（図の縦軸）と期間（図の横軸）により様々な指標が存在する．

評価領域に関しては，熱源機器単体の効率評価からポンプや冷却塔などの補機を含むシステム全体，さらには建物全体までの幅を有する．一方，評価期間に関しては，主熱源機器の定格COPから年単位の運用段階を評価対象とするもの，建設，運用，廃棄に至るライフサイクルすべてを対象とする評価までの幅がある．評価指標としては，機器単体等の評価に用いられる効率による評価と，システムや建物全体の評価に用いられる基準システムやモデル建物のエネルギー消費量に対する比による評価に大別される．

また，最近ではエネルギー消費量のみでなく，室内環境やサービス性能などの環境品質との比をもって，環境効率で評価を行うことも試みられている．

[1] 機器単体評価

[a] COP (Coefficient of Performance)
COPは，最も単純なエネルギー効率の評価法である．COPは成績係数と呼ばれ，以下の式で表される．

$$\text{COP} = \frac{\text{機器の製造熱量}}{\text{熱源機器への入力エネルギー}} \tag{3・19}$$

式(3・19)からもわかるように，COPは大きいほど効率が高い．同じエネルギー種を使用する機器間の比較を行う場合は問題とならないが，都市ガスと電気など異なるエネルギー種を考慮する場合，分母の入力エネルギーを一次エネルギーとし，ガスおよび電気で比較可能とする必要がある．また，COPは通常，定格出力（100％負荷）時の値で表示される場合が多いが，年間を通じた実際の運転ではほとんどが部分負荷での運転となることから，課題として実際の省エネ性を評価するには部分運転時のCOPを考慮する必要がある．**図3・6**にガス吸収冷温水機における負荷率および冷却水温度の違いによる比COPの違いを，**図3・7**に事務所建物での年間の冷房負荷の発生頻度の事例を示す．

なお，ガス吸収冷温水機の成績係数は式(3・20)，式(3・21)に示すとおり，GHPの成績係数は式(3・22)，式(3・23)に示すとおり，定義が異なる値が使われることがあるため注意を要する．

第3章　都市ガス空調システムの評価

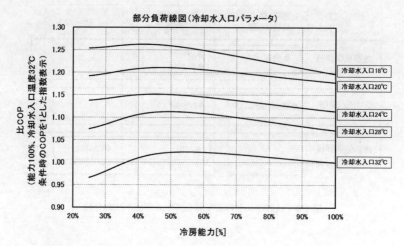

図3・6　ガス吸収冷温水機の部分負荷特性例
（パナソニックカタログを基に作成）

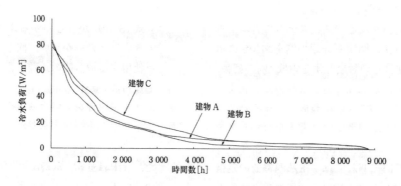

図3・7　熱負荷の年間発生頻度分布事例

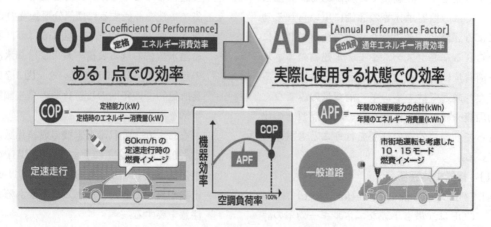

図3・8　定格COPと通年エネルギー消費効率（APF）の違い

① ガス吸収冷温水機の成績係数

$$\text{COP (JIS 基準)} = \frac{\text{定格能力}}{\text{定格ガス消費量(低位発熱量)} + \text{室外機定格消費電力}}$$

(3・20)

$$\text{COP (高位発熱量基準)} = \frac{\text{定格能力}}{\text{定格ガス消費量(高位発熱量)}}$$

(3・21)

② GHP の成績係数

$$\text{COP (二次エネルギー基準)} = \frac{\text{定格能力}}{\text{定格ガス消費量(高位発熱量)} + \text{室外機定格消費電力}}$$

(3・22)

$$\text{COPp (一次エネルギー基準)} = \frac{\text{定格能力}}{\text{定格ガス消費量(高位発熱量)} + \text{室外機定格消費電力} \times (9\,760 \div 3\,600)}$$

(3・23)

※ COPp の「p」は, primary の略

〔b〕APF (Annual Performance Factor:通年エネルギー消費効率)

前述のCOPによる評価の課題を解決する方法として,GHPなどの業務用パッケージエアコンでは,**図3・8**に示すように,2006年のJIS改正により通年での様々な使用状況を考慮した通年エネルギー消費効率(以下,APF)による評価が導入された.APFは式(3・24)のように定義され,建物用途や使用期間,負荷率等についてあるモデルを想定して算出した年間の平均効率である.さらに2015年のJIS改正では,このAPFをより使用実態に近い値にするべく,特に出現頻度の高い低負荷での効率の評価の精度を上げた算出方法に変更されている.従って,APFは**図3・5**における運用段階に対応する評価手法である.

$$\text{APF} = \frac{\text{年間の冷暖房で出力した能力}}{\text{年間の入力エネルギー}}$$

(3・24)

なお,GHPのAPFは式(3・25),式(3・26)に示すとおり,定義が異なる値が使われることがあるため注意を要する.

① 一次エネルギー基準 APFp (JISで規定された「期間成績係数」)

$$\text{APFp} = \frac{\text{年間冷暖房負荷}}{\text{年間ガス消費量(高位発熱量)} + \text{室内外機の年間電力消費量} \times (9\,760 \div 3\,600)}$$

(3・25)

※ APFp の「p」は, primary の略

② 二次エネルギー基準 APF

$$\text{APF} = \frac{\text{年間冷暖房負荷}}{\text{年間ガス消費量(高位発熱量)} + \text{室内外機の年間電力消費量}}$$

(3・26)

また,電気式ヒートポンプエアコンのAPFの定義を式(3・27)に示す.

③ 二次エネルギー基準 APF (JISで規定された「通年エネルギー消費効率」)

$$\text{APF} = \frac{\text{年間冷暖房負荷}}{\text{年間電力消費量(室外機,室内機)}}$$

(3・27)

商用電力をエネルギーとする電気機器の消費電力を一次エネルギー基準値に換算する係数としては,省エネ法で9 760 kJ/kWhが定められている.電気式ヒートポンプエアコンのカタログ等で公表されているAPFやCOPの効率値は二次エネルギー基準であり,例えば,APF = 5.0の場合は式(3・28)により,一次エネルギー基準 APFpは約1.85となる.

$$\text{APFp} = \text{APF} \cdot (3\,600 \div 9\,760)$$

(3・28)

〔c〕IPLV (Integrated Part Load Valu：期間成績係数)

一方，中央空調方式における通年での負荷の出現頻度や部分負荷を考慮した冷凍機の成績係数として期間成績係数がある．現在，日本では日本工業規格におけるJIS B 8621：2011遠心式冷凍機，JIS B 8622：2016吸収式冷凍機，および，日本冷凍空調工業会における遠心式冷凍機や吸収式冷凍機等を対象とした規格 JRA 4062：2010にて，期間成績係数の算出方法が規定されている．

計算式はいずれの規格においても以下の通りである．

$$IPLV = 0.01 \cdot A + 0.47 \cdot B + 0.37 \cdot C + 0.15 \cdot D \quad (3 \cdot 29)$$

ここで
A：100％負荷時のCOP（冷却水温度32℃）
B：75％負荷時のCOP（冷却水温度27.5℃）
C：50％負荷時のCOP（冷却水温度23℃）
D：25％負荷時のCOP（冷却水温度18.5℃）

意味としては，冷却運転時で100％負荷時は年間の運転時間の1％，75％負荷時は年間の運転時間の47％，50％負荷時は年間の運転時間の37％，25％負荷時は年間の運転時間の15％となり，その合計を表している．

〔2〕システム評価
〔a〕熱源システムCOP

中央方式熱源システムでは，熱源機本体以外にポンプや冷却塔などの補機の消費エネルギーも含めた熱源システムCOPの評価を行うことが，より現実に近い効率評価といえる．

熱源システムCOPでは，式(3・19)の分母に，ポンプなどの補機での一次エネルギー消費を加えたシステム全体への入力エネルギーと製造熱量の比率を評価することとなる．

ここでも，補機の部分負荷特性への配慮が必要となる．搬送ポンプが定流量，変流量のいずれの制御を採用しているか，または冷却塔のファンの発停制御の有無などを考慮したエネルギーの算定が必要となる．**図3・9**に，熱源システムCOPの検討事例を示す．

機器単体のCOPや熱源システムCOPでの評価は，式(3・19)からもわかるように，COPと製造熱量(＝負荷)がわかれば，入力エネルギーが即座に求められる簡易性にあり，比較的単純にシステム全体のエネルギー効率が評価できる．反面，各機器の部分負荷特性や期間効率などを厳密には反映できず，基本計画や基本設計時点での目安としての活用が一般的である．

〔b〕BPIとBEI

建築物の省エネルギー性を評価する指標については，2013年に省エネルギー法で規定される評価指標が改正され，従来の指標であるPALとCECからBPIとBEI (Building Energy Index)に変更された．

BPIは，建築物の断熱性能や日射遮へい性能の評価を行う指標で，旧指標の「PAL（年間熱負荷係数）」に対して，建物用途による室使用条件やペリメータ面積の定義を変更した「PAL*」から算出される．具体的には，BPIは設計値PAL*の基準値PAL*に対する比となっている。

BEIは建物の設備システムの年間一次エネルギー消費量を評価する指標であり，空調システムの省エネ性が本指標の値に影響を与える．旧指標の「CEC（年間エネルギー消費係数）」が各設備システム（空調，換気，照明，給湯，エレベータ，エネルギー利用効率化設備，コンセント負荷除く）の効率評価を示す指標であったのに対して，式(3・30)で示されるように全設備システム合算の年間一次エネルギー消費量を評価する指標である．式のとおり，BEIの値が小さいほど省エネルギー性能として高く評価される．なお，旧指標のCECでは空調設備の評価指標としてCEC/ACを用いていたが，

3.3 省エネルギー性の評価

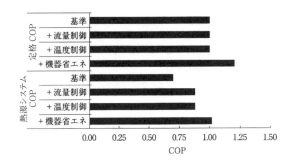

	定格COP	熱源システムCOP	冷温水流量制御	冷却水流量制御	冷温水温度差	冷却塔制御
基　準	1.00	1.00	CWV	CWV	5℃差	ON/OFF
＋流量制御	1.00	1.26	VWV	VWV	5℃差	ON/OFF
＋温度制御	1.00	1.26	VWV	VWV	7℃差	INV
＋機器省エネ	1.20	1.46	VWV	VWV	7℃差	INV

※定格COPは，冷温水機の定格電力消費量も加味した冷房時の数値

図3・9　熱源システムCOPでの評価事例

BEIにおいても同様にBEI/ACで空調設備のみを評価することができる．

$$\mathrm{BEI} = \frac{設計年間一次エネルギー消費量}{基準年間一次エネルギー消費量} \quad (3\cdot30)$$

2015年7月に制定された建築物省エネ法では，表3・4に示すように2 000 m² 以上の新築の非住宅建築物に対して，BEIのみが「エネルギー消費性能基準」に適合することを義務付ける規制措置（2017年4月施行）と，BPIとさらに高い水準のBEIが「誘導基準」に適合した建築物に容積率特例が適用される誘導措置（2016年4月施行）が講じられる．表3・5は各ケースに適用されるエネルギー消費性能基準と誘導基準の数値を示す．

また，これらの基準への適合判定は，「標準入力法」と「モデル建物法」の2種類の計算方法により行われ，誘導基準についてはIBECが公開する「BEST（誘導基準認定ツール）」を用いることができる．いずれの方法でも設計情報を用いて式(3・30)の分母，分子を計算することができる．計算結果は建物全体と各設備のBEIが算出されるため，設備毎の省エネ性を評価することができる．

各計算方法の特徴としては，「標準入力法」では詳細計算をするため入力に手間がかかるものの，より精度高く省エネ措置の効果を計算できるメリットがある．一方，「モデル建物法」は簡便に計算をするため手間がかからない反面，「標準入力法」に比べると評価結果が安全側（BEIが高め）に出る傾向がある．なお，モデル建物法は適用条件やモデル用途に制約があったが，2016年4月に延床面積の上限5 000 m² の規模要件の撤廃，個別空調方式のみに加えて中央空調方式の選択も可能にした点，モデル用途の追加等の改良が加えられている．

〔3〕　建物全体評価

〔a〕 ZEB（ネット・ゼロ・エネルギー・ビル）

建築物のエネルギー消費量を極力抑え，災害時でもエネルギー的に自立した建築物として，ZEB（ネット・ゼロ・エネルギー・ビル）が注目されている．ZEBとは，快適な室内

第3章　都市ガス空調システムの評価

表3・4　建築物省エネ法の対象建築物と適用基準 [1]

	対象建築行為	申請者	申請先	適用基準
適合義務・適合性判定	特定建築物（2 000 m² 以上非住宅）の新築 特定建築物の増改築（300 m² 以上） ※法施行前からの既存建築物については大規模な増改築のみ対象とする	建築主	所管行政庁または登録判定機関が判定	エネルギー消費性能基準（基準適合する旨の判定通知書がなければ建築確認おりない）
届　　出	300 m² 以上の新築・増改築	建築主	所管行政庁に届出	エネルギー消費性能基準（基準適合せず，必要と認めるときは，所管行政庁が指示できる）
行政庁認定表示（基準適合認定）	現に存する建築物 ※用途・規模限定なし	所有者	所管行政庁が認定※	エネルギー消費性能基準（基準適合で認定）
容積率特例（誘導基準認定）		建築主等	所管行政庁が認定※	誘導基準（誘導基準適合で認定）

表3・5　建築物省エネ法の適合義務基準と誘導基準 [1]

		エネルギー消費性能基準（適合義務，届出・指示，省エネ基準適合認定表示）		誘導基準（性能向上計画認定・容積率特例）	
		建築物省エネ法施行(H28.4.1)後に新築された建築物	建築物省エネ法施行の際現に存する建築物	建築物省エネ法施行(H28.4.1)後に新築された建築物	建築物省エネ法施行の際現に存する建築物
非住宅	一次エネ※1	1.0	1.1	0.8	1.0
	外皮：PAL*※2	—	—	1.0	—

※1　一次エネ基準は「設計一次エネルギー消費量／基準一次エネルギー消費量」（= BEI）が表中の値以下になることが条件
※2　PAL*は「設計値PAL*/基準値PAL*」（= BPI）が表中の値以下になることが条件

環境を保ちながら，負荷抑制，自然エネルギー利用，高効率設備により，できる限りの省エネルギーを実現した上で，太陽光発電等の再生可能エネルギーを導入し，運用時における年間エネルギーの需要と供給の年間収支（消費と生成，または外部との収支）が概ねゼロとなる建築物のことである．

ZEBの評価方法は，設計段階の評価として図3・10に示すように3段階に分類される．〔2〕で使用した式(3・30)の分母にあたる基準年間一次エネルギー消費量に対して50％以上省エネを「ZEB Ready」と設定し，そこに太陽光発電等によりエネルギーを供給することにより正味でゼロ・エネルギーを目指す考え方になっている．正味で75％以上省エネを達成したものを「Nealy ZEB」，正味で100％以上省エネを達成したものをZEBとして評価をする．

〔b〕CASBEE

建築物の総合的な環境性能評価方法として，「建築物の総合的環境評価システム（CASBEE）」の概要を示す．従来の環境評

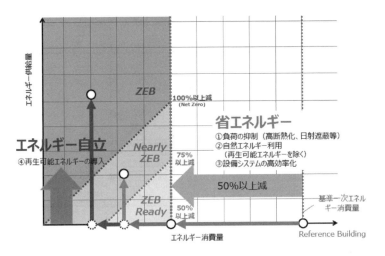

図3・10 ZEBの段階的評価[2)]

表3・6 CASBEEにおける空調システムの評価

評価項目		関連評価項目
環境品質 性能Q	室内環境	空調騒音, 室温制御 湿度制御, 空調システム
	サービス性能	設備の更新性
	室外環境	—
環境負荷L 低減性能	エネルギー	設備システムの高効率化 モニタリング
	資源・マテリアル	資源の再利用率, フロン・ハロン の回避
	敷地外環境	—

価が環境負荷低減のみを対象としたものに対し, サービスや機能といった環境性能も評価に組み込み, 総合的に環境性能を評価する.

表3・6に空調システムに関係する評価項目を示す. Qとは室内環境, サービス性能などの環境品質・性能を, Lはエネルギーや資源など環境負荷に関連する負荷を示し, Q/Lを環境効率BEEと定義する. これにより建築物の環境性能を総合的, 定量的に評価することが可能であり, 評価結果はBEEの数値に基づいて「Sランク(素晴らしい)」から,「Aランク(大変良い)」「B +ランク(良い)」「B-ランク(やや劣る)」「Cランク(劣る)」という5段階の格付けとして得られる.

CASBEEはライフサイクルを通じた評価も目指しており, **図3・11**に示すように企画(現在開発中), 新築, 既存, 改修の4つの評価ツールが用意され, デザインプロセスにおける各段階で活用することができる.

また, 建物用途や地区スケール, 地域特性等も反映して評価できるように, 前述の4つの基本ツールに加えて個別目的への拡張のためのツールが用意され, 継続的に更新されている. これらのツールは**図3・12**

第3章　都市ガス空調システムの評価

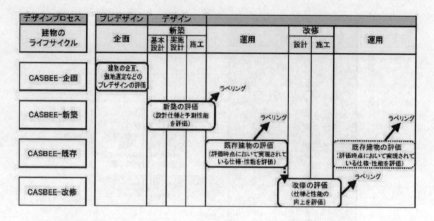

図3・11　建築物のライフサイクルとCASBEEの4つの基本ツール[3]

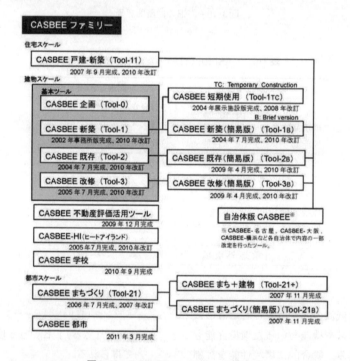

図3・12　CASBEEファミリーの構成[3]

のように「CASBEEファミリー」を構成している．

3.3.2　省エネルギー性の確認

省エネルギー性を確認する手法は数多くあるが，代表的な簡易管理フローを示す．

〔1〕対象建物のエネルギーデータの把握

エネルギーデータの把握は省エネルギー活動の第一歩である．実際エネルギー量を測定するためには，電力量メータなどの計測器，通信設備，サーバなどの設置が必要となる．そのため，遠隔データ収集サービスの活用などにより，イニシャルコストの削減を検討することが有効である．

表3·7 建物用途別一次エネルギー消費量の例[4]

一次エネルギー消費量 [単位:GJ/m²·年]	全体	事務所	官公庁	商業 デパート・スーパー	宿泊 ホテル・旅館	病院 病院	病院 福祉施設	教育 幼稚園・保育園	教育 小・中・高校	教育 大学・専門学校など	文化施設 劇場・ホール	文化施設 展示施設	文化施設 スポーツ施設	その他
北海道	1.304	1.914	1.710	4.132	2.695	2.613	−	−	0.711	1.249	1.024	1.876	1.304	−
東北	2.180	1.720	1.223	2.118	2.476	2.831	2.291	−	0.280	−	1.761	1.747	5.353	−
関東	2.222	2.259	1.130	4.819	2.641	2.628	−	0.926	0.381	1.432	1.331	1.156	1.634	1.435
中部	2.125	2.282	0.791	2.495	2.776	3.012	2.019	0.264	0.272	−	3.405	1.450	2.564	3.625
関西	2.109	1.824	1.074	3.891	2.750	2.590	1.375	0.617	0.327	1.067	1.148	1.295	1.300	2.447
中国・四国	1.469	1.908	1.057	3.893	2.767	2.195	1.811	0.297	0.531	0.903	1.129	2.120	1.429	0.986
九州	1.908	1.705	1.057	3.364	2.436	2.069	1.232	−	0.386	1.137	1.314	1.313	1.626	2.608

(注) 一次エネルギー消費量:各建物毎の年間一次エネルギー消費量÷延床面積の平均値. 全体の調査建物数は45 000件.

〔2〕 管理指標とエネルギーデータとの比較評価

エネルギーを管理するためには,管理指標(比較基準)が必要である.そのため,一般的には前年度のエネルギー消費実績や同規模・同業種のデータと比較する手法などが用いられる.後者の管理指標の基準の参考として,建物用途別のエネルギー消費量の調査結果例を表3·7に示す.

〔3〕 管理指標との差異についての原因分析と対策

エネルギー消費量が計画値より多い場合の原因は,実に多岐にわたっている.その原因は,メカニカルトラブル要因とヒューマンエラー要因に大別される.ここでは,代表的なヒューマンエラー要因の一例を紹介する.

ある建物ではガス吸収冷温水機の補機の電力消費量が多すぎるため調査をすると,冷温水ポンプの循環流量が通常の180%になっていることが判明した.これは,冷温水循環流量設定用の手動バルブ指示値が大幅に間違っていたことが原因であった.調査すると,バルブの設定位置を示すシールの位置を貼り間違えるというヒューマンエラーが判明した.

上記のような事例は数多くあり,原因を早期に発見するためには,計器類を適切に設置することが重要である.

表3·8 法制度で設定されている都市ガスの発熱量（2016年時点）

法制度	都市ガスの発熱量（HHV）
省エネ法	設定なし（ガス事業者ごとの数値を用いる）
建築物省エネ法	45 MJ/m³
温対法	44.8 MJ/Nm³

3.3.3 都市ガス等の発熱量と電気の一次エネルギー換算値

前項までの省エネルギー性の評価においては,消費する燃料や電気をエネルギー量として統合して評価する必要がある.都市ガスなどの燃料は発熱量を用い,電気は一次エネルギー換算して評価することが一般的である.

〔1〕 都市ガス等の発熱量

都市ガスなどの燃料の発熱量は,エネルギーの使用の合理化に関する法律(省エネ法),建築物のエネルギー消費性能の向上に関する法律(建築物省エネ法)または地球温暖化対策の推進に関する法律(温対法)で定められている値を用いることができる.

ただし,都市ガスについては,省エネ法,建築物省エネ法,および温対法で異なる扱いがなされている.表3·8にその扱いを示す.

省エネルギー法の工場等に係わる措置で定められているエネルギー使用量の定期報告におい

表3・9 電力の一次エネルギー換算値(省エネルギー法での扱い)(HHV)

電気事業者からの電気	昼間 (8:00～22:00)	9 970 kJ/kWh
	夜間 (22:00～8:00)	9 280 kJ/kWh
その他		9 760 kJ/kWh

(注) 昼夜の区分がつかない場合は全量昼間の電気として扱う運用がなされている.
電気事業者からの電気:一般電気事業者,特定規模電気事業者など一般電気事業者の送配電系統を用いて供給される電気

表3・10 電力の一次エネルギー換算値(建築物省エネ法での扱い)(HHV)

電　気		9 760 kJ/kWh
系統に接続されており昼夜間を区分したい場合	昼間 (8:00～22:00)	9 970 kJ/kWh
	夜間 (22:00～8:00)	9 280 kJ/kWh

ては,ガス事業者に確認して数値を定める必要があるが,特にガス事業者を定めず,一般論で評価する場合は 45 MJ/m^3 を用いて問題はない.

〔2〕 電気の一次エネルギー換算値

都市ガス空調に用いる補機動力や,比較対象の電気空調システムの評価を行うために,使用電力をエネルギー量としてカウントする必要がある.この際,電気については,発熱量(3 600 kJ/kWh)を用いるのではなく,一次エネルギー換算して評価することが必要である.

一次エネルギー換算とは,発電所で投入されるエネルギーを考慮する方法である.

表3・9,表3・10 に示すように,電気の一次エネルギー換算についても省エネ法,建築物省エネ法で規定されている.

省エネルギー法の工場等に係わる措置で定められているエネルギー使用量の定期報告においては,昼間,夜間をわけて評価する必要があるが,それ以外では,9 760 kJ/kWh 用いれば良い.

〔3〕 一次エネルギー基準評価と二次エネルギー基準評価

都市ガスなど燃料を使用する機器の効率(COPやAPFなど)については,発熱量を用いてエネルギー量が計算されているが,これは一次エネルギーでの評価がなされていることになる.

一方,電気機器の効率を示す場合,電気消費量を一次エネルギー換算せず,3 600 kJ/kWh で換算した数値で示されていることが多い.これを二次エネルギー基準と呼ぶ.

電気機器とガス機器などの燃料消費機器をCOPやAPFなどで比較評価する際には,どちらか一方の基準にあわせて比較する必要がある.省エネ法では一次エネルギー基準で評価しているため,効率比較も一次エネルギー基準で統一することが望ましい.

なお,燃料消費機器の場合にも補機電力を一次エネルギー換算せずに計算されることがあるため注意が必要である.

3.3.4 高位発熱量と低位発熱量

燃料を完全に燃焼させたときに発生する熱量を発熱量といい,一般的に,気体燃料では 1 Nm^3 を単位とした燃焼熱を MJ で表したものである.燃料の発熱量を測定する際に,燃焼ガス中の生成水蒸気が液体に凝縮した場合と,水蒸気のままである場合が考えられる.したがって,この水蒸気の状態によって発熱量は異なった値となり,この差異は水蒸気の潜熱に相当する.この発熱量の表し方として,水蒸気の潜熱を含む場合の発熱量を高位発熱量(HHV:Higher Heating Value)といい,含まない場合を低位発熱量(LHV:Lower Heating Value)という.

表3・11 ガス機器別の基準発熱量（JIS）

基準発熱量	ガス機器
高位発熱量	ガスヒートポンプ
低位発熱量	吸収冷温水機, ボイラ, コージェネレーション

両者の関係は式（3・31）で示され，特に水素の含有率の多い都市ガスを燃料とするときには，低位発熱量基準と高位発熱量基準では約1割ほど効率に差異がでるので注意が必要である．

低位発熱量
= 高位発熱量 − 水蒸気の凝縮潜熱 × 水蒸気量
(3・31)

効率計算や効率の表示用として，JISで規定されている主なガス機器別の基準発熱量を表3・11に示す．

3.4 環境性の評価

かつては，空調システムにおける環境性評価は，大気汚染源であるばいじん，硫黄酸化物（SO_x），窒素酸化物（NO_x）の排出量評価が主体であったが，1.3.1の都市ガスの組成に示すとおり，都市ガスの主な原料である液化天然ガス（LNG）は硫黄やばいじんの原因となる不純物を含まないため，都市ガス空調システムにおいては大きな問題とはなっていない．

近年は，地球温暖化対策が重要視されるようになったため，二酸化炭素（CO_2）の排出量評価が重要となっている．また，空調用の冷媒に用いられるHFC冷媒などは地球温暖化に影響するものが多く漏洩の防止に努めなければならない．

NO_xについては，燃料の特性ではなく，燃焼の特性により左右されるため機器としての低NO_x化が必要となる．

また，近年は都市部のヒートアイランド現象も課題となっており，空調システムからの大気廃熱についての評価が行われることもある．

3.4.1 二酸化炭素（CO_2）排出量

〔1〕 CO_2の算定方法

空調機を稼働させることによるCO_2の排出量は，評価期間内（通常は1年）の燃料使用量および電気の消費量に，その燃料ごと，および電気のCO_2排出係数を乗じることで算定される．ただし，電気については〔3〕で解説するように特別な注意が必要となる．

〔2〕 都市ガスなど燃料のCO_2排出係数

空調やボイラなどで用いられる燃料のCO_2排出係数（単位燃料消費量あたりの燃焼時のCO_2排出量）は，地球温暖化防止に関する法律（温対法）で設定されている数値を用いることができる．具体的には温室効果ガス算定・報告マニュアル[5]に掲載されるので，最新値を確認し利用する．主要な燃料の排出係数を表3・12に示す．

ただし，都市ガスの排出係数は，その組成に

表3・12 燃料のCO_2排出係数[5]

燃料の種類	単位発熱量	CO_2排出係数	
		発熱量当たり CO_2換算	単位量当たり CO_2換算
灯　　油	36.7 GJ/kl	0.0678 tCO_2/GJ	2.49 tCO_2/kl
軽　　油	37.7 GJ/kl	0.0686 tCO_2/GJ	2.58 tCO_2/kl
A 重油	39.1 GJ/kl	0.0693 tCO_2/GJ	2.71 tCO_2/kl
B・C 重油	41.9 GJ/kl	0.0715 tCO_2/GJ	3.00 tCO_2/kl
液化石油ガス（LPG）	50.8 GJ/t	0.0590 tCO_2/GJ	3.00 tCO_2/kl
都市ガス	44.8 GJ/千Nm^3	0.0499 tCO_2/GJ	2.23 tCO_2/千Nm^3

表3・13　地球温暖化対策計画で用いられた火力電源係数

火力電源係数	対象年度	算出根拠
0.65 kg/kWh	2013年〜2029年	電気事業における環境行動計画（電気事業連合会）に基づく2013年度の火力平均の電力排出係数実績
0.66 kg/kWh	2030年	長期エネルギー需給見通し（H27.7）における2030年電源構成を前提とした火力平均の電力排出係数

より決定されるため，都市ガス事業者に排出係数を問い合わせることが望ましい．

なお，上記マニュアルでは，都市ガスなどの気体燃料については，温度が0℃で圧力が1 atm（＝1気圧）の標準状態に換算した量で把握するには以下の式（3・32）で行うとされている．ただし，都市ガスについては，計測時圧力または計測時温度が求められない場合は，計測時体積を標準状態体積の値とすることが認められている．

$$標準状態体積 [Nm^3] = 273.15 \cdot \frac{計測時圧力 [atm]}{(273.15 + 計測時温度 [℃])} \cdot 計測時体積 [m^3] \quad (3・32)$$

〔3〕　電気の CO_2 排出量算定の考え方

都市ガス空調のポンプやファン等の補機電力の評価，比較対象としての電気式空調の評価などで，電気の使用について CO_2 排出の算定が必要となる．電気は，使用場所では CO_2 を発生しないが，発電時に発生する CO_2 排出量を評価する視点で，電気の使用量に電気の CO_2 排出係数（単位発電量あたりの CO_2 排出量）を乗じて電気の使用による CO_2 排出量を算定する．ただし，電気の CO_2 排出係数については，以下の二つの考え方があり，評価内容によって使いわける必要がある．

〔a〕全電源平均係数を用いる方法

CO_2 排出係数として全電源平均係数（原子力，火力，水力などすべての電源の単位発電量あたりの CO_2 排出量の平均値）を用いる方法である．これは電気の使用量を単に CO_2 排出量に換算する場合に用いる．供給側で発生する CO_2 排出量を需要側に比例配分して割り振るという考えのものである．企業全体の排出量の算定を行う場合などに用いる．

〔b〕マージナル電源係数を用いる方法

マージナル電源とは，省電力対策や電力代替システムなどによって系統電力需要に差が生じた場合，年間の発電量に影響がでる電源である．

マージナル電源係数を用いる方法は，電力削減がなかった場合に，どの電源の年間発電量が増加するかという変化分を評価する考え方であり，都市ガス空調と電気式空調の CO_2 排出量を比較評価する場合などは，このマージル電源係数を用いて評価することが適切である．

現段階では法的制度でマージナル電源の数値が定められていないが，2016年5月に閣議決定された地球温暖化対策計画ではコージェネレーションや再生可能エネルギー発電など系統電力を代替する対策の評価に，表3・13に示す火力発電の係数が用いられた．

3.4.2　冷媒（フロン関係）

多くの空調機器の冷媒として用いられるフロンは，かつてオゾン層破壊の原因となり，その使用が問題となった．世界的にもモントリオール議定書に基づき，日本を含む先進国では，CFC冷媒が1996年に全廃され，HCFC冷媒は2020年全廃が規定された[6]．

なお，各種のフロン冷媒，混合フロン冷媒のオゾン破壊係数（ODP）および地球温暖化係数

3.4 環境性の評価

表3・14 フロン冷媒のオゾン破壊係数と地球温暖化係数[7]

分類	略称 冷媒番号	組成（化学式）	混合比 (wt%)	分子量	沸点 (℃)	液密度 (25℃)	大気中推定寿命[*3] (年)	オゾン破壊係数 ODP[*1]	地球温暖化係数 法律値[*2]	地球温暖化係数 (GWP)[*3] 20年	地球温暖化係数 (GWP)[*3] 100年	許容濃度[*4] (ppm)	燃焼性 燃焼範囲 (Vol %)	安全性分類 ASHRAE34[*5]
CFC	CFC-11	(CCl$_3$F)	—	137	23.8	1.476	45	1	4 750	6 900	4 660	1 000	不燃	A1
	CFC-12	(CCl$_2$F$_2$)	—	121	−29.8	1.311	100	1	10 900	10 800	10 200	500	不燃	A1
	CFC-13	(CClF$_3$)	—	104	−81.4	1.298 (−30℃)	640	1	—	10 900	13 900	1 000	不燃	A1
	CFC-113	(CCl$_2$FCClF$_2$)	—	187	47.6	1.565	85	0.8	6 130	6 490	5 820	500	不燃	A1
	CFC-114	(CClF$_2$CClF$_2$)	—	171	3.8	1.456	190	1	10 000	7 710	8 590	1 000	不燃	A1
	CFC-115	(CClF$_2$CF$_3$)	—	154	−39.1	1.291	1 020	0.6	7 370	5 860	7 670	1 000	不燃	A1
HCFC	HCFC-22	(CHClF$_2$)	—	86	−40.8	1.191	11.9	0.055	1 810	5 280	1 760	1 000	不燃	A1
	HCFC-123	(CHCl$_2$CF$_3$)	—	153	27.9	1.462	1.3	0.02	77	292	79	10	不燃	B1
	HCFC-124	(CHClFCF$_3$)	—	136	−12	1.461	5.9	0.022	609	1 870	527	1 000	不燃	A1
HFC	HFC-23	(CHF$_3$)	—	70	−82.1	0.67	222	0	14 800	10 800	12 400	1 000	不燃	A1
	HFC-32	(CH$_2$F$_2$)	—	52	−51.7	0.96	5.2	0	675	2 430	677	1 000	13.3–29.3	A2L
	HFC-125	(CHF$_2$CF$_3$)	—	120	−48.1	1.19	28.2	0	3 500	6 090	3 170	1 000	不燃	A1
	HFC-134a	(CH$_2$FCF$_3$)	—	102	−26.1	1.202	13.4	0	1 430	3 710	1 300	1 000	不燃	A1
	HFC-143a	(CH$_3$CF$_3$)	—	84	−47.2	0.932	47.1	0	4 470	6 940	4 800	1 000	7.03–19.0	A2L
	HFC-152a	(CH$_3$CHF$_2$)	—	66	−24	0.898	1.5	0	124	506	138	1 000	4.03–19.6	A2
HFO	HFO-1234yf	(CH$_2$=CFCF$_3$)	—	114	−29.4	—	10.5 日	—	—	1	<1	500	6.23–12.3	A2L
	HFO-1234ze(E)	(trans-CHF=CHCF$_3$)	—	114	−19	—	16.4 日	—	—	4	<1	1 000	7.03–9.5	A2L
混合系	R404A	HFC-143a/125/134a	52/44/4	98	−46.5	1.048	—	0	3 920	6 437	3 943	1 000	不燃	A1
	R407C	HFC-32/125/134a	23/25/52	86	−46.3	1.134	—	0	1 770	4 011	1 624	1 000	不燃	A1
	R407E	HFC-32/125/134a	25/15/60	84	−43.9	1.136	—	0	1 550	3 747	1 425	1 000	不燃	A1
	R410A	HFC-32/125	50/50	73	−51.4	1.062	—	0	2 090	4 260	1 924	1 000	不燃	A1
	R413A	FC-218/134a/R600a	9/88/3	104	−35	1.188	—	0	—	—	1 945	1 000	不燃	A2
	R417A	HFC-125/134a/R600	46.6/50.0/3.4	107	−41.8	1.152	—	0	—	—	2 127	1 000	不燃	A1
	R422A	HFC-125/134a/R600a	85.1/11.5/3.4	114	−46.5	1.136	—	0	—	—	2 847	1 000	不燃	A1
	R422D	HFC-125/134a/R600a	65.1/31.5/3.4	110	−43.2	1.144	—	0	—	—	2 473	1 000	不燃	A1
	R437A	HFC-125/134a/R600/601	19.5/78.5/1.4/0.6	—	−32	1.176	—	0	—	—	1 639	1 000	不燃	A1
	R507A	HFC-143a/125	50/50	99	−46.7	—	—	0	3 990	6 515	3 985	1 000	不燃	A1
	R509A	HCFC-22/FC-218	44/56	124	−47.1	—	—	0.024	—	6 042	5 758	1 000	不燃	A1

*1：出典（オゾン層保護法等）
*2：地球温暖化対策の推進に関する法律施行令記載数値．但し，CFC，HCFC と混合冷媒は，平成27年　経済産業省　環境省　告示第五号記載数値
*3：IPCC5 次評価報告（2013），但し混合製品は組成質量による加重平均（参考値），HFC-c447ef は AER 社算出値を基に AR5 に準じて計算
*4：日本産業衛生学会勧告値他
*5：ASHRAE 34 冷媒安全性分類規格（American Society of Heating, Refrigerating and Air-conditioning Engineers, Inc. 米国冷凍空調技術者協会）
A 低毒性．B 毒性．1 不燃性．2L 微燃性．2 弱燃性．3 強燃性

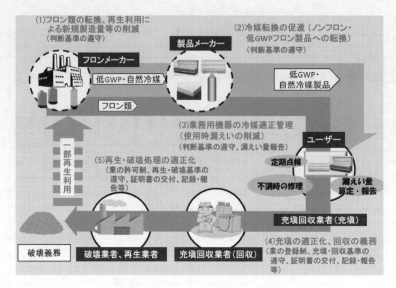

図3・13　フロン排出抑制法の全体像 [8]

（GWP）を表3・14に示す．GWPとは，一定期間での温暖化への影響がCO_2の何倍かを示すもので，一般に100年間の値が使用される．

現在は，オゾン層を破壊しない代替フロンであるHFC冷媒が使用されているが，これらは地球温暖化の原因となる温室効果ガスであり，体積あたりの温室効果がCO_2の数十〜数千倍となる．このため，2002年4月に施行されたフロン回収破壊法（特定製品に係わるフロン類の回収および破壊の実施の確保に関する法律）により，業務用冷凍空調機器の整備や廃棄を行った際に，冷媒として使用されるフロン類の回収と破壊が義務付けられた．一方，フロン類の回収量は年々増加しているものの，法施行以来，回収率は3割程度で低迷した．また，冷凍空調機器の設備不良や経年劣化等により，想定以上に使用時漏えいが生じていることが判明した．これらの課題に対応するために，2015年4月にフロン排出抑制法（フロン類の使用の合理化および管理の適正化に関する法律）が施行された．フロン排出抑制法は，フロン製造から廃棄までのライフサイクル全体にわたる包括的な対策を施した法律であり，その全体像を図3・13に示す．

都市ガス空調機器に関連するフロン排出抑制法による主な規制を以下に列挙する．

〔1〕 指定製品の低GWP・ノンフロン化

フロン類使用製品の低GWP・ノンフロン化を進めるため，家庭用エアコンなどの製品（指定製品）の製造・輸入業者に対して，温室効果低減のための目標値を定め，製造・輸入業者ごとに出荷する製品区分ごとに加重平均で目標達成を求める制度が導入された．各指定製品の目標値を表3・15に示す．なお，現在では，業務用エアコンは指定製品の対象外ではあるが，指定要件が整い次第，随時指定を検討することとしている．

〔2〕 「管理者」に求める点検

全ての管理者は，日常的な温度点検や外観検査等の「簡易点検」を，一定規模以上の業務用機器については専門家による冷媒漏えい検査である「定期点検」を行い，漏えいが確認された場合は，可能な限り速やかに冷媒漏えい箇所を特定し，原則，充填回収業者に充填を依頼する前に，漏えい防止のための修理等を義務付けている．

管理者に求める点検の内容を表3・16に示す．

さらに，2016年10月に開催されたMOP28（モントリオール議定書第28回締約国会合）で，代

3.4 環境性の評価

表3・15 指定製品の目標値 [8]

指定製品の区分	現在使用されている主な冷媒（GWP値）	目標GWP値	目標年度
家庭用エアコンディショナー（床置型等を除く）	R410A（2 090） R32（675）	750	2018
店舗・オフィス用エアコンディショナー （床置型等を除く）	R410A（2 090）	750	2020
自動車用エアコンディショナー（乗用自動車定員11人以上のものを除く）に掲載されるものに限る）	R134a（1 430）	150	2023
コンデンシングユニットおよび定置式冷凍冷蔵ユニット（圧縮機の定格出力が1.5 kW以下のもの等を除く）	R404A（3 920） R410A（2 090） R407C（1 774） CO_2（1）	1 500	2025
中央方式冷凍冷蔵機器（5万 m^3 以上の新設冷凍冷蔵倉庫向けに出荷されるものに限る）	R22（1 810） R404A（3 920） アンモニア（1桁）	100	2019
硬質ウレタンフォームを用いた断熱材 （現場発泡用のうち住宅建材用に限る）	HFC-245fa（1 030） HFC-365mfc（795）	100	2020
専ら噴射剤のみを充填した噴霧器 （不燃性を要する用途のものを除く）	HFC-134a（1 430） HFC-152a（124） CO_2（1），DME（1）	10	2019

表3・16 管理者に求める点検の内容 [8]

点 検 対 象	点 検 内 容	点 検 頻 度	点 検 実 施 者
【簡易点検】 全ての第一種特定製品 （業務用の冷凍空調機器）	・冷蔵機器および冷凍機器の庫内温度 ・製品からの異音，製品外観（配管含む）の損傷，腐食，錆び，油にじみ並びに熱交換器の霜付き等の冷媒として充填されているフロン類の漏えいの徴候有無	・四半期に一回以上	・実施者の具体的な制限なし
（上乗せ） 【定期点検】 うち，圧縮機に用いられる電動機の定格出力が7.5 kW以上の機器	・定期的に直接法や間接法による専門的な冷媒漏えい検査を実施	・7.5 kW以上の冷凍冷蔵機器 ：1年に1回以上 ・50 kW以上の空調機器 ：1年に1回以上 ・7.5〜50 kWの空調機器 ：3年に1回以上	・危機管理に係る資格等を保有する者（社内・社外を問わない）

※ GHPの場合，定期点検対象である「7.5 kW以上の機器」は，カタログや装置銘板等で公表した原動機の定格出力の数値により判断する．

第3章　都市ガス空調システムの評価

表3・17　MOP28で合意されたHFC冷媒削減スケジュール[※5 10)]

	途上国第1グループ[※1]	途上国第2グループ[※2]	先進国[※3]
基準年	2020-2022年	2024-2026年	2011-2013年
基準値 (HFC＋HCFC)	各年のHFC生産・消費量の平均＋HCFCの基準値×65％	各年のHFC生産・消費量の平均＋HCFCの基準値×65％	各年のHFC生産・消費量の平均＋HCFCの基準値×15％
凍結年	2024年	2028年[※4]	なし
削減スケジュール	2029年：▲10％ 2035年：▲30％ 2040年：▲50％ 2045年：▲80％	2032年：▲10％ 2037年：▲20％ 2042年：▲30％ 2047年：▲85％	2019年：▲10％ 2024年：▲40％ 2029年：▲70％ 2034年：▲80％ 2036年：▲85％

※1　途上国第1グループ：開発途上国であって，第2グループに属さない国
※2　途上国第2グループ：印，パキスタン，イラン，イラク，湾岸諸国
※3　先進国に属するベラルーシ，露，カザフスタン，タジキスタン，ウズベキスタンは，規制措置に差異を設ける（基準値について，HCFCの参入量を基準値の25％とし，削減スケジュールについて，第1段階は2020年5％，第2段階は2025年35％削減とする）．
※4　途上国第2グループについて，凍結年（2028年）の4〜5年前に技術評価を行い，凍結年を2年間猶予することを検討する．
※5　すべての締約国について，2022年，およびその後5年ごとに技術評価を実施する．

替フロンであるHFC冷媒を新たにモントリオール議定書の規制対象とする改正提案が採択された．改正内容は，日本を含む先進国については，HFC冷媒の生産・消費量を，2011-2013年の平均を基準として，2019年に規制を開始し，2036年までに85％分を段階的に削減するというものである．合意された削減スケジュールの内容を表3・17に示す．

このように，オゾン層破壊回避という面で代替フロンであるHFC冷媒が登場したものの，地球温暖化対策の面においては課題が残るため，フロンを使用しない自然冷媒の使用が求められる．ガス吸収冷温水機は，冷媒が水であり，ノンフロン空調として重要視されている．

3.4.3　窒素酸化物（NO_x）排出量

NO_xは，燃料中の窒素化合物に起因するフューエルNO_xと，燃焼に伴う大気中の窒素と酸素の結合によるサーマルNO_xとがある．天然ガスを主成分とする都市ガスは，窒素分はほとんど含んでおらず，フューエルNO_xはほとんど発生しない．またサーマルNO_xに対しては，比較的低い燃焼温度や，短い燃焼時間などにより，NO_x発生の抑制が可能である．現在商品化されている都市ガス空調機器は，各種の低NO_x技術の展開により，大気汚染防止法および自治体の規制値への対応がなされている．また，大気汚染防止法の規制対象外であるGHP等の小規模燃焼機器は，環境省が設定する低NO_x型小規模燃焼機器の推奨ガイドラインを遵守している．

3.4.4　廃熱（ヒートアイランド現象）
〔1〕　廃熱の質（顕熱・潜熱）

図3・14に冷房時および暖房時における建物と熱源システムについての熱およびエネルギーの流入出経路を示す．

廃熱などの外気への熱環境負荷は，顕熱および潜熱の形態に分類できる．冷房時，室内の熱負荷を空調機が除去するが，負荷の除去には熱源機器で製造した冷熱が用いられる．冷熱の製造に伴って廃熱が発生し，これを熱源システムは大気環境に放出する．大気環境への放熱方式には，空冷ファンによる乾式熱交換器と冷却塔・蒸発冷却器などによる湿式熱交換器に大別される．前者はその全量が顕熱として放出され，後者は主として（90％程度）潜熱の形態で排出される．

3.4 環境性の評価

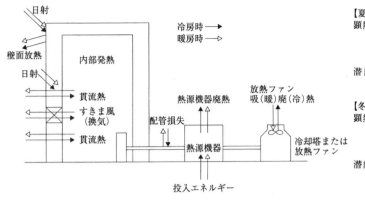

図3·14 冷暖房時における熱などの流入出経路

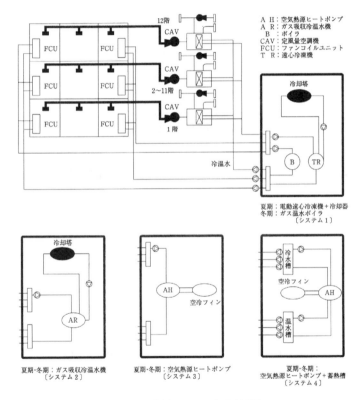

図3·15 熱源システムと空調系統

通常の評価では，このような廃熱の質（潜熱・顕熱）についての区別はなく，単なるエネルギー消費量を廃熱量と同等とみなす，いわゆるエネルギーの保存則を単純に適用したものがほとんどであるが，熱環境負荷削減の側面からは，このような廃熱特性の相違を考慮する必要がある．

また，ヒートアイランド現象のような廃熱の大気への影響は，日射がなく，かつ大気の安定した夜間に大きいことから，その時間特性も重要である．

〔2〕 各種熱源システムとその廃熱特性[10), 11)]

図3·15に示す4種類の熱源システムを設定し，数値シミュレーションにより，熱源システムの相違による廃熱特性の差を具体的に比較する．

- 77 -

システム1は夏期に電動遠心冷凍機，冬期にはボイラを用いるシステムであり，夏期の廃熱の大部分が冷却塔からの潜熱廃熱となる．システム2はガス吸収冷温水機であり，夏期ではシステム1と同様に大気環境への廃熱は冷却塔から放熱される．システム3は放熱熱交換器に乾式フィンを用いる空気熱源ヒートポンプで，システム1および2とは異なり，その廃熱の全量が顕熱で放出される．システム4は蓄熱槽を有し，主として夜間運転を行う空気熱源ヒートポンプシステムで，廃熱はシステム3と同様に乾式フィンから放出される．

なお，本シミュレーションに用いたモデル建物および室内発熱のスケジュールなどの計算上の諸条件は，**図3・16**に示すとおりである．また，ファンコイルユニットなどの室内側機器はすべての熱源システムで共通であり，気象データについてもすべて東京の標準データを用いている．

各熱源システムの1月および8月における建物全体からの廃熱特性を**図3・17**および**図3・18**に示す．図中の凡例で，（室）は建物からの廃熱を，（システム）は熱源からの廃熱を表す．

冬期（1月）では，熱源成績係数（COP）の大小が直接的に廃熱量の差異として表れていることが明らかである．これは，熱源で生成した顕熱を建物内で利用するという冬期空調の性格から当然の結果といえる．また，どのシステムにおいても顕熱廃熱の占める割合が比較的大きいが，これは空調機による換気・排気などを行う際の室内外温度差によるところが大きい．一方，夏期は冬期と比較してシステムによる廃熱特性の差が顕著に認められる．

例えば，システム1とシステム3の比較において，廃熱特性の絶対量や時間的な推移傾向はよく似ているが，廃熱の質（顕熱・潜熱）という点で，システム1の多くが潜熱廃熱であることに対して，システム3のほとんどは顕熱廃熱である．また，システム2の建物からの全廃熱量は，ほかのシステムと比較して大きいがそのほとんどが潜熱廃熱であるのに対し，システム3，4の廃熱はその大部分が顕熱である．このように廃熱の絶対量もさることながら，その質に関する考慮が不可欠であることがわかる．

また，夜間に深夜電力を使用し，蓄熱槽に冷熱を蓄えて電力需要の負荷平準化を図るシステム4の廃熱は夜間に多く排出される．大気の状態，廃熱の質によって都市域の熱環境に廃熱が及ぼす影響が異なることが明らかにされており，廃熱の質，時間特性が都市熱環境に及ぼす影響を十分に考慮する必要がある．

3.4.5 騒音・振動
〔1〕 ガス吸収冷温水機

ガス吸収冷温水機の騒音源としては，吸収液の循環ポンプ，燃焼用送風機および高温再生器における燃焼音がある．

このなかで，吸収液循環ポンプは全密閉構造のキャンドタイプを採用しているので，騒音はほとんど発生しない．また，ファンは，屋外に設置する場合はガス吸収冷温水機全体をケーシング内に収めているので，騒音は問題ないレベルである．

一方，燃焼音は排気筒または，煙突から機外に放出されるので，状況に応じて防音対策が必要となる．また，付帯設備として屋上に設置される冷却塔のファンや流下水の騒音が問題となる場合，設備計画の時点でガス吸収冷温水機，冷却塔および煙突の設置場所を十分検討することで，騒音の影響を減らすことが可能となる．

吸収冷温水機の騒音の測定はJIS B 8622「吸収式冷凍機」に定められており，**図3・19**に示すように高さ1.5mで冷温水機の側面から1m離れた垂直面で測定する．**図3・20**に738 kW ガス吸収冷温水機の騒音測定例を示す．ガス吸収冷

──一口メモ──
潜熱廃熱と顕熱廃熱　空気の保有するエネルギーには，顕熱と潜熱の形態がある．「顕熱」は物質の温度変化に関わる熱，「潜熱」は物質の状態変化（相変化）に関わる熱である．
　顕熱の放出は都市のヒートアイランド現象に直接影響を及ぼす因子であり，適切な廃熱方式の選択により熱環境負荷の低減も期待できる．また，潜熱の放出は湿度の上昇を引き起こすが，近年の都市域における相対湿度の低下を考慮すれば，まだ余裕があると考えられる．

3.4 環境性の評価

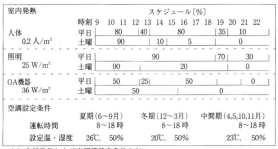

図3・16 計算条件など

温水機は，主機に回転部分がないため，回転型冷凍機に比べ，全体的に騒音レベルが低く，特に高周波領域において低騒音であることがわかる．

一方，振動については，ガス吸収冷温水機には大きな回転部分がないので，脚部で通常片振幅2μm以下程度で，振動そのものは問題ないと考える．しかしながら，屋上あるいは屋内に設置する場合には，低周波の音がスラブを伝播することがあるので，標準的な据付け方法としては，防振ゴム1枚を敷き，基礎にアンカボルトで固定する．ホテルの客室などに対し特に防振に考慮を要する場合は，特殊防振ゴムなどの配慮が必要なため，詳細検討が必要となる．

〔2〕 ガスヒートポンプ

ガスヒートポンプ（GHP）の騒音源としては，主にエンジン，熱交換器ファン，排気音がある．

エンジンについては，本体下部のエンジンルームを囲っている外板パネルにより十分な防音がなされている．また，排気音については，消音器による防音がなされている．さらに，熱交換器ファンについては，EHPと同じであるが，ファン形状が特殊な低騒音ファンの採用などにより，騒音の発生を抑制している．**図3・21**

― 79 ―

第3章　都市ガス空調システムの評価

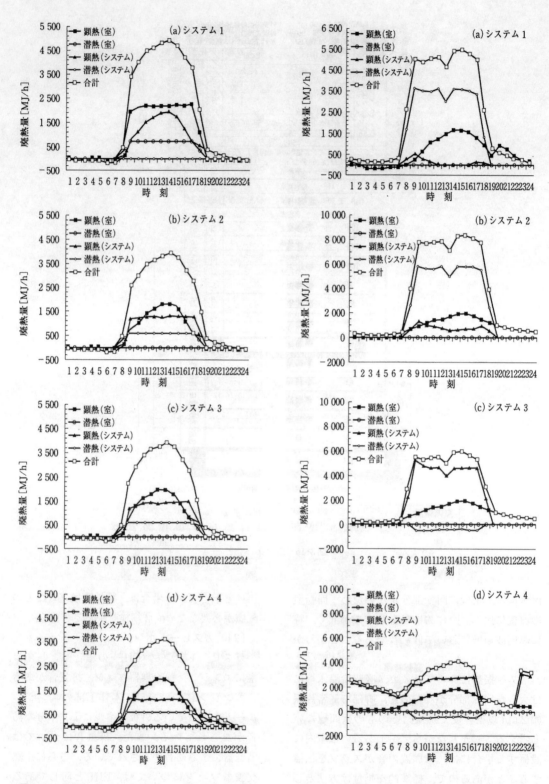

図3・17　熱源システムの相違による廃熱特性（1月）　　　図3・18　熱源システムの相違による廃熱特性（8月）

3.4 環境性の評価

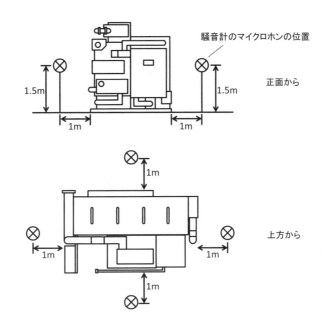

図 3·19 吸収冷温水機の騒音測定条件

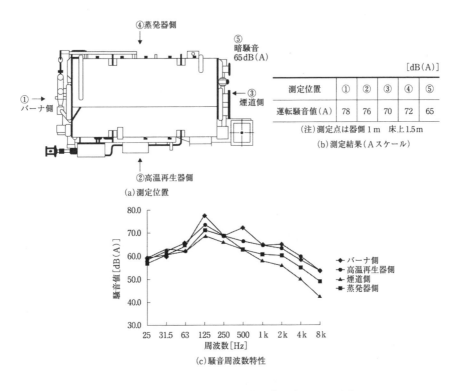

図 3·20 ガス吸収冷温水機の騒音測定例（738 kW の例）

第3章 都市ガス空調システムの評価

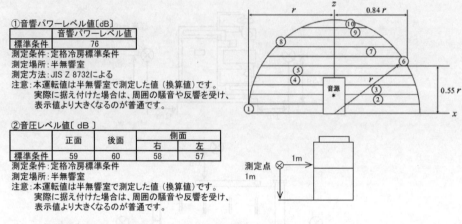

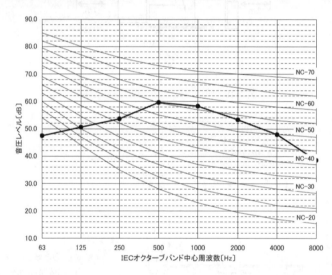

図3・21 ガスヒートポンプ騒音測定例（56 kWの例）[13]

に56 kWのGHPの騒音測定例を示す．定格冷房標準運転において，十分低い値となっており，防音に対する対策が十分なされているといえる．

また，一般的に音源からの放射音の表示量としては，音源から空間に放射された音のある1点における音圧を示す量である音圧レベル（騒音レベル）と，音源から放射される全音響パワーを示す量である音響パワーレベルの二種類がある．わが国では，音圧レベルによる評価・表示が規定され定着していたが，ISO 13261シリーズに整合したJIS C 9815シリーズが制定され，また，輸出製品や海外生産している製品は既に国際規格，海外規格に基づいて測定した音響パワーレベルを利用することが浸透しつつあるため，2015年のJIS改訂により，従来の音圧レベルから音響パワーレベルの表示に移行することになった．

一方，振動についても防振架台の設置により問題のないレベルにすることができる[12]．

表3·18 冷房容量1 kWあたりのピークカット量

対象機種	ピーク電力 [kW]	冷房容量1 kWあたりの ピーク電力 [kW/kW]	冷房容量1 kWあたりの ピークカット量 [kW/kW]
空冷電動HPチラー	514	0.724	基準
GHP	290	0.416	0.31
ガス吸収冷温水機	390	0.554	0.17

※計算条件を以下に示す.
　建物仕様：10 000 m² 事務所（標準地域）
　機種仕様：空冷電動HPチラー 冷房能力 355 kW × 2台，冷房COPp 1.26
　　　　　　GHP 冷房能力 58 kW × 12台，冷房COPp 1.30
　　　　　　ガス吸収冷温水機 冷房能力 352 kW × 2台，冷房COPp 1.22

3.5 電力需要平準化の評価

3.5.1 電力需要平準化の必要性

2011年の東日本大震災以降の電力需給ひっ迫により電力ピーク抑制，電力需要平準化が重要視されるようになった．これらの対策は電力供給の安定化とともに，系統電力の設備稼働率を向上させ，電力需給運用の経済性を向上し，ひいては社会的経済性を高める効果がある．

3.5.2 電力需要平準化の評価指標

電力需要平準化の目的には電力供給の安定化と設備稼働率の向上という二面があることから，評価指標も電力需要のピークカット効果（量・率）と電力年負荷率がある．

また，2014年施行の改正省エネルギー法（エネルギーの使用の合理化等に関する法律）では，電気需要平準化評価原単位が評価指標として新たに設定された．

〔1〕 電力ピークカット効果（量・率）

都市ガス空調が系統電力のピーク時間帯に稼働していれば，そのときの空調能力を電気空調が賄っていたと仮定した場合の電気空調の消費電力から都市ガス空調の消費電力（補機電力）を差し引いた電力がピークカット効果となる．系統電力のピーク時間帯には都市ガス空調が高負荷運転している可能性が高いため，ピークカット効果は高いと推定される．

具体的な評価の数値としては，ピークカットされる電力 [kW] であるピークカット量で表現するか，ピークカットがなされなかった場合の電力需要ピーク値（ベースライン）に対する削減割合であるピークカット率で表現する．

個々の建物での評価は以上のように行うが，都市ガス空調の導入によるおおよそのピークカット効果を評価する場合には，表3·18の値が参考になる．表3·18は，BESTシミュレーションプログラムを用いた試算により，単位面積当たりのピーク電力の比較を行ったものである．

〔2〕 電力年負荷率

電力年負荷率とは，一定範囲の電力系統の年間の稼働率を表す指標であり，次の式で計算される．数値が大きいほど稼働率が高く，系統の経済性がよいということになる．

電力年負荷率 [%]
$$= \frac{年間電力使用量 [kWh]}{(電力設備容量 [kW] \cdot 8\,760 [h])} \cdot 100$$
(3·33)

ここで注意しなければならないのは，電力年負荷率は範囲（基準）を何にとるかによって，優劣の判断が異なるということである．施設内の電気設備をベースとした場合と，広域電力系統全体をベースとした場合で評価が異なる．社会的に重要なのは，日本全国などの広域電力系統全体の年間負荷率である．

〔3〕 電気需要平準化評価原単位（省エネルギー法）

2013年5月省エネルギー法が改正され，省エ

第3章 都市ガス空調システムの評価

表3・19 電気空調とガス空調の電力消費量調査例[14]

	中央空調方式 (調査物件数：582件)		個別空調方式 (調査物件数：780件)	
	ガス空調ビル	電気空調ビル	ガス空調ビル	電気空調ビル
平均電力消費量原単位 (年間電力消費量÷延床面積の平均)	約1 450 (MJ/m²・年)	約1 750 (MJ/m²・年)	約1 140 (MJ/m²・年)	約1 650 (MJ/m²・年)
電力消費量削減効果	平均▲17%	基準	平均▲31%	基準

表3・20 計算に使用した建物概要

想定建物			
建物情報	所在地		東京
	用途		事務所
	延床面積		10 000 m²
	階数		7階
	執務時間		9時〜20時
	室内温度設定	夏季	26℃
		冬季	22℃
空調機	GHP機種		56 kW GHP（COP機，APF機）
	台数		40
	冷暖房期間	冷房	05/16〜10/15
		暖房	11/16〜04/30

ネルギー法の定期報告書の中で，電力ピーク対策が重要視される内容が組み込まれた．

定期報告では，これまでエネルギー使用原単位を式(3・34)で計算して届け出ることになっていたが，新たに式(3・35)に示す電気需要平準化評価原単位を算定して，合わせて届け出ることとなった．電気需要平準化評価原単位は，エネルギー使用原単位を算定する際に，買電量をピーク時間帯に限って重みづけ計算することで算定される．重みづけ係数である評価係数 a は1.3である．エネルギー使用原単位が小さいほど省エネルギーに貢献していると評価されるのと同様に，電気需要平準化評価原単位が小さいほど電力需要平準化に貢献していることになる．

〈従来のエネルギー評価の指標〉

$$\text{エネルギー使用原単位} = \frac{A}{B} \quad (3・34)$$

A：エネルギー使用量
B：エネルギー使用量と密接な関係を持つ値
　　（生産数量，延床面積等）

〈追加された電気需要平準化の指標〉

$$\text{電気需要平準化評価原単位} = \frac{(C + D \cdot a)}{E}$$
$$(3・35)$$

C：電気需要平準化時間帯の買電量を除いたエネルギー使用量
D：電気需要平準化時間帯の買電分エネルギー使用量
a：評価係数（= 1.3）
E：エネルギー使用量と密接な関係を持つ値
　　（生産数量，延床面積等）

※電気需要平準化時間帯とは，全国一律で夏期（7月1日〜9月30日），冬期（12月1日〜3月31日）の8時から22時まで（土日祝日を含む）

表3·21 計算に使用したGHPの概要

熱　源	能　力(kW)	設備余裕率(%)	COP(冷房)
COP機	冷房56／暖房63	20	1.15
APF機	冷房56／暖房63	20	1.32

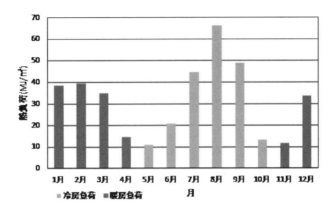

図3·22 計算に使用した建物負荷

表3·19に，2013年度版の非住宅建築物の環境関連データベース(DECC：Data-base for Energy Consumption of Commercial building)を用いて空調方式別，空調熱源別に電力消費量原単位(延床面積当たりの年間電力消費量)を分析した事例を紹介する[14]．

電気空調に対し，中央空調方式では都市ガス空調が17%程度の低値となり，二次側空調システムがない個別空調方式では都市ガス空調が30%以上の低値となっている．

3.6 評価事例

新旧機種の都市ガス空調システムを導入した場合の比較評価を行う．

3.6.1 計算の前提条件

建物の用途を事務所，規模を10 000 m² として，GHPのCOP機(2006年以前のモデル)とAPF機(2006年以降のモデル)の性能を，シミュレーションツールBESTを用いて比較した．

〔1〕シミュレーションツール BEST の概要

本試算に使用したBESTは「平成25年省エネ基準対応ツール」であり，平成25年4月に施行された「改正省エネ基準」にあわせて開発され，省エネの届出申請において建築物の一次エネルギー消費量とPAL*(建築物の外皮性能)を精度良く算定できる．本ツールの主な特徴は以下の通りである．

〔a〕計算エンジンはBEST専門版プログラムを用いて，建築と空調などを連成計算しているため，相互に影響を及ぼす複数の省エネ手法を採用した場合でも，その複合効果を精度よく求められる．

〔b〕ユーザーインターフェースが良好で，比較的容易に必要項目を入力でき，省エネ計算が可能である．

〔c〕地域格差を考慮し，アメダスデータなどの気象データを転用できる．

〔d〕太陽光発電・太陽熱利用などの再生可能エネルギーやコージェネレーションや蓄熱などピーク負荷やピーク電力を低減する技術も織り込むことができる．

第3章 都市ガス空調システムの評価

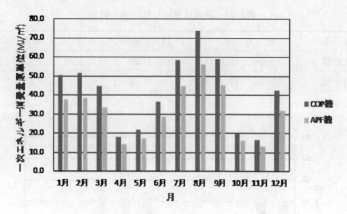

図3・23 月別の空調用一次エネルギー消費量

表3・22 負荷別の一次エネルギー消費量割合

負 荷	COP機	APF機
空 調	40.6%	34.3%
照 明	32.6%	36.1%
コンセント	23.2%	25.6%
その他	3.7%	4.0%

〔2〕建物概要

想定した建物の概要を表3・20に示す．10 000 m²モデルとして，新省エネルギー基準における事務所の標準モデルを用いた．

〔3〕GHP概要

対象としたGHPは表3・21に示すCOP機およびAPF機を用い，設備余裕率を20%とした．

〔4〕建物負荷

本試算で用いた月別建物負荷を図3・22に示す．

3.6.2 計算結果

各月における両機種の一次エネルギー消費量の計算結果を図3・23に示す．年間の空調用一次エネルギー消費量は，APF機で376.6 MJ/m²，COP機で493.5 MJ/m²となり，削減率は23.7%となる．また，建物全体の一次エネルギー消費量に対する空調用一次エネルギー消費量の割合は表3・22となり，約6ポイント低下する．

第3章　参考資料

1）国土交通省ウェブサイト：建築物省エネ法のページ（2016年2月1日）
　http://www.mlit.go.jp/jutakukentiku/jutakukentiku_house_tk4_000103.html「建築物省エネ法の概要」
2）ZEB実証事業 調査研究発表会2015「ZEBロードマップ検討委員会におけるZEBの定義・今後の施策など」（平成27年11月19日 経済産業省資源エネルギー庁省エネルギー対策課）https://sii.or.jp/zeb26r/file/siryo_1.pdf
3）建築省エネルギー機構ウェブサイト：CASBEEの概要のページ
　http://www.ibec.or.jp/CASBEE/cas_nc.htm
4）一般社団法人 日本サステナブルビルディング協会：DECC（Database for Energy Consumption of Commercial buildings，非住宅建築物の環境関連データベース）に基づき作成
5）温室効果ガス算定・報告マニュアル Ver4.2　平成28年4月　環境省・経済産業省
6）環境省発行パンフレット，オゾン層を守ろう（2014年版）
7）特定フロン（CFC/HCFC）およびフルオロカーボン類の環境・安全データ一覧表（日本フルオロカーボン協会）
8）環境省・経済産業省，フロン排出抑制法の概要（2015年1月）
9）経済産業省 オゾン層保護等推進室　MOP28の報告及び今後の検討方針（平成28年12月14日）
10）亀谷，水野，下田，葛原：空調システムを持つ建物からの熱環境負荷に関する研究，第1報　空調システムの相違による建物からの廃熱特性の検討
11）亀谷，水野，下田，西：空調システムを持つ建物からの熱環境負荷に関する研究，第2報　地域による廃熱特性の相違とモデル地区における都市熱負荷環境の推定
12）ヤンマーエネルギーシステム：設備設計資料（2003）
13）アイシン精機：2016技術ガイドブック
14）尾見百合夏，渡邉直哉，亀谷茂樹，「DECCデータによる事務所建物の電力・一次エネルギー消費量」，空気調和・衛生工学会 学術講演会講演論文集（2015.5）

第4章
空調システムのライフサイクルエンジニアリングと都市ガス

4.1 都市ガス空調システムのライフサイクルエンジニアリング

本節では，建物の企画・設計から建設，運用，改修，廃棄に至るライフサイクルの流れと，都市ガス空調システムとの関連性について述べる．

さらに，これらライフサイクルの各段階で，必要となる検討課題についての整理を行い，幅広い視点から空調システムにおけるライフサイクルエンジニアリングの重要性に関して，理解を深める．

4.1.1 ライフサイクルエンジニアリングとは

ライフサイクルエンジニアリングとは，対象とするシステムの全ライフサイクルを把握し，循環型システムの構築を目指すことにある．**図4·1**に建築におけるライフサイクルエンジニアリングの概念を示す．循環型システムでは，ライフサイクルで発生した廃棄物の処理や使用済み資材のリサイクルを行うことはもちろん，最初から廃棄物を出さないあるいは出ても処理しやすいシステムを計画・設計することが重要である．この概念を実現するには，システムの設計者が責任を持つ範囲として，従来のような計画や設計から建設のみでなく，システムの運用や保守，廃棄後の処理も含めて，全ライフサイクルがその対象とならざるを得なくなる．しかし，このことは，単に環境問題に対応してマイナス面を埋め合わせようとすることだけでなく，新たなプラス面の価値を生み出し，業務範囲の拡大につながるチャンスと考えることもできる．

空調システムに関係するライフサイクルエンジニアリングでは，主に運用段階でのエネルギー消費の低減および機器やシステムの機能維

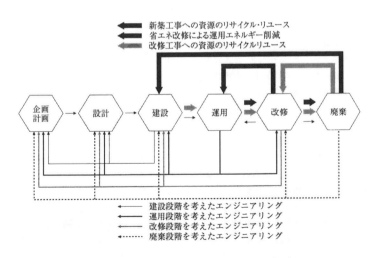

図4·1 ライフサイクルエンジニアリングの概念図

第4章 空調システムのライフサイクルエンジニアリングと都市ガス

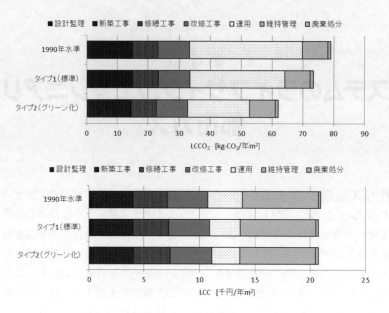

図4・2 LCCO₂とLCCの評価例（3 000 m² 庁舎）[1]

持が主要な課題といえる．これらの課題に対するソリューションは，「省エネルギー」と「長寿命化」の二つの軸を中心に，高性能な品質の確保・維持をいかに実現させるかに集約される．

同時に，運用段階で得られるさまざまな知見を施工，設計段階にフィードバックし，より高いレベルの設計，施工につながるような循環型のエンジニアリングプロセスの構築がより重要な課題といえよう．

4.1.2 都市ガス空調システムのライフサイクルエンジニアリング

ライフサイクルを対象とした環境性，経済性の定量的な評価としては，ライフサイクルCO_2（$LCCO_2$）やライフサイクルコスト（LCC）が一般的に広く用いられている．

図4・2は庁舎のライフサイクルでの評価事例であるが，$LCCO_2$では，特に運用段階の占める割合が大きく，エネルギー消費によるCO_2排出量が多いことがわかる．一方，LCCでは，システムの機能維持に必要な維持管理コスト，システムの更新や修繕に必要な改修コストの割合が大きいという特徴を有する．

また，図4・3は事務所ビルの運用段階におけるエネルギー消費であるが，空調用の占める割合が約半分となっており，影響が大きいことがわかる．図は2009年の資料によるものであるが，最近の新築ビルではLED照明の採用やOA機器の高効率化により照明やコンセント負荷は減少傾向にある．それに伴い空調負荷も内部発熱が減少することになり，冷房負荷は減り，暖房負荷は増える傾向にある．

都市ガス空調システムの全体フローを図4・4に示す．中央空調方式では，主に熱源システムに都市ガス空調の特徴が現れる．さらに，コージェネレーションや燃料電池などの自家発電機能を有するシステムでは，熱および電力供給を含むトータルなエネルギー供給システムの構築，およびこれら機能の適正な維持管理がその対象となる．

以上の背景をふまえて，都市ガス空調システムを対象としたライフサイクルエンジニアリングにおける課題を表4・1に示す．

以下，各段階での主な検討課題を述べる．

〔1〕 企画・計画段階

企画・計画段階では，対象建物の省エネルギー

- 90 -

4.1 都市ガス空調システムのライフサイクルエンジニアリング

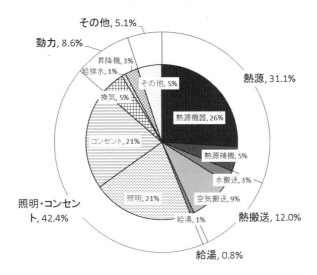

図4・3 事務所ビルの用途別エネルギー消費割合[2]

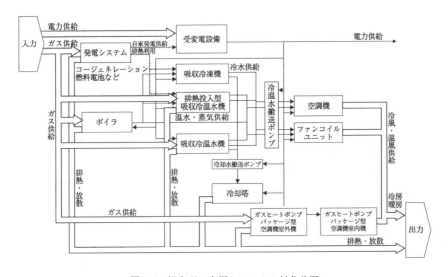

図4・4 都市ガス空調システムの対象分野

表4・1 都市ガス空調システムにおけるライフサイクルエンジニアリングと課題

ライフサイクル	検 討 課 題
企画・計画段階	エネルギー供給計画(エネルギー源の選択・コンセプト立案)
設 計 段 階	機器・システムの高効率化,機器構成,メイン・サブシステム構築)
施 工 段 階	各種機器・機材の選定,ユニット化工法,試運転調整
運 用 段 階	最適運転,維持管理計画
改 修 段 階	エネルギー診断,省エネルギー改修
廃 棄 段 階	機器・材料の廃棄・再資源化,冷媒回収・吸収液回収

性・環境配慮性に関する計画コンセプトの立案を行い，エネルギー源選定の基本方針を示す．施設規模に応じた中圧・低圧ガスのインフラ整備状況の把握，対象建物の熱負荷および電力負荷バランス（熱電比）の把握を行い，コージェネレーションなどの採用の可能性検討が課題となる．

〔2〕 設 計 段 階

企画・計画段階の基本方針に従い，具体的なシステム設計を行う．熱負荷計算に基づく主要機器の選定や補機を含めた全体システム設計，自動制御設備の検討，さらに熱源機や補機の台数分割，冷却塔や煙突の配置計画，給排気計画など，建築や構造計画と関連する部分の設計を行い，建物との整合性の確保を行う．

また，設計段階では，各種シミュレーションによるシステムの効率評価により運用段階のエネルギー消費予測を行うと同時に，LCCやLCCO$_2$などのライフサイクルの視点からの定量的評価を試行する．

〔3〕 施 工 段 階

主に，設計内容に基づき機器製作および付帯工事を行う．プレハブ化やユニット化などの効率的な施工技術の検討，さらに，以降の運用・改修につながる機器の搬出入計画の検証も，本段階での検討課題となる．また，設計性能を実現させるためには，機器単体の性能確認に始まり，最終的な総合試運転調整の試行などが，施工段階での重要な課題といえる．

〔4〕 運 用 段 階

運用段階では，空調システムを建物の運用状況にあわせて，最適に運用する創意工夫が要求される．熱源機や補機類の最適起動停止や台数制御などが対象となる．また，日常点検・定期点検をはじめとする維持管理に関しても，中長期保全計画の立案などの検討が必要となる．運用段階は，設計や施工段階に比べ，その期間も長期にわたることから，ビル管理システム（BMS, Building Management System）やビルエネルギー管理システム（BEMS, Building Energy Management System）などの支援システムが欠かせない存在となっている．

実用的なこれら支援システムを構築するためには，設計，施工段階からの継続的な検討が必要となる．

〔5〕 改 修 段 階

改修段階では，設備機器などの老朽化による更新が検討の中心となるが，単なる従来機器の交換でなく，最新機器にみられる成績係数（COP）の向上，変流量や大温度差技術の進展など，省エネルギーや環境配慮面での性能を向上させる点に重点をおいた改修計画（グリーン改修）などが主要な検討課題といえよう．

〔6〕 廃 棄 段 階

ライフサイクルの最終段階では，機器や材料の廃棄，再資源化への取組み，また冷媒回収や吸収液回収などが主要な検討課題といえる．

以下，4.2から4.6において，計画・設計から廃棄にわたるそれぞれのライフサイクルでの詳細な検討課題と対策に関しての内容を示す．

4.2 都市ガス空調システムの計画と設計

都市ガス空調システムを設計するにあたり，設備設計者として，各種検討事項をいつ，どのように行うかを把握することが大切である．本節では，都市ガス空調システムの計画，設計に関する留意事項を，熱源システムの検討方法，建築計画，熱源システムの自動制御，法規などについて解説する．

4.2.1 熱源システム選定の検討要素

熱源システムの選定にあたっては，建物用途や規模によって条件が異なってくる．まず第一に，比較検討するうえでのもとになる熱源容量を決定するために，概略の熱負荷計算を行う．建物の計画初期段階で簡易に熱源システム容量を選定する際には，各種建物のシミュレーションまたは実例から得られた延べ床面積あたりのピーク熱負荷を原単位として用いる．また，年間のエネルギー消費量やランニングコストを算

出してシステム評価するためには年間の熱負荷が必要となるが，こちらも簡易に計算するために年間の熱負荷原単位を用いる．これらのピークおよび年間の熱負荷原単位については，建物用途別にモデル建物を想定して算出した例が，「都市ガスコージェネレーションの計画・設計と運用（空気調和・衛生工学会2015年発刊）」に掲載されているのでそちらを参考にされたい．

これらの熱負荷によって，熱源システムの設定とその比較検討を行い，システムの選定に至るが，その際の評価項目について以下に記述する．

〔1〕 **定量的評価項目**

〔a〕経　済　性

熱源システムを選定するうえで，経済性は最も重要な要素の一つであり，評価期間におけるLCCを算出のうえ，比較検討する．検討するコストは，イニシャルコスト，エネルギーのランニングコスト，維持管理・更新コストの3つからなる．

イニシャルコストは，熱源システムの構成機器のみならず，規模と選定システムから決まる契約電力によっては受電電圧が普通高圧から特別高圧になり，コスト的に大きな影響を受けることもある．また，熱源機器の受託制度の利用などによる初期投資削減の評価も検討要素として加える必要がある．

ランニングコストについては，エネルギー消費量の特性に応じてさまざまな料金体系が設定されており，最も有利となる方法によってコストを算出する．

維持管理や更新はシステムによって対応年数が異なってくるため，何年間で評価するのかを設定のうえ，コスト評価を行う．

〔b〕省　エ　ネ　性

最近では定格COPの大きい高効率な機器や，部分負荷の効率を反映したAPF（通年エネルギー消費効率）の高い機器が開発されており，建物用途の負荷特性に適合し，年間を通じてのエネルギー消費量が少ない熱源システムを選定する．

また，熱源システムを考える場合，大温度差利用や変流量（VWV）システムなどによる搬送動力の削減なども検討要素として加えられ，熱源機器単体だけでなく，補機動力を考慮したシステム効率として評価する．

〔c〕環　境　性

環境性も重要な検討要素の一つと考えられるが，熱源システム全体のライフサイクルにわたるガス排出量を算出し，評価する方法もある．この場合，算出するのはLCCO$_2$，LCNO$_x$，LCSO$_x$などであり，エネルギー消費量とエネルギー種別から算出する．

コージェネレーションを採用した時の環境性を評価する場合には，発電電力による買電電力の削減を考慮し，電力会社発電所からの排出ガス量がマイナスとなった効果を計算に加える．

〔d〕設置スペースの大きさ

熱源システムを選定するうえで，建物においてスペースの制約がある場合もあり，設置スペースの大きさや設置場所も検討要素となる．

〔2〕 **定性的評価項目**

〔a〕エネルギーの安定供給と信頼性

燃料，エネルギー源が継続的に安定供給されることが，熱源システム選定にあたっての判断基準となる．

〔b〕運転管理の容易性

運転管理が容易であること，法的な運転資格者が不要であること，保守管理，点検も容易であることが建物用途や規模によっては優先順位の高い要素となってくる．

〔c〕設置上の制約

熱源機器設置による建物内外での騒音や振動の影響もシステムを選定する要素となり，設置場所も含めて検討する必要がある．また，機器重量も建物の条件によっては，制限が加わることがあり，この点もチェッ

第4章 空調システムのライフサイクルエンジニアリングと都市ガス

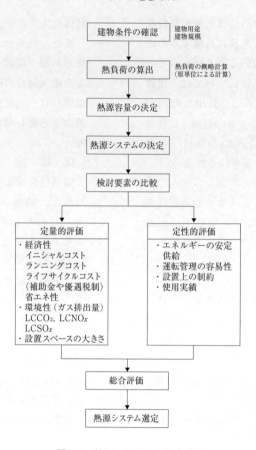

図4・5 熱源システムの選定手順

クする必要がある.
〔d〕使用実績
　機器の過去の運転実績なども評価ポイントとして考え，さらに利便性や省エネルギー性を確認し，サービス体制が十分であることを評価する.
〔e〕その他
　その他の評価ポイントとして，各種の省エネルギー手法に対する補助金制度の中にはピーク電力削減効果が採択の際の評価項目になっているものもあり，都市ガスを用いたガス冷房装置を対象とした優遇税制などの利用も進められており，システムの選定においてこれらを加味した経済性の評価を行うこともある.
　これまでの検討要素をまとめ，熱源システムの選定フローを示すと，図4・5のようになる.

4.2.2 都市ガス空調システムと建築計画
〔1〕熱源機械室の計画
　中央空調方式の機械室配置計画においては，有効面積率に代表されるような建物用途として優先されるべきニーズを満足するとともに，合理的な設備スペースを設定しなければならない.
　熱源機械室の配置は，表4・2のようにおおむね低層（地階），中間階，最上階（屋上），別棟エネルギーセンターの4方式に分類される.各方式で敷地外への環境的影響や省エネルギー性能の点で差違が生じるが，配置計画を決めるためには，地域特性や方式の大規模更新など建物全体としてのライフサイクル評価が必要であり，設計時点から更新対策を視野に入れた総合的な判断が求められる.
　熱源システムの計画における留意点としては，

4.2 都市ガス空調システムの計画と設計

表4・2 熱源機械室配置の比較

	低層配置	中間階配置	屋上配置	別棟エネルギーセンター
建物用途と整合	建物用途の複合度，高さ，形状により一概に優劣判定は困難 地域の気候，建物用途に応じた検討が必要			
冷温水搬送 （高層建物）	△ 配管経路が長く，低層部の機器や配管にかかる圧力が大きくなる	○ 上下の配管系の分離により合理的な配管経路となり，適正な圧力分布となる	△ 配管経路が長く，低層部の機器や配管にかかる圧力が大きくなる	△ 配管経路が長く，低層部の機器や配管にかかる圧力が大きくなる
構造躯体の影響	○ 地階の場合あまり影響ない．階高もとりやすい	△ 荷重，階高の検討が必要	△ 荷重の検討が必要	○ 熱源システムに応じた計画の自由度が高く，居室への影響もない
騒音振動対策	○ 対策はとりやすい	△ はり，スラブの振動特性の把握が必要	△ 躯体振動のほか，近隣への防音が必要	○ 居室への影響がない
スペース効率	△ 煙突，冷却水管などのスペースが必要	△ 煙突，冷却水管などのスペースが必要	○ 有効面積の確保に有利	○ 機器，煙突，冷却塔などの熱源システムをコンパクトに計画できる
保守・更新性	○ 対策はとりやすい	△ 更新計画に配慮が必要	△ 更新計画に配慮が必要	○ 対策はとりやすい

都市ガス引込み遮断弁室やガバナ室の設置場所，排ガス煙突の位置，機械室の換気方法，消防設備や防火区画の有無，コージェネレーションなどの騒音・振動対策などが特に留意すべき検討項目であり，**表4・3**に挙げる主要な項目について建築計画との十分な調整が必要となる．**図4・6**に熱源機械室配置計画例を示す．

〔2〕 煙突の計画

煙突の設置は，建物内の熱源機械室の位置により建築計画に影響を与える．煙突が建物内を通過することにより，隣接する部屋への熱や振動の影響も考慮しなければならない．

基本的な対策としては，煙突を居室に隣接して設けないこと，通風空気層と断熱，遮音壁の設置，煙突と煙道の振動絶縁などを行う．

また，煙突と冷却塔や外気給気口の位置関係と地域の風向に注意し，排ガスの巻込みが発生しないように位置や高さを計画する．

〔3〕 騒音振動の防止

熱源関連の騒音振動は，コージェネレーション機器，ボイラ・冷温水機のバーナ，ポンプ，冷却塔，換気ファンなどさまざまであり，基本的には振動の抑制と吸音・遮音により対策を行う．

これらは建築工事により施工される機器基礎や壁の仕様と密接に関係するため，騒音や振動の数値特性を事前に把握して適切な対策を計画し，許容値以下にしなくてはならない．

振動を発生する機器は，振動障害だけでなく二次固体音として騒音源ともなるため，確実な振動絶縁を行う．コージェネレーション機器のように振動の加振力が大きい場合は，基礎自体を建築躯体と切り離した独立防振基礎にし，さらにスプリング防振装置を設置する場合もある．騒音については，屋内騒音の防止は質量のある遮音壁が最も有効である．屋外騒音は近隣からのクレームで環境問題となりやすいため，遮音

第4章 空調システムのライフサイクルエンジニアリングと都市ガス

表4・3 熱源機械室の計画留意点

項　目	建物検討内容
ガバナ室	・原則的に道路に面して建物引込み部の直近に単独設置
ガス遮断弁室	・ガス引込み管が他の部屋を通過せず直接導入できる場所に設置 ・防火区画を形成
熱源機械室 （スペース）	・荷重および基礎位置の確認 ・チューブ抜きスペースの確保 ・更新搬出入スペース，ルート，開口の設定
（区画など） 基本的には法令・条例 を確認	・算定設置床面積 200 m² 以上でガス消費熱量 350 kW 以上の場合，法定消火設備の設置と不燃材料の壁で区画 ・二方向避難の扉を設置 ・二酸化炭素消火設備を設置の場合は出入口部に漏えい防止の前室などを設置
（防音・防振）	・上下階，隣室の許容騒音・振動値を検討し，遮音性能や基礎，防振装置の仕様を選定 ・場合によってははり，スラブの剛性を強化する
煙突・シャフト	・熱，騒音を考慮し居室に隣接させない ・主要な配管シャフトは将来更新のための予備スペースを考慮する ・隣接建物への影響や風向に注意する
室外機スペース	・近隣への騒音が予想される場合は遮音壁を設ける ・日常保守のための階段設置やエレベータ着床を計画する ・機器や配管の基礎は将来の防水改修などが容易なように高さや位置を考慮する

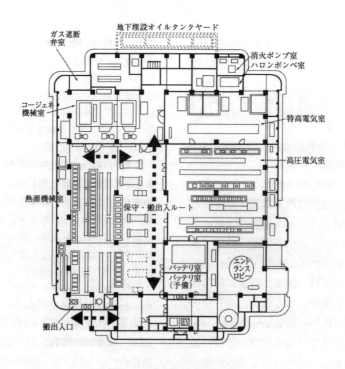

図4・6　1階熱源機械室計画例

4.2 都市ガス空調システムの計画と設計

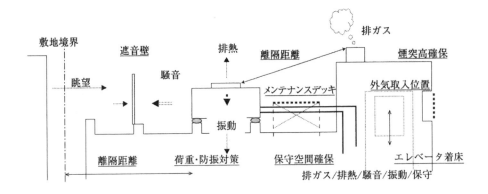

図4·7 屋上設置機器スペースの計画

壁や機器自体に防音装置を設けて,騒音振動防止法や条例規制値を下回る数値に抑制することが重要である.

〔4〕 屋上機器スペース

建物の有効面積率を最大限に確保する建築主のニーズや機器の小型分散化により,特に中小規模建物では屋上を空調機器スペースとして利用する事例は極めて多くなっている.設備機器を屋上に設置する場合,主として検討すべき事項は,近隣環境と保守への配慮である.

熱源機器について近隣環境へ配慮すべき要素としては騒音と排ガスであり,機器の設置位置や建築的遮へいを検討することが必要となる.

また,冷却塔は騒音以外にレジオネラ菌の発生源となる可能性があるので,滅菌処理を行うとともに外気取入れ口や窓の近傍に設けないように注意しなくてはならない(図4·7).

〔5〕 ライフサイクル計画

建築と設備両面のライフサイクルの視点から,建物の耐久性や保守性を考慮することは,長寿命設計の主要な項目の一つである.狭い機器スペースや保守・搬出入の困難な計画は,こうした考えに反することになる.

特に,室外に熱源機器を設置する場合には,日常の保守作業や小規模修繕に配慮して,屋上にエレベータを着床させたり,機器や配管を床に直接置かないデッキ方式や機器基礎高さを確保することにより,防水補修などが可能な寸法にするなど,きめ細かい対策も必要である.

4.2.3 都市ガス空調の中央空調方式の設計

本項ではこれまでに示された基本計画,設計をもとにした実施設計の手順を示す.すなわち,建築図をもとにして熱負荷計算を行い,熱源方式を決定し,熱源機器や冷却塔,ポンプなどの補機の仕様を決定するプロセスについて述べる.

〔1〕 熱負荷と装置容量

図4·8に装置容量決定の手順を示す.まず,建築計画をよく把握し,与条件を整理することが大切である.それらを十分理解したうえで空調のゾーニング,熱負荷計算を行い,熱源方式を決定する.空調機負荷の算出は,ダクト系における熱損失,送風機の発熱を加味して行う.

次に,配管系の設計を行い,配管系からの熱損失,必要揚程などから熱源負荷を算出し,熱源機器および冷却塔,ポンプなどの補機類の設計を行う.

〔a〕 空調ゾーニング

空調システムの設計において,ゾーニングは非常に重要である.ゾーニングを誤れば,各室の室内環境を制御できなかったり,エネルギーを無駄に費やすといった事態を引き起こすことになりかねない.

ゾーニングを決める要素としては,窓面の方位,階の特殊性,室用途,使用時間帯,

第4章　空調システムのライフサイクルエンジニアリングと都市ガス

表4・4　各種建物用途におけるゾーニング例

用途	事務所建物	商業施設	ホテル	病院
ゾーニング例	一般事務室 役員室 会議室, 応接室, サーバー室 食堂, 防災センター(守衛室) その他	大規模物販店舗 小規模物販店舗 飲食店舗, アミューズエリア 一般バック部, 調理諸室 管理部門 その他	ロビー 客室 宴会場, 店舗 レストラン, バー, ちゅう房 管理部門 その他	診療室 病室 手術室, 集中治療室, 新生児室, RI関係諸室 管理部門 その他

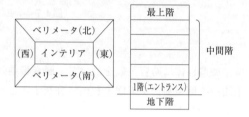

図4・9　方位，階別によるゾーニング

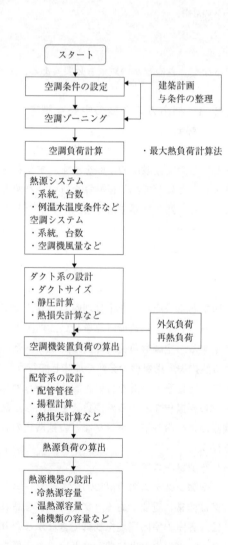

図4・8　装置容量決定の手順

室内温湿度条件などがある．図4・9に方位，階別によるゾーニング例，表4・4に建物用途におけるゾーニング例を示す．ゾーニングを細かくすれば温湿度などの制御性は向上するが，空調機の設置スペースが大きくなり，イニシャルコストも増加するといった欠点も生じる．このため，ゾーニングは費用対効果を十分検討して行う必要がある．

〔b〕熱負荷計算

空調機や冷凍機，ボイラなどの機器容量を決めるための熱負荷計算を最大熱負荷計算という．

最大熱負荷計算は，外気条件がTAC 2.5％（8時から17時の超過確率）の日の冷房負荷，暖房負荷について各室ごとに行い，ゾーンごとに集計する．ゾーンの最大負荷は，必ずしも各室の最大負荷の合計にはならない．各室の最大負荷の生じる時間が同じ時間とは限らないことに注意して，熱負荷集計を行う必要がある．

最大熱負荷計算手法には，室内および外気温度が常に一定として計算する定常計算，

前述のTAC2.5%の冷暖房設計用時刻別温湿度および設計用日射量が毎日周期的に繰り返すとして計算する周期定常計算，日々変動する気象条件を用いて計算する非定常計算法がある．これらの詳細については，空気調和・衛生工学会の新最大熱負荷計算法[3]を参照されたい．

また，パソコンを用いて最大熱負荷を計算するソフトウエア MICRO-PEAK[4] なども販売されている．

〔c〕空調機の装置負荷

空調機で処理すべき熱量すなわち空調機の装置負荷は，先に述べた最大熱負荷にダクト系からの熱損失，送風機からの熱取得，外気負荷および湿度制御が必要な場合に生じる再熱負荷などを加えた熱量である．通常，暖房の場合は送風機からの熱取得は無視される．

外気負荷に関しては建築基準法，ビル管法に準拠するとともに，室内の粉じん濃度，臭気などに問題が生じないよう導入外気量を設定して求める．外気は予冷熱時の導入の停止，室内 CO_2 濃度制御，全熱交換器の使用などにより，省エネルギーを図ることが大切である．

〔d〕熱源負荷

各ゾーンの空調機などの装置負荷に配管系からの熱損失，ポンプからの発熱を加えたものが熱源負荷になる．ただし，この場合も装置負荷の単純合計ではなく，その発生する時間を考慮して求めなければならない．また，暖房熱源負荷の計算にはポンプからの発熱は安全側と考え，通常は無視される．配管系からの熱損失とポンプ発熱として，冷房の場合2～3％，暖房の場合は5％程度を見込むことが多い．

〔2〕 **熱源システムの設計**

熱源システムの選定に際しては，二次側で必要な冷熱および温熱の安定供給を最優先に考えるとともに，4.2.1に示した種々の要因を加味して決定していく．

4.2 都市ガス空調システムの計画と設計

〔a〕必要冷房能力

冷熱源機器の要所能力は，先に示した熱源負荷に余裕率，経年劣化率を加味して決定する．余裕率は将来予想される負荷増を考慮して決められるが，一般には10％程度を見込むことが多い．しかし，この値は内部発熱負荷に大きく依存するので，建築主などと十分協議する必要がある．経年劣化率については配慮が必要で，吸収式を採用する場合は通常5％程度の劣化率を見込むことが多い．圧縮式の場合には経年劣化率はそれほど大きくないため，余裕率のなかに含まれると考えることが多い．

〔b〕必要暖房能力

暖房能力についても，冷房能力と同様に熱源負荷に余裕率，経年劣化率を加味して決定する．

従来，暖房能力に関する余裕率は，立上り時の予熱負荷を過大に考え，大きく見積もることが多かった．しかし，最近は非定常負荷計算法が一般化し，予熱負荷が正確に計算されるようになってきており，余裕率を大きくみる必要がなくなってきている．このため，余裕率は10％程度で十分と考えられる．

暖房能力に関しては，経年劣化率はあまり配慮する必要がなく，余裕率のなかに含まれるとしても差し支えないと考えられる．

〔c〕冷水，冷却水温度条件と機器能力

冷凍機の能力は，メーカーのカタログなどにおいて通常**表4・5**に示す冷水，冷却水温度条件を標準値として，その値が示されている．冷水，冷却水の温度を標準値（カタログ記載値）以外で使用する場合は，冷却能力，ガス消費量，蒸気消費量が変わるので，注意する必要がある．冷水の温度条件は二次側の空調機あるいはファンコイルユニット（FCU）の型式によって制約を受けるが，通常は送水温度を5～7℃とし，往還の温度差を5～10℃程度とるようにする．

表4・5 冷水，冷却水，温水の標準温度条件

[℃]

冷 凍 機	冷 水		冷 却 水		温 水	
	入口温度	出口温度	入口温度	出口温度	入口温度	出口温度
吸 収 冷 凍 機	7	12	32	37.5	—	—
ガス吸収冷温水機	7	12	32	37.5	55	60
ガスヒートポンプチラー	7	12	—	—	40	45

熱源機器，空調機のコストなどへの影響が大きくなりすぎない範囲で，できるだけ温度差を大きくし，冷水循環量を少なくして搬送動力を下げ，運転費を低減できるように選定すべきである．

最近は温度差が10℃以上とれる冷凍機も開発されてきており，大温度差システムを採用しやすくなってきている．

〔d〕温水温度条件と機器能力

各機種の温水の標準温度条件を表4・5に示す．温水に関しても，標準条件以外で使用する場合は能力が変わるので注意する．また，温度差についても冷水と同様に，できるだけ大温度差として搬送動力の低減を図ることが望ましい．

〔e〕熱源機器の容量と台数分割

中央空調方式の設計において，機器の台数分割は非常に大きな課題である．

すなわち，機器の台数を少なくすれば設置スペースも小さくなり，設備費を抑えることができる．一方，機器の台数を増やし，負荷に応じてきめ細やかに運転すれば，運転費を低減できることになる．したがって，設計においては多くの観点から検討を行い，機器台数およびその容量を決定する必要がある．

具体的な検討課題を以下に示す．

〔低負荷への対応〕

これまでに述べてきたように，熱源機器の容量は最大負荷を賄うように，決められるが，年間を通してみれば高負荷の出現時間は短く，空調時間の大半は部分負荷といることになる．また，負荷が大きい日においても，残業時間帯，夜間（例えば24時間連続運転系統）といった低負荷時間帯が発生するため，機器としては部分負荷で運転を行うことになる．休日運転についても同様である．

低負荷時に大容量の機器を部分負荷状態で運転することは非常に効率が悪く，運転費がかさむことになる．このため，年間の負荷状態を十分検討し，機器の部分負荷特性，制御システムとあわせて容量と台数を決める必要がある．具体的には等容量の機器分割にする方法，低負荷時用の機器を設置する方法などについて検討を行う．

〔維持管理性〕

機器は定期検査，保守点検が必ず必要であるが，それに必要な時間が運転休止期間中にとれないことも考慮して台数を分割する必要がある．すなわち，複数台の機器を設置しても，年間を通してそのうちの1台も休止できないような分割の仕方は避けるようにしなければならない．

〔故障時への対応〕

年間を通して無休のコンピュータセンターや付加価値の高い製品を製造する半導体工場，製薬工場などでは，熱源機器の故障により空調が停止すると甚大な被害が発生する．こういった場合には，熱源機器は必ず複数台設置とし，バックアップ用の予備機を含めて設置台数を決定する必要がある．

4.2 都市ガス空調システムの計画と設計

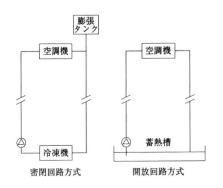

図4・10　密閉回路方式と解放回路方式

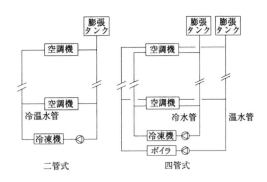

図4・11　二管式と四管式

〔冷暖同時負荷対応〕

最近の建物は，中間期，冬期にかけて冷房負荷と暖房負荷が混在するようになってきている．このため，ガス吸収冷温水機のような冷房運転と暖房運転を兼用できる機器を採用する場合は，複数台の一部を冷房，残りを暖房運転にして，負荷処理を行うようにするといった配慮も必要である．

〔f〕冷却塔の選定

冷凍機の仕様が決まれば冷却水条件が決まり，必然的に冷却塔の仕様が決定される．冷却塔には開放型，密閉型がある．開放型は冷却水と空気を直接接触させ熱交換するシステムであり，密閉型は冷却水と空気を伝熱管を介して間接的に熱交換するシステムである．大気汚染や塩害による影響が大きい場所では，密閉式の採用を検討する必要がある．

騒音に関しては，開放型，密閉型のいずれも標準型，低騒音型，超低騒音型があり，周囲の状況をよく判断して仕様を決める必要がある．

また，冬期に冷却塔を運転する場合，冷却塔から出る白煙が問題になることが多い．こうした場合には，白煙防止型の冷却塔の使用を検討する必要がある．

冷凍機が部分負荷になったり，外気の湿球温度が低い場合には，容量制御を行う必要がある．

特に，冬期にも運転を行う場合，冷凍機の機種によっても異なるが，冷却水の温度を所定温度以上に制御しなければならない場合がある．

制御方法としては，循環水量のバイパスによる制御，ファンの回転数制御，発停制御といった方式がとられる．

〔3〕搬送機器の設計

〔a〕配管方式とポンプ設置方式

〔密閉回路方式と開放回路方式〕

配管回路方式には，一過式と循環式がある．循環式とは，機器などで使用した水を再度同じ用途に用いる方式である．最近は海水利用，河川水利用といった特殊な場合を除き，ほとんど循環式が用いられる．

循環式は，図4・10に示すように密閉回路方式と開放回路方式に分類される．ガス熱源方式の場合は，ほとんどの場合密閉回路方式が用いられる．開放回路方式は，蓄熱方式を採用した場合に用いられることが多い．開放回路方式は，密閉回路方式に比べポンプの揚程が大きくなるため，動力費が高くなる．また，水中の酸素濃度が高くなり配管腐食への影響度が高いといった欠

──一口メモ──
白煙防止型冷却塔　気温の低い冬期や湿度の高い梅雨時に，冷却塔からの排気が大気中で結露し白煙を発生する．これを防止するため，排気を加熱するなどの対策を講じたものが白煙防止型冷却塔である．年間を通じて運転される冷却塔には，白煙防止型が採用される．

第4章　空調システムのライフサイクルエンジニアリングと都市ガス

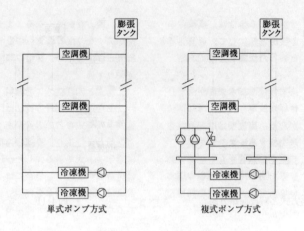

図4・12　ポンプ設置方式

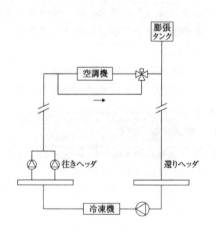

図4・13　定流量方式

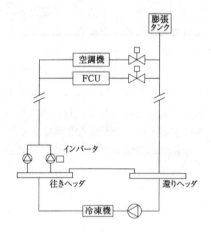

図4・14　変流量方式

点があるため，採用に際しては十分検討を必要とする．

〔二管式と四管式〕

　空調機，ファンコイルユニットなどへの配管方式には，図4・11に示す二管式，四管式などの方式がある．二管式はシーズン切替えにより，夏期は冷水，冬期は温水を供給する方式である．したがって，冷房負荷と暖房負荷が混在する場合には対応できない．四管式は，冷水と温水を同時に供給できる方式であるため，冷房負荷と暖房負荷が混在しても，対応が可能である．

　近年，OA機器などの増加により室内発熱が非常に大きくなってきており，冬期にも冷房要求が高いため，四管式を採用する事例も多い．　二管式と四管式を比較した場合，四管式は冷房，暖房のいずれにも対応でき，室内環境の制御に優れ快適性も向上する．

〔ポンプ設置方式〕

　密閉回路方式におけるポンプ設置方式として，図4・12に示すような単式ポンプ方式と複式ポンプ方式がある．

　単式ポンプ方式は，比較的小規模で簡単なシステムの場合に多く用いられる．この場合，二次側空調機，ファンコイルユニットなどの温度差は熱源機器まわりの温度差と同じにする必要がある．また，ポンプの揚

4.2 都市ガス空調システムの計画と設計

程は建物内で最大抵抗となる二次側機器で決定されるため，配管系の圧力が高くなり，搬送動力も大きくなるといった欠点がある．

複式ポンプ方式は広く用いられており，単式ポンプ方式に比べ，各系統の必要流量を確保しやすく，動力費の低減が可能といった利点がある．また，冷凍機まわりの温度差と，二次側の温度差を別個に選定することが容易にできるという利点もある．

〔定流量方式と変流量方式〕

図 4·13 に定流量（CWV）方式，図 4·14 に変流量（VWV）方式の代表的な例を示す．

〔定 流 量 方 式〕

定流量方式は，二次側空調機あるいはファンコイルユニットに三方弁を設置し，負荷に応じた流量をコイルに流す方式である．この場合，配管系全体は一定の流量が流れているため，ポンプの動力は負荷に関係なく一定となる．

定流量方式を採用する場合には，シーズンごとに送水温度を変え，熱源機器の効率を高めるといった手法により，省エネルギーを図る必要がある．

〔変 流 量 方 式〕

変流量方式は，図 4·14 に示すように二次側の空調機，ファンコイルユニットに二方弁を設置し，負荷処理に必要な水量のみを供給する方式であり，配管系全体を流れる流量が負荷に応じて変化する．このため，ポンプ動力の低減を図ることができ，省エネルギー手法として広く用いられている．

変流量方式には，負荷に応じてポンプの運転台数を変える台数制御方式と，インバータにより負荷に応じてポンプの回転数を変化させ，流量を変化させる回転数制御方式がある．

変流量方式においても，シーズンごとに送水温度を変え，熱源機器の効率を高めることも考慮することが望ましい．

〔ポンプの設計〕

これまでに述べてきた熱源機器の容量および台数分割，配管方式，ポンプ設置方式を決めた後，各方式に応じてポンプの仕様を決定していく．

冷水ポンプ，温水ポンプの水量 $L[\mathrm{m^3/h}]$ は次式により求める．

$$L = 0.86\, Q/(T_1 - T_2) \quad (4\cdot 2 - 1)$$

ここに，Q，T_1，T_2 はそれぞれ表 4·6 に示す負荷，温度である．

冷温水ポンプの場合の水量は，冷水量と温水量のうち，大きいほうの水量とする．

ポンプの揚程は表 4·7 から決定する．冷温水ポンプの揚程は，冷房時と暖房時のいずれか大きいほうの値を用いる．

〔4〕 熱源システム COP

熱源システム COP に関しては 3.3.1 に示したように，冷却塔，ポンプなどの補機の消費エネルギーを加えた入力エネルギー量に対する製造熱量の比率で表される．

表 4·6 ポンプの水量計算用緒元

ポンプ設置方式	ポンプ種別	$Q\,[\mathrm{kW}]$	$T_1\,[℃]$	$T_2\,[℃]$
単式ポンプ方式	冷水ポンプ	系の最大冷房負荷	冷熱源機器の入口温度	冷熱源機器の出口温度
	温水ポンプ	系の最大暖房負荷	温熱源機器の出口温度	温熱源機器の入口温度
複式ポンプ方式	冷水一次ポンプ	冷熱源機器の容量	冷熱源機器の入口温度	冷熱源機器の出口温度
	冷水二次ポンプ	系の最大冷房負荷	二次側冷水還水温度	二次側冷水送水温度
	温水一次ポンプ	温熱源機器の容量	温熱源機器の出口温度	温熱源機器の入口温度
	温水二次ポンプ	系の最大暖房負荷	二次側温水送水温度	二次側温水還水温度
冷却水ポンプ		冷凍機の冷却水負荷	冷却塔入口温度	冷却塔出口温度

表4・7 ポンプの揚程

設置方式	種別	ポンプの揚程
単式方式	冷水ポンプ	冷熱源機器および二次側機器内の圧力損失と配管抵抗の和
	温水ポンプ	温熱源機器および二次側機器内の圧力損失と配管抵抗の和
複式方式	冷水一次ポンプ	冷熱源機器内の圧力損失と還りヘッダから往きヘッダまでの一次側配管抵抗の和
	冷水二次ポンプ	二次側空調機内の圧力損失と往きヘッダから還りヘッダまでの二次側配管抵抗の和
	温水一次ポンプ	温熱源機器内の圧力損失と還りヘッダから往きヘッダまでの一次側配管抵抗の和
	温水二次ポンプ	二次側空調機内の圧力損失と往きヘッダから還りヘッダまでの二次側配管抵抗の和
冷却水ポンプ		冷熱源機器内の圧力損失，配管抵抗および冷却塔の実揚程の和

4. 2. 4　都市ガス空調の個別空調方式の設計

〔1〕GHPの設計手順

GHPの機種選定および能力補正などは，次の手順で実施する．

手順1：導入する建物（業種）に適したタイプのGHPを選定する．

手順2：**図4・15**に示すように，まず室内機を室内負荷より選定し，各温度条件で能力補正し仮決定を行う．その後室内機に対応する室外機を選定し，室内機組合せ時の能力を計算して決定する．

手順3：配管設計，冷媒追加充てん量，電気系統の設計を行い，完了となる．

〔2〕GHPの設計の留意点

〔a〕冷媒配管

〔許容配管長および許容高低差〕

GHPは，冷媒配管長および，室外機と室内機の据付高低差に制限が設けられており，その許容範囲となるように計画する必要がある．許容範囲は各メーカーによって異なるため，メーカーの設計基準に準じて設計を行う．

〔冷媒配管長による能力変化〕

GHPの冷房・暖房能力は，冷媒配管長および，室外機と室内機の高低差によって変化する．そのため，機器選定時に設計段階の機器配置に基づいて，各系統ごとにメーカーの設計基準に準じた能力補正を行う．

〔b〕ドレン配管

GHPは，室外機内のガスエンジンの排気ガスから生じる排気ドレンに留意する必要がある．この排気ドレンには腐食性ガスが含まれるため，排気ドレン配管は単独配管とし，管轄地域の地方条例等を確認の上，雑排水等の適切な排出先まで延長する必要がある．また，排気ドレンから生じる排気ガスが室外機内に逆流しないように，室外機のドレンホースと排気ドレン配管との間は必ず大気開放とする．

〔c〕冷媒漏洩時の安全確保

GHPに現状使用している冷媒（R410A）は，それ自体は無毒・不燃性の安全な冷媒であるが，室内機を設置する部屋においては，万が一その室内に冷媒ガスが漏洩しても，安全を確保する対策が必要となる．日本冷凍空調工業会では，マルチ形パッケージエアコンの冷媒漏洩時の安全確保のための施設ガイドライン（JRA GL-13）の中で許容冷媒充填量を定めており，この基準を満足しない場合は，ガイドラインに定められた対策を行う必要がある．

〔d〕屋上設置の際の防振

GHPを屋根上，屋上，ベランダ等に設置する際，階下が居室や会議室などで騒音・振動が問題となるような場合，防振架台を用いる．直下室の用途，環境により，防振グレード・仕様を選定する．

4.2 都市ガス空調システムの計画と設計

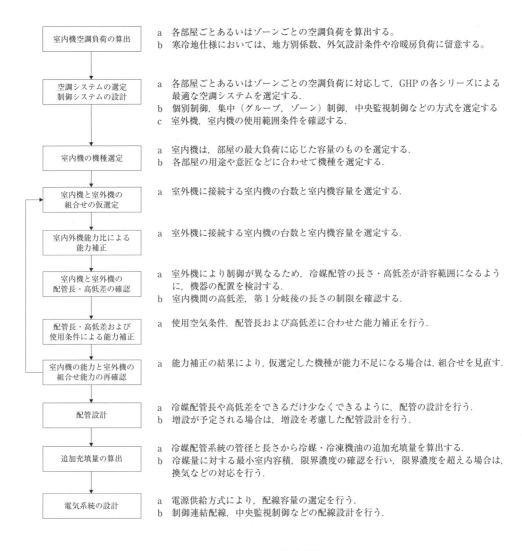

図4・15 GHPの設計手順

4.2.5 建物内の都市ガス配管設備

ここでは，都市ガス空調システムを導入する際に必要となる建物内のガス配管設備について述べる．

〔1〕 都市ガスの一般的供給圧力

都市ガスの供給圧力の区分については，1.4で述べた．都市ガス製造工場から高圧・中圧で送出したガスは，整圧器（ガバナ）により減圧し，低圧で供給するのが一般的である．

低圧供給方式は，低圧導管からガス管を引き込む一般的な供給方式である．ガス栓出口における供給圧力の範囲は，ガスグループごとに，**表4・8**のとおり定められている．

工業用や事務所建物冷暖房など，特に都市ガス消費量が多い場合や燃焼器の仕様によっては，中圧管を敷地内に引き込み，専用整圧器（ガバナ）で中間圧などに減圧して供給する方式（**図4・16**）や，減圧することなく中圧ストレート供給方式（**図4・17**）とする場合もある．

第4章 空調システムのライフサイクルエンジニアリングと都市ガス

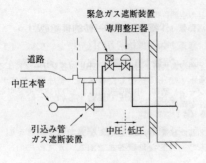

図4·16 専用整圧器供給の例[6]

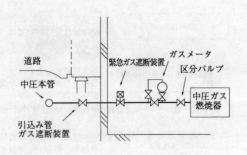

図4·17 中圧ストレート供給の例[6]

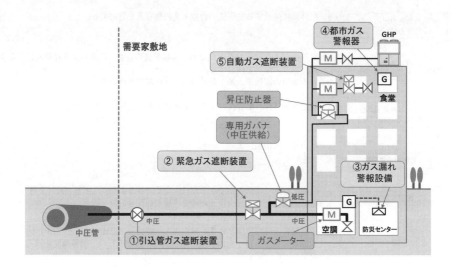

図4·18 都市ガスの安全設備の構成例

表4·8 低圧供給の圧力範囲[5]

ガスグループ (ガス種) 供給圧力 (範囲)	L1 (6B, 6C, 7C) L2 (5A, 5AN, 5B) L3 (4A, 4B, 4C) 5C (5C)	6A (6A)	12A (12A) 13A (13A)
最 高 値	2.0 kPaG	2.2 kPaG	2.5 kPaG
最 低 値	0.5 kPaG	0.7 kPaG	1.0 kPaG

〔2〕 安 全 設 備

〔a〕安全設備の種類

　都市ガスを安全に使用するための設備として，法令に定められているものを表4·8に示す．図4·18に安全設備の構成例を示す．図中の番号は表4·9中の設備の番号に対応している．

〔b〕建物区分の判定

　「建物区分」とは，各種建物の用途および都市ガスの使用形態に応じた保安対策を実施することにより保安の確保を図ることを目的に設定されたもので，表4·10のとおりガス事業法上11区分に設定されている（昭和60年通産省告示第461号「ガスを使用する建物ごとの区分を定める件」）．また，判定要素となる用途区分については表4·11に，建物区分設定のフローを図4·19に示す．

　建築計画時には，計画建物がどの建物区分に該当するかを確認し，法令に基づき適切に安全設備を選定する必要がある．

4.2 都市ガス空調システムの計画と設計

表4・9 安全設備の種類[7]

安全設備	概　要
①引込み管ガス遮断装置	引込み管に設置し，危急の場合にガスの供給を遮断できる装置
②緊急ガス遮断装置	引込み管の建物外壁を貫通する付近に設置し，危急の場合に建物の保安状況を監視できる場所などからガスの供給を直ちに遮断できる装置
③ガス漏れ警報設備	特定地下街・特定地下室などでガス漏れを検知し，そのガス漏れを建物などの利用者に警報する設備
④都市ガス警報器	ガス漏れを検知し，警報を発する機器をいい，単体方式，戸外警報方式および集中監視方式がある
⑤自動ガス遮断装置	ガスの流量などの異常な状態，またはガスの漏えいを検知し，自動的にガスを遮断する機能を有する装置（例：業務用ガス遮断装置，マイコンメータなど）

表4・10 建物区分の設定[8]

建物区分	概　要
特定地下街など	・地下街（延べ床面積≧1 000 m²） ・特定用途の場合，地下道に面した建物の地階と当該地下道との延べ床面積の合計が，1 000 m² 以上で，かつ，建物の地階の床面積が500 m² 以上である建物 ・特定複合用途(注1)の場合，地下道に面した建物の地階と当該地下道との延べ床面積の合計が，1 000 m² 以上で，かつ，特定用途で使用される地階の床面積が500 m² 以上である建物
特定地下室など	・特定用途の場合，建物の地階の床面積が1 000 m² 以上である建物 ・特定複合用途(注1)の場合，建物の地階の床面積が1 000 m² 以上で，かつ，特定用途に使用される地階の床面積が500 m² 以上である建物
超高層建物	・用途に関係なく，建物高さが60 m を超える建物
高層建物	・用途に関係なく，建物高さが31 m を超える建物
特定大規模建物	・特定業務用途に使用されるガスメータの号数(注2)の合計が，180号以上の建物
特定中規模建物	・特定業務用途に使用されるガスメータの号数(注2)の合計が，30号以上の建物
特定公共用建物	・特定公共用途に使用されるガスメータの号数(注2)の合計が，30号以上の建物
工業用建物	・工業用途に使用されるガスメータの号数(注2)の合計が，90号以上の建物
一般業務用建物	・特定用途に使用されるガスメータの号数(注2)の合計が，30号未満の建物 ・工業用途に使用されるガスメータの号数(注2)の合計が，90号未満の建物 ・一般業務用途に使用される建物
一般集合住宅	・住居用途のみの使用で，ガスの使用者が2以上で，かつ，ガスメータの個数が，2以上である建物
一般住宅	・住居用途のみの使用で，ガスの使用者が1である建物

(注1) 特定複合用途とは，特定業務用途と特定業務用途以外が混在する場合をさす．
(注2) ガスメータの号数…ガスメータの1時間あたりの最大使用ガス流量を m³ で表示した数値．熱量46MJ/m³ に換算したもので，ガスメータの個数が2以上の場合は，その号数の和を換算したもの．ただし，集中熱源方式による冷房，暖房，給湯または，これらの組合せのいずれかに専用で使用されるガスメータの号数については，すべての用途に対して加算しない．

〔c〕建物区分に応じた安全設備の概要

各建物区分に必要となる安全設備を表4・12に示す（各安全設備の概要は表4・9を参照）．

なお，中圧管で建物に都市ガスを供給する場合は，工場などを除き，建物区分によらず引込み管遮断装置，緊急遮断装置，ガス漏れ警報器が必要である．

そのほか，各自治体の火災予防条例などで定めがある場合はそれに従わなければならない．

〔d〕超高層建物のガス設備耐震設計

超高層建物が建ち始めた1975年代には，オール電化や電化ちゅう房の建物もかなりみられたが，超高層建物における都市ガス設備や安全システムの設計手法が確立した現在では，超高層かそうでないかにかかわらず，給湯や厨房用途などに都市ガスも使用されている．

超高層建物において，少なくとも立て配管以外の専用部配管へのガス設備の設置方法などについては，高層・低層の建物と

第4章 空調システムのライフサイクルエンジニアリングと都市ガス

表4・11 業種別用途分類[9]

業種 \ 用途分類	特定業務用途	特定公共用途	工業用途	一般業務用途	住居用途	(参考)特定用途
劇場, 映画館, 演芸場, 観覧場 (競輪場, 競馬場, 野球場など)	○	—	—	—	—	○
公会堂, 集会場 (公民館, 貸しホールなど)	○	—	—	—	—	○
キャバレー, カフェー, ナイトクラブの類	○	—	—	—	—	—
遊技場 (マージャン店, ボウリング場, ゲームセンターなど), ダンスホール	○	—	—	—	—	—
待合, 料理店の類 (料亭, 割ぽう, 茶屋など)	○	—	—	—	—	—
飲食店 (喫茶店, 食堂, ビヤホール, すし屋, うどん屋など)	○	—	—	—	—	—
百貨店, マーケット (スーパーマーケット)	○	—	—	—	—	—
その他物品販売業を営む店舗, 展示場	○	—	—	—	—	—
旅館, ホテル, 宿泊所 (モーテル, ユースホステルなど)	○	—	—	—	—	—
蒸気浴場, 熱気浴場の類	○	—	—	—	—	—
病院, 診療所, 助産所	—	○	—	—	—	—
老人福祉施設, 有料老人ホーム, 救護施設, 更生施設, 児童福祉施設 (母子寮および児童更正施設を除く), 身体障害者更生救護施設 (身体障害者を収容するものに限る), 精神薄弱者救護施設	—	○	—	—	—	○
幼稚園, 保育園, 盲学校, ろう学校, 養護学校	—	○	—	—	—	○
製品を製造または加工するものの類 (工場, 作業場など)	—	—	○	—	—	—
小学校, 中学校, 高等学校, 高等専門学校, 大学校, 専門学校, 各種学校の類	—	—	—	○	—	—
図書館, 博物館, 美術館の類	—	—	—	○	—	—
一般公衆浴場 (銭湯)	—	—	—	○	—	—
理容院, 美容院, クリーニングなど物品販売を伴わない上記以外のサービス業	—	—	—	○	—	—
スポーツセンターなど (観覧場, 飲食店, 物品販売店がなく, 遊技場以外のもの)	—	—	—	○	—	—
上記以外の事業場 (裁判所, 保健所, 試験所, 研究所, 役場, 汚水じんかい処理場, 自衛隊施設, 刑務所, 銀行, 会社事務所など)	—	—	—	○	—	—
寄宿舎, 下宿, 共同住宅, 共同住宅以外の住宅	—	—	—	—	○	—

比べて目立った違いはない．ただし，立て配管はさまざまな要素を考慮して設計しなければならない．地震，温度伸縮，風力などに対する動的および静的解析，共振検証，座屈検証などである．ある時期までは，これを有限要素法などを用いて建物ごとに検証していた．その後，都市ガス事業者はこういった立て配管設計（分岐管の第一固定点までを含む）を標準化することを試み，1987年に「高層建築物用ガス設備耐震設計・施工指針の手引き」（日本ガス協会）としてまとめた．これにより設計上の負担が軽くなり，多くの超高層建物の立て配管設計を実施することができるようになり，また大手以外の都市ガス事業者も容易に対応可能となった．

これによると，立て配管の接合方法は，呼び径40A以下はすみ肉溶接，50A以上は突合せ溶接となっている．超高層建物の立て配管が40A以下になることはまれであることから，実質的には立て配管はすべて突合せ溶接となり，抜取りによるX線検査などによって品質確保がなされている．

高さ100m程度（60m以上120m以下）の建物では，立て配管の中間階付近に完全固定箇所を設け，完全固定箇所以外のスラ

4.2 都市ガス空調システムの計画と設計

表4・12 建物区分別の安全設備選定表 [11]

建物区分	①引込み管ガス遮断装置(注1)	②緊急ガス遮断装置	③ガス漏れ警報設備(注3)	④都市ガス警報器(注3)	⑤自動ガス遮断装置(注3)
特定地下街など	○	○	○		
特定地下室など	○	○	○		
超高層建物	○	○		○	○
高層建物	○	＊		＊	＊
特定大規模建物	○			○	○
特定中規模建物	○(注2)				
特定公共用建物					
工業用建物					
一般業務用建物					
一般集合住宅					
一般住宅					

注) ○印は法令に基づき設置が必要なもの.
　　＊印は自治体によっては設置の指導があるもの.
(注1) 地下室などへ都市ガスを供給する引込み管には, 建物区分, 内径に関係なく設置が義務づけられている.
(注2) 内径が70 mm以上の引込み管の場合に設置する.
(注3) 定地下街・特定地下室などはガス漏れ警報設備を, 超高層建物・特定大規模建物は都市ガス警報器または自動ガス遮断装置のいずれかを設置する.

ブ貫通部は管軸方向フリーの状態とする(**図4・20**参照). 地震時の共振を避けるため管軸と直角方向の拘束の間隔も所定の範囲内とし, 150A以上では管軸と直角方向の拘束も2～3階層ごととし, その他のスラブ貫通部はロックウールなどを充てんすることにより, 管軸と直角方向もフリーにする. 120 mを超えると2箇所の完全固定箇所を設け, その間に伸縮吸収のためのベンド配管部を設ける必要がある(**図4・21**参照). パイプシャフト内でベンド配管を行うために, 他の設備との取合いが厳しくなることもあるので, 設計の早い段階での調整が必要である.

完全固定箇所には, 設計上立て配管の全自重がかかることとなり, 高さ120 m以上で完全固定を2箇所設ける場合には, 自重に加えてベンド配管で伸縮を吸収する反力もかかってくる. 具体的には, 100Aで最大3.5 t, 150Aで最大6.5 t程度の荷重がかかることとなる. 建築躯体の強度なども考慮したうえで, 設計荷重に耐える完全固定金具などの設計が必要となる.

各階への分岐管の第一固定点までは, 立て配管の温度伸縮吸収などのため, 所定の形状で配管することとされ, 最低寸法が規定されている. これによっても, パイプシャフト内でスペースを要することになる. このように超高層建物の立て配管は, 中低層建物に比べ延長あたりのコストがかかるのに加えて, スペースを要することなどから, 立て配管の本数を極力少なくする設計を行う.

超高層建物において高層部分に熱源を設置する場合には都市ガス設備の設計に多くの制約があり, 所轄消防との協議が必要となってくる.

〔e〕中圧供給都市ガス設備

中圧導管から需要家に都市ガスを供給する場合は, 低圧供給とは異なる各種装置の設置が必要となる. 中圧供給の場合の都市ガス設備の設置例を**図4・22**に示す. 都市ガスは, 導管から供給管を経由して, 需要家敷地内に引き込まれた後は, 緊急ガス遮断装置などの安全装置を経て, ガスメータで計量され, ガスコージェネレーションなど

第4章 空調システムのライフサイクルエンジニアリングと都市ガス

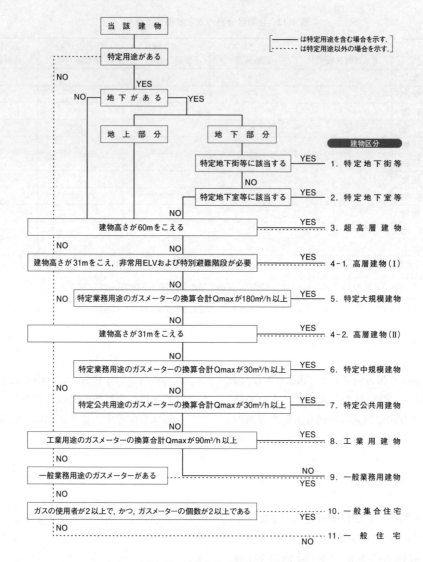

図4・19 建物区分設定フロー図[10]

のガス機器に供給される.

ガス機器によっては,都市ガスの供給圧力よりも高い圧力が必要な場合がある.その際には,区分バルブ以降にガス圧縮機を取り付け,都市ガスを昇圧させるなどの対応が必要となる.

なお,中圧ガス供給は漏れなどがあった場合,重大な事故につながる可能性があることから,日本ガス協会では,中圧ガス設備の適切な設計・施工がなされるよう"供給管・内管指針(中圧設計・工事編)"を自主基準として定めている.

4.2.6 都市ガス熱源システムの自動制御

ここでは,都市ガス熱源システムの自動制御として特徴的な機能を,代表的な制御事例と中央監視システムの両面から説明する.

〔1〕制 御 事 例

〔a〕吸収式冷凍機起動時流量制御

吸収式冷凍機は,起動時の低出力時間が比較的長い.起動時の低出力運転に対応した負荷を与え,安定した送水温度を確保す

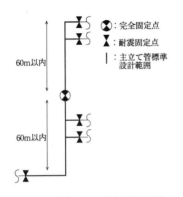
図4・20 完全固定1箇所(模式図)

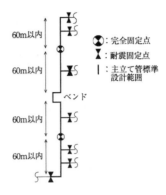
図4・21 完全固定2箇所(模式図)

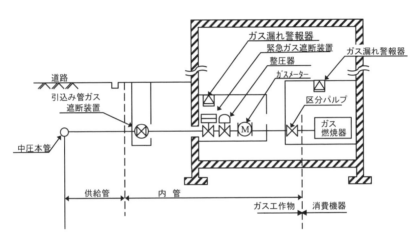
図4・22 中圧供給の場合の都市ガス設備の設置例

るため,冷凍機送水流量を定格流量の半分程度からスタートさせる半流量方式や,冷凍機前後に保有水を循環させるバイパス回路方式が採用される.この場合,冷凍機出力の上昇に伴ってバイパス量を低減し,冷凍機容量制御範囲に入った時点で流量制御を停止する.図4・23に冷凍機起動時流量制御の計装例を示す.

〔b〕冷却塔ファン発停制御・冷却水バイパス制御

冷却塔は最大負荷で設計されるため,年間の運転時間の大半は設計条件より低い湿球温度で運転されることが多い.このため,冷却水の温度も設計条件より低い温度で運転可能である.

加えて冷凍機の特性として,冷却水入口温度が低いほど性能が向上するため,吸収冷凍機の場合,20〜22℃を下限値として冷却塔ファンを運転する.ただし,20℃を下回る冷却水入口温度は溶液が結晶する原因となるため,バイパス弁制御により温度の下がりすぎを防止する.図4・24に冷却塔ファン発停制御・冷却水バイパス制御の計装例を示す.

〔c〕変流量制御・変温度制御

省エネルギーを目的とした,冷温水および冷却水の変流量制御・変温度制御の採用が増えている.変流量制御・変温度制御で

第4章　空調システムのライフサイクルエンジニアリングと都市ガス

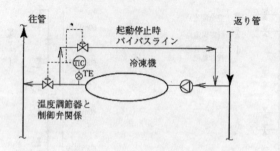

図4・23　吸収式冷凍機の起動時流量制御計装例[12]

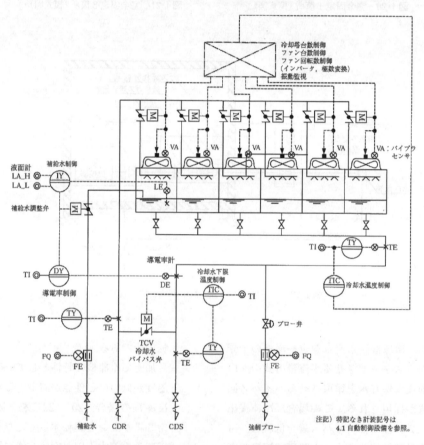

図4・24　冷却塔ファン・バイパス制御計装例[13]

は，空調負荷の要求に基づいて，最適なポンプ回転数および送水温度を決定する．このとき，変流量制御・変温度制御と冷凍機の容量制御がお互いに干渉することを防ぐため，吸収冷凍機の応答時間を十分に考慮した流量・温度設定値の変更周期・変化幅とする．また，冷温水および冷却水の流量確保の下限値，送水温度設定の上下限値など，冷凍機メーカーとの間で十分な検討を必要とする．

〔d〕ボイラ遠隔起動制御
　自動制御方式のボイラの増加に伴い，一

定の要件を満たすボイラ設備に関して，遠隔監視室に一定の要件を満たす装置を設けることにより，遠隔監視室からの監視および制御が可能となった（ボイラおよび圧力容器安全規則第25条の適用に関する官報平成15年3月31日基発第0331001号通達による）．このうち遠方監視室に関する記述を以下に示す．

A) 遠隔監視室には，ボイラの停止を遠隔操作することができる機能を有する装置を設けること．
B) 遠隔監視室には，燃焼安全装置のインタロックの効力を封じることができる機能を有する装置を設けてはならないこと．
C) 遠隔監視室には，ボイラの圧力を指示することができる機能を有する装置を設けること．
D) C)の装置には，ボイラの最高設定圧力および最高使用圧力を表示すること．
E) 遠隔監視室には，ボイラの水位を監視することができる機能を有する装置を設けること．
F) E)の装置には，ボイラの設定低水位および常用水位を表示すること．
G) 遠隔監視室には，ボイラの火炎の有無を監視することができる機能を有する装置を設けること．
H) 遠隔監視室には，ボイラの圧力，水位，火炎などについて異常が発生した場合に表示灯が点灯し，かつ，明確に聞きとることができる警報音を発する機能を有する装置を設けること．この場合において，表示灯は異常が回復するまでは点灯の状態を維持するものでなければならないが，警報音を発する機能を有する装置については，確認した後，手動で停止させることができるものであっても差し支えないこと．
I) 遠隔監視室には，ばい煙の排出状態を監視することができる機能を有する装置を設けること．
J) 遠隔監視室には，必要に応じ，ボイラの排ガスの成分，温度などを監視することができる機能を有する装置を設けること．
K) 遠隔監視室には，必要に応じ，押込み通風機出口のドラフト圧などを監視することができる機能を有する装置を設けること．
L) 遠隔監視室には，炉内ドラフトの状態を監視することができる機能を有する装置を設けること．
M) 遠隔監視室には，給水装置の状態，給水槽の水位，給水ポンプ吸込み口の水温度，および給水流量が正常であるかどうかを監視することができる機能を有する装置を設けること．
N) 油だきボイラの遠隔監視室には，燃料加熱熱源，油流量，油温度，油圧力および噴霧媒体圧力が正常であるかどうかを監視することができる機能を有する装置を設けるほか，サービスタンクの油面が異常低下または上昇した場合は表示灯が点灯し，かつ，明確に聞きとることができる警報音を発する機能を有する装置を設けること．この場合において，表示灯は異常が回復するまでは点灯の状態が維持されているものでなければならないが，警報音を発する機能を有する装置については，異常箇所を確認した後手動で停止させることができるものであっても差し支えないこと．
O) ガスだきボイラの遠隔監視室には，ガス配管系統のガス圧力，ガス温度およびガス流量が正常であるかどうかを監視することができる機能を有する装置を設けること．
P) ガスだきボイラの遠隔監視室には，必要に応じ，ボイラ設置場所にガス漏れが生じた場合に，表示灯が点灯し，かつ，明確に聞きとることができる警報音を発する機能を有する装置を設けること．この場合において表示灯は，ガス漏れが補修されるまでは点灯の状態が維持されているものでなければならないが，警報音を発する機能を有する装置については，ガス漏れ箇所を確認した後手動で停止させることができるもので

あっても差し支えないこと.
Q）遠隔監視室には,ボイラ室に火災が発生した場合に,明確に聞きとることができる火災専用の警報音を発する機能を有する装置を設けること.ただし,集中火災警報装置が設けられている場合には,この限りでないこと.

(2) 中央監視システム

〔a〕BACnet, LonWorks

建物の内部外部において,情報量の増大に伴う情報インフラの整備が急務となっている.都市ガス空調システムにおいてもCPU搭載設備が一般的となるなどデジタル化が進み,情報通信と同じように信号の共通化,統合化,利便化などが求められ,システムのオープン化の計画が進められている.このような背景の下,BAS (Building Automation System)の制御機間のインターオペラビリティ（相互運用性）実現のための通信プロトコルとしてASHRAE/ANSI標準規格であるBACnetと,制御系を中心に異なるメーカーの空調機器などを1本のネットワーク上で接続するエシュロン社規格LonWorksを搭載した製品が増えている.

これら新しい通信プロトコルの採用を進めることにより,メーカーの競争喚起による低価格化はもとより,都市ガス空調設備内部保有のデータや使用者のオフィス環境情報との統合利用ができるなど,使用者に対して高機能,高品質な中央監視システムが期待される.一方で,建物全体のシステム設計・構築,エンジニアリング,および協調制御が必要となるため,建設会社,設備会社,メーカー間での責任分担,新たな連携,性能検証（コミッショニング）が今後の課題として挙げられている.

〔b〕BEMS (Building Energy Management System：ビルエネルギー管理システム）

建物環境の質の維持・向上と省エネルギーの推進・実現を目的として,BASによる遠隔監視・運転,警報管理,レポート機能などに加えて,エネルギー管理・分析機能を装備したBEMS搭載の建物が増えている.BEMSによる省エネルギー推進のためには,エネルギーデータ解析・評価手法とそれに必要となる計測計量項目の計画が重要となる.計測計量項目の立案に関しては,機器単体の性能検証（コミッショニング）などへの検討対象となる項目として,機器の能力（熱量,流量）やその時の送水温度,圧力,給気温度などの要否を検討する必要がある.加えてシステム全体の視点で検討すべき項目として,例えば部分負荷運転時のCOPの変化や負荷率,負荷頻度,外気条件の項目,などの評価項目を基本に,電気,ガスなどのエネルギー総量,機器,システム単位での計測計量,演算など必要性を検討する必要がある.表4・13に吸収冷凍機を対象とした計測計量計画の例を示す.

4.2.7 都市ガス空調システムと法規

都市ガス空調システムに対する法規制の大半は,吸収式冷凍機に関わるものである.ここでは吸収式冷凍機の法規制を中心に記述をする.

吸収式冷凍機は,冷媒に水を用いているため高圧ガス保安法やフロン排出抑制法の適用を受けず,大気圧以下で運転されるために労働安全衛生法施行令で定めるボイラに該当しないことから,取扱いの際は法規で定める資格を必要としないという特長を有しているが,それでもなお幾つかの法規が適用される.

表4・14に各種熱源機の関連適用法規を示す.なお,吸収式冷凍機という区分のなかでも,熱源に蒸気や温水を用いるタイプと都市ガスを用いるタイプとでは,関連する法規制が異なる点に注意が必要である.

〔1〕 吸収式冷凍機

〔a〕大気汚染防止に関する法規制

都市ガスを燃焼させる,いわゆるガス吸収冷温水機については,燃焼を伴うため,規模に応じて大気汚染防止法または公害防

4.2 都市ガス空調システムの計画と設計

表4・13 計測計量計画（吸収冷凍機）[14]

評価指標項目	データ種別	エネルギー性能（単体）				エネルギー性能（システム）		運転性能（単体）					
		冷凍機COP	一次ポンプWTF	冷却水ポンプWTF	冷凍機能力	熱源システムCOP	熱源負荷率	冷凍機応答性	冷凍機安全性	LTD	熱収支	冷却塔冷却能力	補給水量比
冷温水出口温度（設定値含む）	アナログ	○	○		○	○	○	○			○	○	○
冷温水入口温度	アナログ	○	○		○	○	○		○		○		○
冷温水流量	アナログ	○	○		○	○	○		○		○		○
冷温水熱量	積算値	○	○		○	○					○		
冷凍機ガス消費量	積算値	○				○					○		
冷凍機電力量	積算値	○				○							
冷温水一次ポンプ電力量	積算値		○			○							
冷却水ポンプ電力量	積算値			○		○							
冷却塔ファン電力量	積算値					○							
冷却水出口温度（設定値含む）	アナログ			○					○	○		○	
冷却水入口温度	アナログ	○		○		○						○	
冷却水流量	アナログ			○							○		
冷却塔補給水量	積算値												○
冷凍機運転状態・故障	デジタル	○	○	○	○	○						○	○
高温再生器出口温度	アナログ								○				
凝縮器出口温度	アナログ									○			
燃焼弁開度	アナログ							○					
冷凍機発停回数・運転時間	デジタル								○				
冷却塔入口空気乾球温度	アナログ	○				○						○	
冷却塔入口空気相対湿度	アナログ	○				○						○	

（注）COP：Coefficient of Performance 出力／入力で考える運転効率
WTF：Water Transportation Factor ポンプ熱搬送効率
LTD：Leaving Temperature Difference 冷却水出口温度と冷媒温度の差

止条例の適用を受ける．

大気汚染防止法では，通常のばい煙排出規制のほかに，工場や事業所が集中している地域といった一般排出基準では大気汚染の防止が不十分と判断された地域については，特別排出基準や総量規制基準が定められている．なお，ガス吸収冷温水機に関連した排出ガス中の規制物質は，窒素酸化物とばいじんである．

各地方自治体の条例などでは，大気汚染防止法より厳しい規制が定められていることが多いため，設置にあたっては，十分に確認を行うことが必要である．なお，ガス吸収冷温水機が規制対象となる自治体としては，東京都（窒素酸化物排出規制，窒素酸化物総量規制），神奈川県（窒素酸化物排出規制，窒素酸化物総量規制，ばいじん排出規制），横浜市（窒素酸化物対策指導要綱），川崎市（窒素酸化物排出規制，ばいじん総量規制）などが挙げられる．

〔b〕火災予防に関する法規制

ガス吸収冷温水機は，「火を使用する設

第4章 空調システムのライフサイクルエンジニアリングと都市ガス

表4・14 各種熱源機の適用法規

熱源設備の種類			適用法規	規制内容	適用条件
冷凍機 冷温水機	圧縮式		高圧ガス保安法	高圧ガス製造許可申請 (第1種製造者)	法定冷凍能力50 t以上
				高圧ガス製造届 (第2種製造者)	法定冷凍能力20 t以上50 t未満
			フロン排出抑制法	簡易点検	業務用冷凍空調機器の管理者
				定期点検,点検の記録・保存	電動機定格出力7.5 kW以上
				漏えい量の報告	使用時漏えい量1千CO_2t以上
	吸収式	ガス焚き	大気汚染防止法 公害防止条例	ばい煙発生施設の届出 ばい煙排出の制限 ばい煙量の測定・記録保持	伝熱面積10 m^2以上または重油換算50 L/h以上
			消防法 火災予防条例	火を使用する施設等の設置届	入力70 kW以上
				可燃物との一定の離隔距離	
				特殊消火設備(二酸化炭素,粉末)の設置	燃焼量30万kcal/h以上で床面積200 m^2以上の室内設置
		蒸気焚き	労働安全衛生法	第二種圧力容器の規制	蒸気圧力0.2 MPaG以上
		温水焚き	労働安全衛生法	第一種圧力容器の規制	高温水(100℃以上)
パッケージエアコン	EHP		フロン排出抑制法	簡易点検	業務用冷凍空調機器の管理者
				定期点検,点検の記録・保存	電動機(エンジン)定格出力7.5 kW以上
				漏えい量の報告	使用時漏えい量1千CO_2t以上
	GHP		消防法	火を使用する施設等の設置届	入力70 kW以上
ボイラ			労働安全衛生法	ボイラ,小型ボイラ,簡易ボイラの分類に応じて届出や検査の義務有り	ゲージ圧,伝熱面積等の適用条件で分類
			大気汚染防止法 公害防止条例	ばい煙発生施設の届出 ばい煙排出の制限 ばい煙量の測定・記録保持	伝熱面積10 m^2以上または重油換算50 L/h以上
			消防法 火災予防条例	火を使用する施設等の設置届	入力70 kW以上
				可燃物との一定の離隔距離	
				特殊消火設備(二酸化炭素,粉末)の設置	燃焼量30万kcal/h以上で床面積200 m^2以上の室内設置
冷却塔			騒音規制法	特定施設として設置届出,規制基準の順守	7.5 kW以上のファン,圧縮機を有するもの(冷凍機は除外)

(注) その他,建築基準法(煙突関係,換気設備関係など)による規制がある.一つの規制対象に対して法・条例・要綱で異なる規制値が定められている場合,最も厳しい規制が適用される.

備等」として消防長(消防署長)に設置の届出を行うことが消防法ならびに各都道府県の火災予防条例により義務づけられている.

同法においては,「ボイラ」は労働安全衛生法に基づく「小型ボイラ」および「簡易ボイラ」を指しているため,内部が真空であるガス吸収式は消防法ではボイラではなく「炉」に分類される.

なお,例えば東京都の場合,届出が必要となる炉は据付け面積1 m^2以上であるが,届出の基準は条例ごとに異なっており,所轄の消防署に確認する必要がある.

〔c〕騒音に関する法規制

騒音規制法では,騒音の規制を実施すべき施設(特定施設)を設置する工場または事業場の敷地境界線における騒音の大きさの許容限度範囲が定められている.

なお,騒音規制法では,ガス吸収冷温水

機を含む冷凍機は特定施設に定められておらず，定格出力 7.5 kW 以上の冷却塔が「送風機」として特定施設の扱いとなる．

各地方自治体が定める騒音規制については，設備を設置する自治体ごとに対象機器となる条件が異なるので，事前に確認する必要がある．

なお，騒音規制法と同様に，吸収式熱源機本体だけでなく冷却塔も対象となりうる点に注意を要する．

〔d〕圧力容器に関わる規制

蒸気吸収式冷凍機あるいは温水吸収式冷凍機では，蒸気などを受け入れる高温再生器の部分が圧力容器としての規制を受ける．

蒸気吸収式冷凍機は第二種圧力容器に分類され，圧力容器明細書の保管，定期自主点検の実施（1 年以内に 1 回）および定期自主検査記録の保存（3 年間）を行う必要がある．

一方，温水吸収式冷凍機は，温水が 100°C を超える場合，再生器部分が第一種圧力容器となり，設置届，第一種圧力容器取扱作業責任者の選任，定期自主検査の実施と記録の保存および所轄の労働基準監督署による性能検査を行う必要がある．

また，三重効用ガス吸収冷温水機は，高温再生器がボイラ，中温再生器ならびに高温熱交換器が圧力容器に分類される．

〔2〕ガスヒートポンプ

ガスヒートポンプは，EHP と同様にフロン排出抑制法の規制を受ける．エンジン定格出力が 7.5 kW 以上 50 kW 未満で 3 年に 1 回，50 kW 以上で 1 年に 1 回の定期点検が必要となる．消防法ならびに火災予防条例により火を使用する設備に規定されており，東京都においては，入力 70 kW 以上のものにつき届出を行う必要がある．

さらに，地方自治体ごとに大気汚染に関する規制，騒音・振動に関する規制などがあり，事前の確認が必要である．

4.3 都市ガス空調システムの施工

都市ガス空調システムの施工において，機器の製作，搬入・据付け，配管施工および試運転調整などを十分に考慮した工事工程表を立案する必要がある．この際，設備内容に伴い関係官庁へ遅滞なく届出をする必要がある．

さらに，これらの工事がスムーズに施工できるよう施工計画書を作成することが求められる．また，他業種（建築，電気，衛生など）と十分に調整を図り，品質管理や環境対策にも配慮して施工を行うことも注意すべきポイントである．

4.3.1 工事の流れと施工管理

〔1〕工 事 計 画

設計図書に基づく綿密な施工計画書を作成し，施工を実施する．施工計画書は設備システム全体を理解し，完成引渡し後の運用方法を把握したうえで作成する．

工事期間内で効率のよい施工方法や工事手順を吟味し，高品質化，低コスト化をいかに図るかがポイントとなる．また，他関連工事との調整事項を盛り込み十分な連携体制をとることで，よりスムーズな施工を目指すことができる．

〔2〕工 程 管 理

工程管理は，総合工程表による基本計画を立案し，工事の全体像を把握することがポイントになる．

総合工程表は，主体工事である建築工程表をもとに設備工事の着工から竣工，引渡しまでの全工程を表したもので，この工程表を作成することで資材・機材類の発注時期や現場作業の着手・終了の時期，施工要領書・基準書の作成時期，試運転調整，各検査の受検時期を把握することができる．

工事の作業量や時期を把握することで，季節による労務面への影響や作業の難易性などを考慮した適切な施工方法の選択や，仮設計画・安全衛生管理計画を立案することが重要である．

工事の進捗上困難な状況があれば，他関連工事との工程を見直し，調整を行うことで，全工

第4章 空調システムのライフサイクルエンジニアリングと都市ガス

表4・15 総合工程表

期を通じて品質，安全面に余裕のある管理体制を確立することができる．

表4・15に総合工程表の記載例を示す．

〔3〕 関連工事

他業種関連工事項目については，設計図書をよく確認し，その工程および施工において，円滑な進捗を図るために十分な協議を行う必要がある．

都市ガス空調システムの関連工事項目としては，建築工事においてはガス配管の引込み，ガスメータ室，遮断弁室の設置に関する事項，燃焼ガス排出用の煙突，煙道工事などが該当する．電気工事はシステム運用面での遠隔監視システムや防災システムとの関連，衛生工事は消火設備システムとの関連項目が該当する．

これらの工事内容について適切な時期に打合せを行い，調整，整理した結果を工程表や施工要領書，基準書，施工図に反映させることが重要なポイントである．

具体的な項目を表4・16に記載する．

〔4〕 官公庁などへの手続き

建物を建築するにあたっては，建築基準法をはじめ，各種法令による申請が義務づけられているばかりでなく，顧客に対する支援対策事業や助成制度の申請もある．

これらの諸手続きは，遅滞なく確実に申請し

4.3 都市ガス空調システムの施工

表4・16 都市ガス空調システムの施工における総合工程表作成ポイント

1. 他業種業種関連工事
a 建築工事関連
ガス管引込み時の層間変位対策
ガスメータ室，ガバナ室の設置位置
煙突，煙道の設置位置と接続方法
b 電気工事関連
埋設配管の防食対策（電気防食）
ガス遮断装置，ガス漏れ警報機（計装工事の場合あり）
遠隔監視システム
電気設備とガス設備の離隔基準
電気防災設備との調整（防災連動停止機能）
c 衛生工事関連
消火設備との調整

表4・17 都市ガス空調システムの施工における主な関連法規など

a	建築基準法
b	消防法
c	火災予防条例
d	大気汚染防止法
e	騒音規制法
f	労働安全衛生法
g	フロン排出抑制法 フロン類の使用の合理化及び管理の適正化に関する法律
h	建築物省エネ法 建築物のエネルギー消費性能の向上に関する法律
i	電気事業法
j	ガス事業法
k	ガス機器の設置基準及び実務指針
l	予防事務審査・検査基準
m	支援対策事業・助成制度 新エネルギー・省エネルギー対策・燃料転換対策
n	廃棄物処理法 廃棄物の処理及び清掃に関する法律
o	資源有効利用促進法 資源の有効な利用の促進に関する法律
p	建設リサイクル法 建設工事に係る資材の再資源化等に関する法律
q	建設副産物適正処理推進要綱 産業廃棄物発生の低減化および再生，再利用を考慮した分別による適正な廃棄物処理

指導・検査を受ける．工程表に記載することで，資機材類の発注などに反映することができる．主な関連法規などを**表4・17**に記載する．

〔5〕**工 事 管 理**

工事着手にあたり工事組織の編成を行い，施工管理体制を確立する．

発注者の希望に沿う設備を高品質で決められた工期内に確実に引き渡すためには，設計図書をよく確認し，設計内容を理解したうえで，前述した事項を設計者，工事監理者へ確認，協議を行うことがポイントになる．

現場作業は施工図を主体に進めるが，図面上表現しきれない詳細な施工方法や各機器・器具まわりの共通施工箇所などを施工要領書，基準書として取りまとめ，工事管理に利用する．

施工図の作成にあたっては，設計図のほかに標準仕様書，特記仕様書，機器製作図により行うが，機器製作図の作成にあたっては，施工図の進捗と平行して仕様の見直し検討を行い，承諾後製作に取りかかる．また，他業種関連工事の工事内容を1枚の図面に反映した総合図を作成し，調整しながら行うことが望ましい．

工事施工中の工事管理項目としては，前述の施工計画書に従って工事が進められているかを確認する工程内検査，受入れ検査を実施する．

試運転調整を含めた工事完了後には，申請した諸官庁検査を含めた竣工検査を行い，さらに取扱い説明を行った後，竣工図書，備品，予備品類を準備して竣工引渡しを迎えることになる．

建設業は，災害発生の多い業種であるので，施工計画には安全衛生管理計画を盛り込み，施工要領書に付随した作業手順書，仮設計画書を作成することで，全工事期間を安全に無事故で終了させることも重要なポイントとなる．

〔6〕**品 質 管 理**

品質管理は前述の工事管理の一環であるが，ISO 9001に基づく品質マネジメントシステムに

より施工品質管理を行うことが望ましい．

建設業界でのISO 9001導入目的を列記する．
〔a〕品質向上，品質トラブルの回避
〔b〕リスクマネジメント「手戻りの回避＝追加コスト増の回避」
〔c〕関係者のパートナーシップの確立
〔d〕競争力の向上「国際化，海外企業の参入」
〔e〕企業の格付け

特に公共工事においては，品質マネジメントシステムの導入は従来の監督業務方式と比べて同等以上の信頼性があり，品質も十分確保されており，何らかの改善指示や再検査などの不具合も少なく，従来の監理方式と同等な水準にあると判断されている．また，業務の効率化という点については，従来現場へ行って監督するような業務が書類で確認できるようになり，監督業務そのものが省力化されている．

ISO 9001の求めているのは，物の仕様の規格ではなく，製品品質に信頼性（保証）を与えるために，組織のあるべき"信頼のためのしくみ"をつくることである．

〔7〕環 境 対 策

今日，環境問題は世界的に取り組まなければならない課題であり，建設業においても例外ではなく，各事業所単位でISO 14001に基づく環境マネジメントシステムによる環境対策を考慮した施工を行うことが望ましい．

その基本理念は，建築設備を通じて環境負荷の低減化および再生，再利用を考慮した分別による適正な廃棄物処理の低減に積極的に取り組み，地球環境の保全に貢献することにある．

ISO 14001が求めているのは，法的な環境基準を制定することではなく，企業が自主的に環境への負担を低くするようなシステムをつくることである．

具体的な環境対策業務内容を列記する．
〔a〕省エネルギー機器の採用検討
〔b〕環境に配慮した工法および環境影響の少ない資材・機材の採用検討
〔c〕建設産業廃棄物の発生抑制，適正処理サイクルの実施

4.3.2 機器搬入・据付け

大型機器の搬入・据付けに関し，屋内機械室設置および屋上設置の場合，それぞれの機器配置計画や施工計画・搬入計画上の注意すべき留意点（防音・防振上の留意点などを含む）について述べる．

〔1〕機械室設置上の留意点

〔a〕機器の搬入（分割搬入など），据付け上の留意事項

機器の搬入の場合，できるだけ一体搬入で計画することが機器の性能，施工コスト，工期短縮の面で最適な方法と考えられる．しかしながら，既設の改修工事のように既設設備の制約が多い場合や地域冷暖房施設工事における超大型機器搬入の場合では，建物側の各種制約や搬入車両・揚重機（タワークレーンやラフタクレーンなど）能力上の制限など，各種の制約条件が多く一体搬入が困難な場合が多い．

参考として，既設の地域冷暖房施設において搬入路の高さ制限のため，冷凍機を横転させた事例を図4・25に示す．

搬入計画を立てるにあたっては，表4・18に示す各種制約条件を十分検討し，一体搬入が最適か，分割搬入が最適かなど，その現場にあった最適な方法を判断する必要がある．

また，建築などに要求するマシンハッチや搬入開口寸法は，搬入時に使用する搬入治具の特性をよく理解し，機器外形寸法に適度な余裕（搬入治具の必要スペースなど）

一口メモ

環境マネジメントシステム　EMS：Environmental Management System　全体的なマネジメントシステムの一部で，環境方針の作成，実施，見直し，維持するための組織体制，計画活動をさす．

一口メモ

品質マネジメントシステム　QMS：Quality Management System　品質に関して組織（会社）を指揮，管理するための統御体制をさす．具体的には品質方針，品質目標，品質計画，品質管理，品質保証，品質改善の計画立案，実行，記録を行う．

4.3 都市ガス空調システムの施工

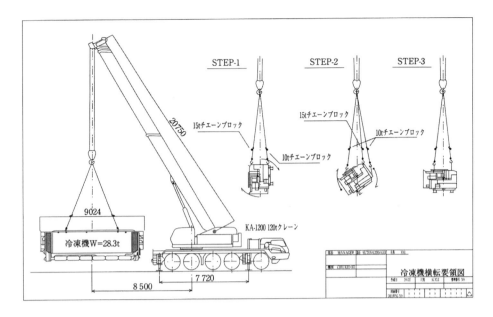

図4・25 冷凍機横転要領

表4・18 大型機器（吸収冷凍機，吸収冷温水機，ボイラ，コージェネレーション機器）の搬入・据付け上の留意点

留意点	検討項目
搬入車両上の留意点	道路交通法上の制約 搬入時間帯の制約 道路使用上の制約と道路使用許可の申請 近隣対策上の制約（搬入時間帯，騒音対策，入退場ルート） 現場搬入時の制約（搬入ゲートの状況，場内搬入路状況） 車両積載上の制約（サイズ，重量） 交通事故，第三者災害など安全対策上の制約
荷取り上の留意点	荷取り重量の制約（揚重機許容揚重能力，ワイヤの強度，荷取りピースの位置と強度） 荷取り方法上の制約（機器荷取りピースの必要性と取付け位置，建屋障害物，タワークレーンの回転半径） 道路使用上の制約と道路使用許可の申請
搬入ルート上の留意点	建屋側の制約（搬入時の必要スペース，搬入重量，搬入時期と時間，搬入経路の確保） マシンハッチや壁ダメ穴開口など，必要開口寸法上の制約 搬入横引き上の制約（搬入機材と横引き方法，工程上の制約）仮置き場所や揚重方法上の制約 仮設資材上の制約（仮設電源の確保，仮設照明の確保，仮設足場の必要性） 機器の搬入時の荷姿と機器補強の必要性
機械室据付け上の留意点	揚重，横引きに必要な仮設ピース（揚重フック，インサート，スリーブ，カンザシ） 建屋側の養生方法（柱のコーナーガード・面取りの必要性） 搬入手順（搬入ルートの確保，仮置き方法） 機器据付け時の仮設ピースの必要性や強度上の制約 仮設資材上の制約（仮設電源の確保，仮設照明の確保，仮設足場の必要性および必要スペース） 分割搬入時の組立て方法（組立て時の必要スペース，組立ての手

を持たせた寸法にする必要がある．機器据付け時では表4・18に示す事項以外に，アンカの強度，基礎の形状と基礎の設置位置（建築床の強度，はりとの位置関係），基礎仕上げと機器ベースのレベルの調整方法，アンカ位置と機器ベースアンカ穴位置の施工誤差吸収方法，保守点検スペースの確保，将来の更新計画を考慮した配置の提案，機器発生騒音・振動の近隣居室への影響など，設置計画上の留意点も併せて検討する必要がある．

基礎形状では，吸収冷凍機やガス吸収冷温水機のように下部スペース（低温胴）で保温の必要な部位がある場合は，ベタ基礎とするよりもゲタ基礎形状とするほうがスペースの確保が容易であり，施工性がよいので配慮する必要がある．

〔b〕防音・防振施工上の留意事項

ガス吸収冷温水機の騒音測定データを，参考として図4・26に示す．図からわかるように，騒音はバーナ側・煙突部が最大であり，騒音対策の必要な場合は発生源を考慮した対策を考える必要がある．また，まれにボイラやガス吸収冷温水機のバーナ燃焼音が煙道を通して騒音となる場合がある．その場合は，排ガス側に消音器を設置するスペースを確保するなど対策が取れるよう配慮しておくことが望ましい．

振動としては，ガス吸収冷温水機の場合，発生源となり得る回転体は押込みファンと冷媒ポンプ・溶液ポンプであるが，ポンプ類は容量が小さいので振動で問題になることは少なく，押込みファンを対象とした対策を検討すれば問題ないものと思われる．

防音・防振対策を検討する場合，機械側・建物側での対策にはおのずと限界がある．基本的に，メイン機械室の直近に許容基準値の厳しい（NC-35以下）居室を設けないことが原則である．

〔c〕換気設備の留意事項

燃焼に必要な空気量の確保および煙道からの燃焼ガスの逆流を防止するため，機械室内は常に正圧に保つ必要がある．また，最近は計装盤・計装機器などで温度条件に制約のあるものが増えてきていることから，機械室内の温度条件にも注意する必要がある．次の留意事項を検討する必要がある．

・機械の必要燃焼空気量
・機械室内の空気バランス
・煙道のドラフト圧
・機器発熱を処理するための必要換気風量

また，機械室の消火設備としてガス消火設備を設ける場合，避圧ダクトの設置や火災鎮火後の消火ガス排気のための設備が必要となるので，消火設備の方式にも十分注意する必要がある．

〔2〕屋上設置機器の留意事項

〔a〕室外設置型ガス吸収冷温水機の搬入，据付け上の留意事項

機器の搬入はタワークレーンまたはレッカーなどで揚重する必要があり，その際の揚重可能な機器重量は揚重機の能力（作業半径と許容荷重）に制約される．留意事項などについては機械室設置の場合と同様，表4・18の内容を十分検討し分割方法や仮設揚重ピースの取付け方法などを決定する必要がある．

屋上設置の場合，意匠面や防音対策上，遮音壁などで機器を囲うことが多い．この場合，燃焼ガスが十分大気に開放拡散されるよう配慮する必要がある．また，煙突などに近接して冷却塔を設置した場合や，ガラリなどの建物開口がある場合は，離隔距離に十分注意する必要がある．煙突とガラリなどの建物開口部が近い場合，開口部からの延焼防止のため防火ダンパなどの設置を消防に指導される場合がある．また，給気ガラリが近い場合は，風向きによってガラリから燃焼ガスが建屋内に逆流する可能性があり，問題を起こしやすい．

〔b〕GHP室外機の搬入・据付け上の留意事項

搬入については，ガス吸収冷温水機など

4.3 都市ガス空調システムの施工

測定対象機器：パナソニック QCW-PR360FG2
測定条件：運転モード：冷房　燃焼量：定格 燃料：都市ガス 13A
測定点

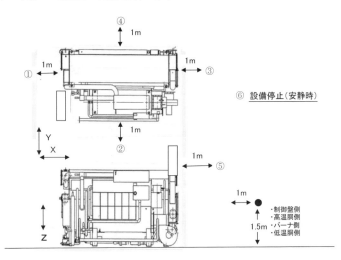

騒音測定結果

[dB]

Hz	制御盤側 ①	高温胴側 ②	バーナ側 ③	低温胴側 ④	煙突部 ⑤	設備停止時 ⑥
31.5	39.4	43.2	44.5	40.8	42.8	26.1
63	46.4	54.5	51.0	47.6	55.3	32.2
125	61.6	68.0	67.7	63.9	67.0	34.8
250	65.6	66.7	66.8	65.5	70.2	39.6
500	69.5	68.8	67.4	67.7	68.7	42.9
1 000	68.4	68.2	70.0	68.2	68.3	41.7
2 000	64.6	65.5	69.3	69.3	67.8	39.4
4 000	61.3	60.8	62.3	68.0	60.7	34.6
8 000	56.2	54.4	55.0	63.2	52.8	36.8
AP	74.2	74.9	75.8	75.6	75.8	48.1

図4・26　ガス吸収冷温水機の騒音データ

と比べると，重量も軽くサイズも小さいため比較的揚重は容易となるが，揚重時の玉掛けワイヤの掛け方によっては，コイルのフィンなどを傷つける場合があるので注意する必要がある．

機器の配置計画上の留意点としては，室外機の熱交換効率低下の原因となる遮音壁との離隔や高さとの関係，隣接する室外機相互の離隔距離などに注意する必要がある．許容離隔距離を十分にとり，熱交換に必要な風量を確保するとともに，排ガスが屋上にこもらないよう風通しのいい配置を計画することが望ましい．

また，GHPを防振架台上に設置する場合は，重心位置が高くなり揺れやすくなるので，地震時や台風時の影響による転倒防

表4·19 冷温水および冷却水管の管材料

呼 称	規格 番号	規格 名称	呼び名など	用途
鋼 管	JIS G 3442	水配管用亜鉛めっき鋼管	SGPW	冷温水, 冷却水
	JIS G 3452	配管用炭素鋼鋼管	SGP 白管	
	JIS G 3454	圧力配管用炭素鋼鋼管	白管 Sch40 STPG370	
塩ビライニング鋼管	JWWA K 116	水道用硬質塩化ビニルライニング鋼管	SGP-VA	冷却水
	WSP 011	フランジ付硬質塩化ビニルライニング鋼管	SGP-FVA	
耐熱性ライニング鋼管	JWWA K 140	水道用耐熱性硬質塩化ビニルライニング鋼管	SGP-HVA	温水
	WSP 054	フランジ付耐熱性樹脂ライニング鋼管	SGP-H-FVA SGP-H-FCA	
ポリ粉体鋼管	JWWA K 132	水道用ポリエチレン粉体ライニング鋼管	SGP-PA	冷却水
	WSP 039	フランジ付ポリエチレン粉体ライニング鋼管	SGP-FPA	
ステンレス鋼管	JIS G 3448	一般配管用ステンレス鋼鋼管	SUS304	冷温水, 冷却水
	JIS G 3459	配管用ステンレス鋼鋼管	SUS304	
	JIS G 3468	配管用溶接大径ステンレス鋼管	SUS304	
銅 管	JIS H 3300 JIS H 3330	銅及び銅合金継目無管 外面被覆銅管	硬質 (M)	冷温水
架橋ポリエチレン管	JIS K 6769	架橋ポリエチレン管		冷温水
ポリブテン管	JIS K 6778	ポリブテン管		冷温水

(注) 規格にない塩ビライニング鋼管およびポリ粉体鋼管の, 材料, 製造方法, 品質等は, JWWA K 116 および JWWA K 132 に準ずるものとする.

止用ストッパやアンカーの引抜き強度など, 耐震・風圧を考慮した強度が要求される.

〔c〕冷却塔の設置上の留意事項

冷却塔の搬入方法としては, 一体搬入, 分割搬入, エレベータなどでの部材搬入の3通りの方法が可能である. 制約条件によっていずれの方法で搬入可能か, 搬入時期や揚重機の設置状況によって決定される.

設置上の留意事項を以下に示す.

①ボイラ, ガス吸収冷温水機などの煙突との離隔(燃焼排気ガスが冷却塔に吸引されないよう十分離隔をとる)

②防音・防振対策の必要性の有無確認(隣地境界での騒音値の推定)

③ファンスタックから吹き出される吐出気流の障害の有無と, ショートサーキットの可能性の有無

④耐震・風圧を考慮したストッパおよびアンカーの強度

〔d〕防音・防振施工上の留意事項

建物内部の機械室と異なり機器周囲に壁がないため, 機器本体からの発生騒音が周辺住民のクレームの原因となることが多い. 以下の事項を確認し, 対応を検討する必要がある.

①隣地境界周辺の騒音規制法上の基準値確認

②防音壁または本体の遮音ラッキングの必要性や消音対策

③機器設置直下階居室の防音・防振許容値の確認

④機器設置直下階居室窓の遮音性能確認(窓からの透過音は外壁より大きいため)

⑤機器防振装置の防振グレードと防振の必

4.3 都市ガス空調システムの施工

表4・20 蒸気および高温水管の管材料

呼　称	規　格			用　途
	番　号	名　称	備　考	
鋼　管	JIS G 3452	配管用炭素鋼鋼管	黒管	油管，蒸気給気管
	JIS G 3454	圧力配管用炭素鋼鋼管	STPG370 黒管 Sch40	蒸気給気管，蒸気還管
	JIS G 3454	圧力配管用炭素鋼鋼管	STPG370 黒管 Sch40 黒管 Sch80	高温水管
ステンレス鋼管	JIS G 3448	一般配管用ステンレス鋼鋼管	SUS304	蒸気還管

表4・21 冷媒管の管材料

呼　称	規　格			備　考
	番　号	名　称	種　別	
銅　管	JIS H 3300	銅及び銅合金の継目無管	硬質，軟質又は反硬質	
鋼　管	JIS G 3454	圧力配管用炭素鋼鋼管	STPG370 黒管 Sch40	
断熱材被覆銅管	JCDA 0009	断熱材被覆銅管	ポリエチレン保温材 （難燃性）	

(注1) 冷媒用銅管の肉厚は，冷凍保安規則関係例示基準の規定による．
(注2) 断熱材被覆銅管の断熱厚さは，液管を 10 mm 以上，ガス管を 20 mm 以上とする．ただし，液管の呼び径が 9.52 mm 以下の断熱厚さは，8 mm としてもよい．

要性

メーカーから提出される騒音データは，定常運転時のデータが一般的である．騒音を検討する場合，定常音での検討も重要だが，GHPの運転起動時のエンジン音や冷却塔ファン起動時のベルトスリップ音のように，瞬時的な騒音もクレームの対象音となる．発生音が近隣に影響がないか検討し，必要に応じて遮音壁などを考慮する必要がある．

また，GHPの振動対策として防振架台を設置する場合は，メーカーの指定する架台を選定する必要がある．

4.3.3 配管工事の留意点
〔1〕 配管材料の選定

配管材料は，耐久性，施工性，経済性などに配慮し，流体の性状（気体，液体），成分（清水，排水など），温度，圧力，管外部の雰囲気などを検討し選定する．

一般に使用される管材には，鋼管，ステンレス鋼管，ライニング鋼管，銅管などがある．鋼管が広く使用されるが，腐食への対応から，耐食性管材も使用される．管材の種類を**表4・19～表4・22**[15]に示す．

〔2〕 建物内配管の接合方法

管の接合方法には，主にねじ接合，溶接接合，フランジ接合，メカニカル接合などがある．

〔a〕ねじ接合

管材に JIS B 0203 "管用テーパねじ"に規格されたねじ加工をし，接合剤に液状ガスケットやシールテープを使用し，継手にねじ込んで接合する．主に切削ねじ工法が用いられるが，ねじ部の強度保持や腐食対策として，転造ねじ工法も使用される．

第4章 空調システムのライフサイクルエンジニアリングと都市ガス

表4・22 ガス管および継手材料

呼 称	規 格		備 考
	番 号	名 称	
鋼 管	JIS G 3452 JIS G 3454	配管用炭素鋼鋼管 圧力配管用炭素鋼鋼管	白管 黒管
合成樹脂被覆鋼管	JIS G 3469	ポリエチレン被覆鋼管	原管は JIS G 3452 JIS G 3454 JIS G 3457
鋳 鉄 管	JIS G 5502 JIS G 5705 JIS G 5526 JIS G 5527	球状黒鉛鋳鉄品 可鍛鋳鉄品 ダクタイル鋳鉄管 ダクタイル鋳鉄異形管	
ポリエチレン管	JIS K 6774	ガス用ポリエチレン管	
フレキ管	—	ガス用ステンレス鋼フレキシブル管 〔原管は JIS G 4305（冷間圧延ステンレス鋼板及び鋼帯）によりガス用に製造されたもの〕	
鋼 管 継 手	JIS B 2301 JIS B 2302 JIS B 2311 JIS B 2312 JIS B 2313 JIS B 2316 JIS B 2220 JIS B 2239 JPF MP 009	ねじ込み式可鍛鋳鉄製管継手 ねじ込み式鋼管製管継手 一般配管用鋼製突合せ溶接式管継手 配管用鋼製突合せ溶接式管継手 配管用鋼板製突合せ溶接式管継手 配管用鋼製差込み溶接式管継手 鋼製管フランジ 鋳鉄製管フランジ ねじ込み式可鍛鋳鉄製管フランジ	
メカニカル継手	—	JIS G 5502（球状黒鉛鋳鉄品）又は JIS G 5705（可鍛鋳鉄品）に規定する黒心可鍛鋳鉄品によりガス用に製造された機械的接合のもの	
ポリエチレン管継手	JIS K 6775-1 JIS K 6775-2 JIS K 6775-3	ガス用ポリエチレン管継手−第1部：ヒートフュージョン継手 ガス用ポリエチレン管継手−第2部：スピゴット継手 ガス用ポリエチレン管継手−第3部：エレクトロフュージョン継手	
鋼管用電気的絶縁継手	—	JIS G 5705（可鍛鋳鉄品）に規定する黒心可鍛鋳鉄によりガス用に製造され，電気的絶縁機能を有するもの	
フレキ管継手	—	フレキ管継手 JIS H 3250（銅及び銅合金の棒）に規定する黄銅，銅 JIS H 5120（銅及び銅合金鋳物） JIS H 5121（銅合金連続鋳造鋳物） JIS G 5705（可鍛鋳鉄品）に規定する黒心可鍛鋳鉄によりガス用に製造されたもの	

（注）合成樹脂被覆鋼管に使用するねじ込み式管継手については，外面に樹脂を被覆したものとし，それ以外の継手は亜鉛めっき仕上げ等を施したものとする．

図4・27 ハウジング型継手[16]

〔b〕溶接接合

鋼管と鋼管または溶接用継手を，突合せ溶接，すみ肉溶接などの工法で接合する．突合せ溶接では溶接部に開先加工をして，十分な溶込みを確保する必要がある．溶接方法は，被覆アーク溶接，TIG（タングステン・イナート・ガス）溶接などがある．ステンレス鋼材は酸化で劣化することから，防止のため管内に不活性ガスを通し，TIG 溶接工法などで酸素を遮断した状態で溶接する．

〔c〕フランジ接合

機器まわりなど管の取外しが必要な箇所，ライニング管などねじ接合，溶接接合できない管材，接合がフランジ型の弁類，ポンプまわりユニットや立て配管ユニットなど，プレハブ配管ユニットでフランジ接合形式にしたものなどの接合に使用される．流体の種類，温度，圧力に適したガスケットの選定，ボルトの締付け圧力管理が必要である．

〔d〕メカニカル接合

鋼管，ステンレス鋼管材にロールドグルーブ加工またはリング加工をし，ゴム輪を装てんしてハウジング型継手で固定する機構である．小口径ステンレス鋼管，銅管では各種のメカニカル式接合継手があり，継手に応じた加工をし，接合する（図4・27）．

〔3〕 管の支持，固定

配管は建物の構造体に支持，固定する．注意事項を次に示す．

・管内流体，弁などの重量を含めた配管の自重に耐えること．
・管のたわみに対応できる支持間隔とする．
・水抜き，空気抜きに必要な配管こう配を確保する．
・温度変化などによる配管の膨張・収縮に対応できる支持，固定とする．
・伸縮継手，変位吸収継手を設けた場合には，配管系の伸縮管継手の反力や管内圧力の反力を考慮して，支持・固定方法を選定する．
・地震に対する振れ止めをし，外部からの衝撃，振動に対して対策をとる．
・建物外部からの取込み部や，建物同士など固定部の変位が予想される部位には，変位吸収の措置をとる．
・機器に荷重がかからないような支持方法とする．
・減圧弁，制御弁，トラップ装置など重量部品がある部位では，重量部品の近傍で支持する．
・配管の立上り，立下り，分岐部はその近傍で支持する．
・銅管，ステンレス鋼管の支持は，必要に応じて絶縁体を介して電食を防止する．
・異種配管材料の接合，埋設部など電食が予想される部位では，絶縁処理をする．
・冷水配管など結露が予想される配管には，断熱仕様や支持，固定金物に結露防止処置をする．
・蒸気配管は支持，固定金物からの熱損失を防止し，高温部の露出による火傷などの被害防止に配慮する．

〔4〕 配管工事の留意点

主な機器まわりでの配管工事の留意点と，ガス配管工事での主な注意点を述べる．

〔a〕ガス吸収冷温水機まわりの配管（図4・28）

・機器に荷重をかけないよう支持，固定し，振動部には変位吸収継手を設ける．
・蒸発器や凝縮器のコイルの点検清掃ができるよう，配管を横取出しまたは取外し可とする．
・メンテナンス時のチューブ引抜きスペースを確保する．
・機器まわりに弁を設け，配管系統と切り離せる構造とする．
・温度計と圧力計を読みとりやすい位置に取り付け，機器の運転状態の管理を容易にする．
・不慮の事故などで配管からの出水がかからないよう，電動機や制御盤などの上部には配管を通さない．
・使用する水質を管理し，管の腐食を防止す

第4章　空調システムのライフサイクルエンジニアリングと都市ガス

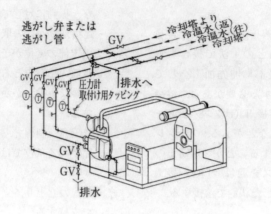

図4・28　ガス吸収冷温水機まわりの配管例[17]

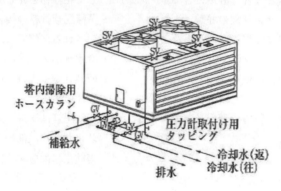

図4・29　冷却塔まわりの配管例[17]

る.

[b] 冷却塔まわりの配管 (図4・29)
・冷却塔補給水配管の送水圧力を確保し、十分な給水量を得る.
・機器に荷重をかけないよう変位吸収継手を介して接続し、支持、固定する.
・開放型で冷却塔が冷凍機より低い場合は、凝縮器で負圧とならないよう処置する.
・冷却水の散水が均一となるよう、配管抵抗を検討し配管する. また2台以上の連結型では、各槽からの送水がバランスするよう連通管やヘッダを設ける.
・ストレーナのメンテナンスが容易に行える機構として、水質を管理する.
・電気伝導率など冷却水の水質を監視し、管の腐食や管壁へのスケール付着および冷却塔本体での藻類発生を防止する.

[c] ポンプまわりの配管 (図4・30)
・弁重量をポンプにかけないよう支持する.
・防振継手を設けた場合は、継手の近傍で支持、固定する.
・吸込み配管最下部には水抜きを設け、吸上げの場合は、空気が管内に残留しない機構とする.

[d] 蒸気配管工事
　蒸気配管の設計上の留意点は下記の通りである.
・配管系の全圧力降下はボイラの初期蒸気圧力を超えないように選び、実用上はボイラ圧力の1/3程度とする. 全圧力降下とは端末での必要圧力に対しての許容圧力降下を

4.3 都市ガス空調システムの施工

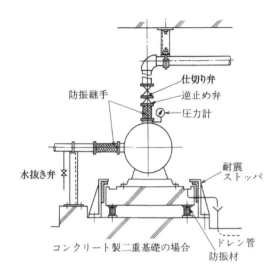

図4・30 ポンプまわりの配管例[17]

意味する．
- 騒音を発生させずに管内に蒸気を流す場合の蒸気流速は40〜60 m/s程度を上限とする．
- 配管径は全圧力降下と管内蒸気制限流速の許容値を超えないように，圧力降下と蒸気圧力および流量により決定する．
- 蒸気トラップの容量は，トラップの前後の圧力差に対して連続最大排出量で与えられている．実際には蒸気トラップの作動は間欠的で，運転開始時や予熱時には多量の凝縮水を発生するので，安全率を考慮した容量の蒸気トラップを選定する必要がある．

蒸気配管の施工上の留意点は下記の通りである．
- 横引き管は原則として順勾配（先下り）とする．
- 配管には，蒸気の温度に応じ伸縮管継手を設け，配管の伸縮を吸収する．
- 蒸気管と還水管とは蒸気トラップを介して接続し，還水管側への蒸気の流入を防ぐ．
- 蒸気横引き管が長くなる場合には，蒸気通し始め等のスチームハンマーを防止するため，30 m程度ごとに中間トラップを設ける．

〔e〕ガス配管工事
- ガス事業者が用いる配管の材料および接合方法は，ガス事業法関係法令により，供給圧力，設置場所，配管口径などに応じて規制されている．
- ガス配管においては，管の腐食対策をとり，壁貫通部の処理，不等沈下，地震などによる変位に対応できる工法を採用する．
- 配管の主要箇所には，ガス配管であることを表示して識別する．

〔5〕試験・検査

配管完了後，耐圧試験を行う．蒸気配管は最高使用圧力の2倍，水配管は1.5倍の水圧をかけ，圧力保持時間は最小30分とする．試験圧力をかけられない機器には，弁を閉鎖して保護する．排水管は，満水試験，通水試験を行う．

試運転前には，十分にフラッシングを行い，機器や制御弁のごみかみを予防する．

4.3.4 吸収式冷凍機の性能試験と試運転調整

〔1〕工場での性能試験方法

工場で行われる性能試験は，冷凍機が発注仕様どおりに作動し，かつ性能を発揮するか

表4・23 検査項目(吸収式冷凍機)
(JIS B 8622 : 2016 10 検査)

項　目	形式検査	受渡検査	備　考
冷凍能力	○	○	
加熱能力	○	○	
加熱源消費熱量	○	○	
定格運転時成績係数	○	—	
期間成績係数	○	—	
放熱量	○	○	
圧力損失	○	○	
部分負荷特性	○	—	
気密性および耐圧性	○	○	本体気密性，水側耐圧性，加熱源側耐圧性の三つ
絶縁抵抗	○	○	
耐電圧	○	○	
消費電力	○	○	
安全装置の作動	○	○	本体と燃焼設備安全装置
燃焼設備の作動	○	○	燃焼設備を具備する場合
騒音	○	—	

受渡検査は受渡し当事者間の協議によって検査項目を省略してもよい．

否かの確認を行うことが主目的となる．JIS B 8622 "吸収式冷凍機"およびJIS B 8627 "GHP"に試験方法および検査について規定されているが，そのなかで工場で行われるものは型式検査に該当する．**表4・23, 24**にその項目を示す．

〔2〕 現場での単体性能試験

実際に現場に設置した状態で，工場にて行われた性能試験と同等の機能および性能が発揮されているか否かの確認を行う．吸収式冷凍機の場合，JIS B 8622には受渡検査として規定されているが，実際には冷水と温水および冷却水に流量計が完備されていないことが多く，また負荷を任意にかけること，冷却水温度を仕様に近づけることは困難なため，機能的に満足できる状態であること，冷水温度が所定の温度まで下がることを確認する程度に限定される場合がある．さらに，建物が竣工引渡し後に，夏冬の各トップシーズンに能力が出ているか確認を行う場合もある．受渡検査について**表4・23, 24**にその項目を示す．

GHPの試運転調整については，各メーカーの試運転要領に準じて実施する．

〔3〕 試運転調整

冷凍機やポンプ，自動制御など各機器や設備について調整が終了した後，二次側へ実際に熱を受渡しし を供給し，熱源システム全体の調整を行う．この場合，設計温度で熱を供給しているか，二次側からの要求熱量に対し，追従して供給できているかどうかなど，機能面に主眼をおいて調整を行う．この段階においても，二次側の負荷が安定的にしかも大量に生ずることはほとんどあり得ないため，二次側の試運転調整スケジュールと十分な調整を行い，負荷量をある程度つかんでおく必要性がある．また，この段階ではフラッシングが完了していないことが多いため，ストレーナなどの目詰まりに注意をし，場合によっては定期的に清掃を行うこともある．

そのほかに，総合性能試験として，停電など不測の事態を想定した模擬試験などを行い安全性の確認を行うとともに，復帰手順などの確認を行うことも重要である．

4.4 都市ガス空調システムのコミッショニング

わが国でも，建物竣工当初・改修時のコミッショニングの重要性が注目され始めている．コミッショニングに関しては，従来からASHRAEやPECI (Portland Energy Conservation INC.)

4.4 都市ガス空調システムのコミッショニング

表4・24 検査項目（GHP）
(JIS B 8627：2015 10 検査)

項　　目	形式検査	受渡検査	備　　考
構造及び材料	○	−	
冷媒漏れ	○	○	
定格冷房標準能力	○	○	
定格冷房標準ガス消費量	○	○	
定格冷房標準消費電力	○	○	
中間冷房標準能力	○	○	
中間冷房標準ガス消費量	○	○	
中間冷房標準消費電力	○	○	
中間冷房中温能力	○	○	
中間冷房中温ガス消費量	○	○	
中間冷房中温消費電力	○	○	
最小冷房中温能力	○	○	
最小冷房中温ガス消費量	○	○	
最小冷房中温消費電力	○	○	
定格暖房標準能力	○	○	
定格暖房標準ガス消費量	○	○	
定格暖房標準消費電力	○	○	
中間暖房標準能力	○	○	
中間暖房標準ガス消費量	○	○	
中間暖房標準消費電力	○	○	
最小暖房標準能力	○	○	
最小暖房標準ガス消費量	○	○	
最小暖房標準消費電力	○	○	
最大暖房低温能力	○	○	
最大暖房低温ガス消費量	○	○	
最大暖房低温消費電力	○	○	
最大暖房極低温能力	○	○	
最大暖房極低温ガス消費量	○	○	
最大暖房極低温消費電力	○	○	
期間成績係数	○	○	
風量（ダクト接続形の場合）	○	−	
冷房過負荷性能	○	−	
暖房過負荷性能	○	−	
氷結性能（直吹き形の場合）	○	−	
自動除霜性能	○	−	
冷房低温性能	○	−	
霜付き及び凝縮水排水性能	○	−	
暖房極低温性能	○	−	
絶縁抵抗	○	○	
耐電圧	○	○	
耐衝撃電圧	○	−	
始動電流	○	○	
温度	○	○	
散水時性能	○	−	
騒音	○	○	
エンジン始動性能	○	−	
CO 濃度	○	−	
NOX 濃度	○	−	
燃料ガス通路気密	○	○	
電源異常	○	−	
電気安全性能	○	−	
異常	○	−	

(注1) 形式検査とは，製品の品質が設計で示した品質項目を満足するか否かを判定するための検査をいう．
(注2) 受渡検査とは，既に形式検査に合格したものと同じ設計・製造に係る製品の受渡しに際して，必要と認められる品質項目を満足するか否かを判定するための検査をいう．

などを中心に，ガイドラインの作成やドキュメントの整備が進められており，わが国でも空気調和・衛生工学会で性能検証指針として整備されつつある．

都市ガス空調システムが建物の生涯（ライフサイクル）にわたって，環境・エネルギーならびに使いやすさの観点から，使用者にとって最適な状態に保たれること，および都市ガス空調システムの運転性能を診断・検証し，必要に応じて発注者・所有者あるいは使用者に性能改善を求めていくうえで，コミッショニングの果たす役割は重要である．本節ではコミッショニングに関する国内外での動向，分類を考察し，都市ガス空調システムを想定した場合のコミッショニングの考え方を示す．

4.4.1 コミッショニングとは[18]

空気調和・衛生工学会ではコミッショニングを性能検証と訳し，その指針において「環境・エネルギーならびに使いやすさの観点から使用者の求める対象システムの要求性能を取りまとめ，設計・施工・受渡しの過程を通して，その性能実現のための性能検証関連者の判断・行為に対する助言・査閲・確認を行い，必要かつ十分なる文書化を行い，機能性能試験を実施して，受け渡されるシステムの適正な運転保守が可能な状態であることを検証すること」と定義している．

コミッショニングは，建物・システムが新設あるいは既設であるか，また単発的あるいは継続であるかによって分類される．**表4・25**にコミッショニングの分類を示す．

4.4.2 都市ガス空調システムのコミッショニング

本項では，都市ガス空調システムを想定した当初性能検証過程として，企画・設計・実施設計段階と試運転調整・引渡し後に，実負荷の下に実施されるコミッショニングについて考察する．また，建築計画全体でのコミッショニングの流れに関して，**表4・26**に示す．

〔1〕 企画・設計・実施設計段階に実施されるコミッショニング

〔a〕企画フェーズ

このフェーズにおける重要な目的は，性能検証責任者の選出とともに，発注者の要求事項をできるだけ具体的に取りまとめ，その後の設計フェーズ，施工フェーズの実施に向けて基礎となるべく関連者全体の相互理解を図ることにある．新築建物の概要や採算性，都市ガス空調システムの有する省エネルギー性や都市・地球環境への寄与に対する考え方などを展開して，発注者が建築・環境に関する自身の理念・考えを企画書としてまとめる．プロジェクトに性能検証を適用する場合，発注者は「性能検証提案要求書」を作成し，性能検証責任者候補者から提出された「性能検証提案書」の内容を確認して性能検証責任者を選定する．

〔b〕設計フェーズ

設計フェーズは，設計提案あるいは指名によって設計者が選定された後，「基本計画書」の作成に始まって設計図書の完成，発注者への受渡しに至るまでのフェーズをいう．実施設計段階では，発注者の要求事項（基本設計段階で確認された情報に加えて，実施設計段階で変更された事項など）が十分に設計図書に盛り込まれ，その検証方法も明確になっている必要がある．

その区切りが「実施設計図書」の提出であり，この段階で都市ガス空調システムとして検証すべき設計性能とその評価基準が明確にされ，建築その他の工事との整合が図られなければならない．

〔2〕 施工フェーズ，受渡し後に実施されるコミッショニング

〔a〕施工フェーズ

発注者の要求事項を継続的に検証し必要に応じて設計変更を助言するほか，設計図書を満足する施工図書の作成，機器類の性能発注がなされ，工事請負者による工程・品質の管理と工事監理者による設計図書照

4.4 都市ガス空調システムのコミッショニング

表4・25 コミッショニングの分類

コミッショニング	内　　容
生涯性能検証過程 (Life-Cycle-Commissioning Process)	生産段階から運転保守管理段階，そして改修に至るまで建物の生涯にわたって継続的に性能検証を行うものである．具体的には，当初性能検証の適用の後，計画的に再性能検証を行って生涯にわたる継続性能検証につなげることで実現する．
継続性能検証過程 (On-Going-Commissioning Process)	システムの重大な性能低下や異常が進行する前に，当初性能検証や復性能検証の後に，システム性能の維持や改善，最適化を目的に継続的に行われる性能検証過程．運用上の問題を解決し，快適性を改善し，エネルギー消費を最適化して，必要であれば改修を提案するための，現在進行形の性能検証過程である．
当初性能検証過程 (Initial Commissioning Process)	新築建物建設において発生し，企画フェーズから受渡しフェーズに至るまで，空気調和設備にあっては受渡し後フェーズ（居住開始のための竣工受渡し時点以後1年間）に至るまでに実施される過程として定義される．当初性能検証は，企画フェーズより受け渡し後フェーズに至るまで一貫して行うことが望ましい．
再性能検証過程 (Re-Commissioning Process)	過去に当初性能検証あるいは復(復帰)性能検証を行った建物の性能を，その建物の所有者が，検証，改善，文書化したいときに発生する．いいかえれば，過去の性能検証が不適当であった，保守管理が不適切であった，明らかな性能劣化を確認したいなどの理由で，当初性能検証過程あるいは復(復帰)性能検証過程の後に期間を置いて実施される性能検証過程である．再性能検証過程は，設計や現在の運用ニーズに応じて，建物性能を維持するために，元来の性能検証を再適用する定期的または不定期な性能検証過程である．
復性能検証過程 (Retro-Commissioning Process)	過去にいかなる性能検証も行われていない既存建物の改修のような場合に実施される最初の性能検証過程を意味する．多くの場合，既存建物の設計図書は失われているか，現況と合致しないことなどがあり，その場合は当初性能検証に準じた，設計に関わる検証事項も含まれる．

表4・26　建築計画全体でのコミッショニングフェーズ[19]

ステージ	生産段階						運転保守管理段階	
フェーズ	企画フェーズ	設計フェーズ		工事発注フェーズ	施工フェーズ	受渡しフェーズ	運転フェーズ	
ステップ	企画段階	計画段階	基本設計段階	実施設計段階	工事発注段階	施工段階	受渡し段階	受渡し後段階	定常運転段階
区切り事象		CA発注	設計発注		工事監理発注	施工発注		設計引渡し（空調の場合1年間） 最終性能検証報告	改修　廃棄
Cx主要手続き	CA請願・提案要求書	企画・性能検証・設計要件書／設計家請願／提案要求書	基本計画査閲	基本設計査閲／設計プロセスの査閲	設計図書の査閲・評価	工事区分・取合い部／契約条件の検証	施工図査閲／機器承諾図査閲／TAB査閲・確認／機能性能試験	竣工図書査閲／システムマニュアル編集／教育・調練	季節追後TAB査閲／最終性能検証報告／不具合検知・診断
Cxの種別	生涯性能検証／継続性能検証／部分性能検証は，当初性能検証の中の一部の期間に対して実施／部分性能検証／当初性能検証								既存建物を対象とするコミッショニング／再性能検証／復性能検証

合が実行され，また機器や設備の維持管理性能（メンテナビリティー）が満足であることを検証する過程である．施工フェーズは，さらに工事請負者による試験検査(TAB)・試運転調整終了までの施工段階と，それ以後受渡しまでの性能検証過程を含む受渡し段階とに区分するのを標準とする．受渡し段階では，必要に応じて性能検証責任者が実施する機能性能試験（Functional Performance Test）を実施して，設計性能を実現すべく施工されたことを検証し発注者に引き渡す．ここで実施する機能性能試験に関しては，設計図書に基づき，発注者要求を確認するための検査手法について，早い段階から計画書を作成し調整を行う必要がある．

〔b〕受渡し後段階

都市ガス空調システムの熱源機器の省エネルギー性能評価を事例に説明する．以下に代表される留意点に関して，特に空調システムにおいては，施工中にすべての負荷をかけて機能試験を行うことができないので，竣工後に状況に応じて実負荷での運転結果をもとに確認すべく，季節機能性能試験を実施する．

① 運転スケジュール，運転時間，発停回数（冷凍機が頻繁に発停を繰り返していないか）
② 台数制御（台数制御は適正に運転されているか）
③ 運転電流値と定格電流値の比較（容量制御の状態はどうか）
④ 冷凍機出入口温度差（設計値どおりの温度，能力を確保できているか）
⑤ 発生熱量（設計値どおりの熱量を確保できているか）
⑥ 冷却水温度，補機類の運転（ポンプ類が無駄な運転を行っていないか）
⑦ COP（エネルギー性能は適切か）
⑧ 室内温熱環境（室内の温度，湿度などの環境は適切に保たれているか）

表4・27 建 築 概 要

所 在 地	神奈川県横浜市
竣　　工	2013年2月
延床面積	7 263 m²
構　　造	鉄骨鉄筋コンクリート造
階　　数	地上5階
建物用途	事務所

4.4.3 都市ガス空調システムのコミッショニング事例

本項では，都市ガス空調システムを対象としたコミッショニングを紹介する．本事例[20]では，省エネルギーを考慮して設計を行った建物に対して，BEMSを用いた竣工後の運用段階における省エネルギー性能を検証した．

〔1〕建 物 概 要

Hビルは横浜市にあり，建物用途は事務所となっている．2013年に竣工し，コージェネレーションや太陽熱集熱器の導入，自然採光，自然換気等により省エネ・省CO_2を考慮した中小規模の事務所ビルである．表4・27に建築概要を，図4・31に導入した環境配慮技術の全体像を示す．

環境配慮技術では図4・32に示すように再生可能エネルギー等を利用したタスク・アンビエント空調の採用をしており，太陽熱・コージェネレーション排熱を利用した温水回収型ガス吸収冷温水機によるアンビエント空調と，高効率ガスヒートポンプによるタスク空調を行っている．また，アンビエント空調では図4・33示すように，冷熱の製造に用いる温水と冷熱の利用に用いる冷水を，それぞれの温度レベルに応じた適材適所の機器を用いてカスケード（段階）利用する温水・冷水のダブルカスケード利用システムを構築している．

本システムの概要は以下の通りである．太陽熱とコージェネの排熱から取り出した温水は，約88℃でガス吸収冷温水機の冷水製造に利用した後，約80℃でデシカント空調機で利用される．一方，冷房時にガス吸収冷温水機で作られた約

4.4 都市ガス空調システムのコミッショニング

❶ 再生可能エネルギー等を利用したタスク・アンビエント空調の採用
太陽熱・コージェネ廃熱を利用したアンビエント空調と、高効率ガスヒートポンプによるタスク空調

❷ 自然エネルギーの積極的利用と環境配慮設備の構築
「熱・緑・水・光・風・電気」に関わる自然エネルギーを取り込み、建物への負荷を抑えた建物計画及び制御の構築

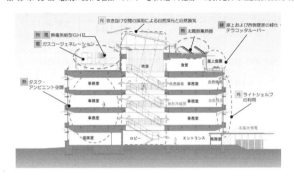

図4・31 環境配慮技術の全体像

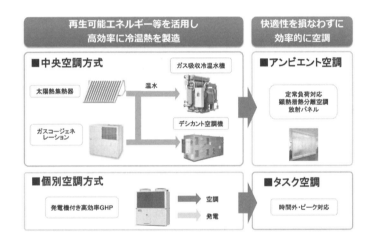

図4・32 再生可能エネルギー等を利用したタスク・アンビエント空調

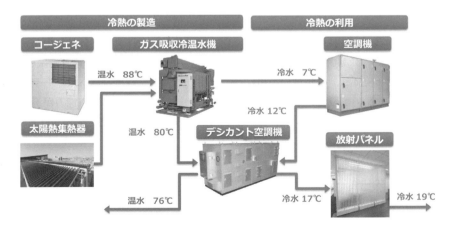

図4・33 温水・冷水のダブルカスケード利用システム

第4章　空調システムのライフサイクルエンジニアリングと都市ガス

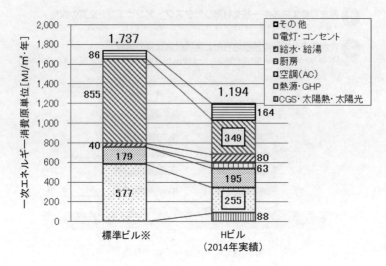

図4・34　建物全体でのエネルギー消費実績

7℃の冷水も，空調機で室内負荷の処理に利用し，約12℃でデシカント空調機に送られて外気負荷の処理に利用される．そして，約17℃となり，放射パネルに送られて輻射冷房に利用される．

〔2〕　省エネルギー効果の検証

建物全体における省エネルギー改修の効果を把握するため，図4・34に示すように，建物全体での年間エネルギー消費実績（一次エネルギー換算）の比較を行った．比較対象は，省エネルギーセンター公表の 20 000 m² 未満の事務所ビル原単位（1 737 MJ/m²）とした．2014年実績における比較では約45%の省エネルギー性が確認できた．

〔3〕　コミッショニングの内容

受け渡し後において，BEMSのデータを用いて初年度の運転状況を検証し，次年度の運用に反映することにより上記の実績を得ることができた．主な内容は以下のとおりである．

① 2013年におけるコージェネレーションや太陽熱の熱利用実績から，中間期・暖房期に熱利用率が低くなることが分かり，熱利用率を改善するために運転台数を削減した．

② Hビルでは昼間外出する執務者が多く，負荷実績よりGHPが常時低負荷で運転していることが分かった．そのため，冷房時はアンビエント空調を行っている空調機の給気温度を緩和し，タスク空調への負担を大きくし，GHPの負荷率向上を図った．

③ 空調機の給気温度を緩和したことにより，ガス吸収冷温水機の送水温度を緩和しても空調機の必要能力が確保できることが分かったため，送水温度を7度から9度に変更し，ガス吸収冷温水機の効率向上を図った．

④ Hビルではセントラル空調と個別空調を併用しているため，負荷実績より季節によって空調設備全体の運用方針を定めることで，消費エネルギーが最少となるような運用を目指した．具体的には，中間期は，外気冷房を活用して不足能力分はGHPのみの運転とし，暖房時は，セントラル空調のみの運転を基本として，能力が不足する場合のみGHPを運転させる運用とした．

4.5　都市ガス空調システムのマネジメント

都市ガス空調システムを含めたシステム全般において適切なマネジメント（運用管理）は，シ

4.5 都市ガス空調システムのマネジメント

ステムを長期にわたり安定して運用するための必須事項といえる．また，機器および周辺設備のみならず建物システム全体をトータルにマネジメントすることが，より重要となってきている．

本節では，マネジメントの実際と今後の方向性について概説する．

4.5.1 長期保全計画

都市ガス空調システムを効率よく，かつ安定的に運転していくためには，適切な時期に適切な内容のメンテナンスを行うことが重要である．

オーバホールおよび各メンテナンス作業の内容ならびに時期・回数を運用前に計画することで，予防保全が徹底され，部品交換や整備を最少回数に抑えることができる．さらには，ライフサイクルにわたるメンテナンスコストを正確に見積もることで，計画的な設備運用が可能となる．

吸収冷凍機の場合，メンテナンスのポイントとして以下の3点が挙げられる．

①機内を常に真空に保つ必要がある
②溶液に腐食性があるため，防食のための溶液成分管理が必要である
③吸収式は一般的に水冷式であり，冷却塔とセットで運転されるが，冷却水の水質を良好な状態に管理するとともに，冷却水系伝熱管表面を清浄に保つ必要がある

そのほか，一般の機械と同様に，ポンプやファンなどの回転式部品や電装部品を定期的に交換することも必要となる．

これらのポイントを効率よく確実に押さえるため，メーカー各社はライフサイクル全体にわたる長期保全計画メニューを用意している．**表4・28**に，ガス吸収冷温水機の長期保全計画例を二つ示す．

長期保全計画は部品の耐用年数（**表4・31**参照）をもとに各メーカーが定めている．特に溶液ポンプ・冷媒ポンプの点検整備は真空部の開放を伴う大がかりなものとなるため，各メーカーともポンプの長寿命化を図り，オーバホール回数の低減を目指している．

一方，最近のガスヒートポンプ（GHP）では「清掃・調整の実施」または「部品交換・消耗品の補充」を10 000時間あるいは5年周期で行う．また，必要に応じて点検を1年ごとに実施する場合もある．なお，原動機出力22 kW以下のGHPは法定耐用年数が13年であり，長期保全計画も13年間にわたり策定する．

4.5.2 メンテナンス

定期的なメンテナンス（維持管理）については，前項で決定した長期保全計画を十分に踏まえ，機器の状況を加味したうえで行うことが重要である．

表4・29に，ガス吸収冷温水機の保守点検の種類を示す．

冷却水水質管理は，使用者が実施するのが一般的であるが，実際には管理が十分に行われずに水質が悪化，スケールの付着などにより吸収冷凍機本体に悪影響を与えるといったケースが少なからず見受けられる．また，後述する吸収冷凍機の長期保証についても，冷却水の水質管理をメーカーに委託していない場合，冷却水系統側からの伝熱管などの腐食は保証範囲外となる．これらの問題を回避するために，近年はガ

───一口メモ───

部品の供給保証 製品の部品供給については，製品製造終了後7年間の保証が義務づけられている．ただし，吸収式冷凍機ではメーカーがその後も一定期間，部品（代替品も含む）を供給する努力を行っている．

今後の都市ガス空調システムのサービスは，メンテナンス料金の低減化，ライフサイクルにわたる長期保証，ならびにIT技術を活用し，BEMSなどと連携したより高度なエネルギーデータサービスの提供といった方向に進むものと思われる．

メンテナンス料金の低減は，都市ガス空調システムのランニングメリットを向上するうえで重要なポイントである．メンテナンスの質および効果を落とすことなくメンテナンス項目の最適化や新規技術の採用により，オーバホール回数や年間保守点検回数を低減していくことが重要である．同時に長期保証についても今後ますますニーズが増えていくものと考えられる．

また，熱源機器単体の監視のみならず，システム全体の監視，エネルギー管理，システム診断を行い，ライフサイクルコスト（LCC）の削減や遠隔予防保全，最適運転アドバイスなどの総合エネルギーデータサービスについても，ガス事業者などから提供され始めている．

第4章 空調システムのライフサイクルエンジニアリングと都市ガス

表4·28 ガス吸収冷温水機の長期保全計画例

	保全項目／年数	1	2	3	4	5	6	7	8	9	10	11	12	13	14	15
メーカー例①	溶液ポンプ・冷媒ポンプ点検整備									○						
	伝熱管検査			○						○				○		
	真空開放を伴う部品交換（パッキン，フロート弁，電極棒など）			○			○			○		○				
	溶液分析	○	○	○	○	○	○	○	○	○	○	○	○	○	○	○
	その他点検（燃焼安全装置，計装部品など）						○	○		○		○		○	○	
	備　考									オーバホール						
メーカー例②	溶液ポンプ・冷媒ポンプ点検整備						○						○			
	伝熱管検査										○					
	真空開放を伴う部品交換（パッキン，フロート弁，電極棒など）						○						○			
	溶液分析	○	○	○	○	○	○	○	○	○	○	○	○	○	○	○
	その他点検（燃焼安全装置，計装部品など）						○		○		○					
	備　考						オーバホール						オーバホール			

表4·29 ガス吸収冷温水機の保守点検の種類

実　施　者	種類・目的	内　　容
使　用　者	日常管理	冷却水水質管理（薬注，ブロー） その他（メーカー取扱説明書を参照）
メーカーサービス	定期保守点検 （運転状態の把握，気密の確認，溶液成分確認および調査など，吸収式に異常のないことを確認するもの．年に4～6回実施する）	気密管理 溶液成分管理（インヒビタ濃度調整） 冷暖切替え 冷却水系伝熱管の洗浄（ブラシ洗浄） 機能確認・部品交換 その他
	遠隔監視 （データ回線により遠隔で運転状態の把握をおこなうもの．保守点検契約とセットが一般的）	運転状態の監視 異常の察知 緊急対応
	総合点検整備（オーバホール） （耐用年数が3～5年程度の部品を予防保全的に交換する）	部品の整備・交換 溶液管理（溶液ろ過） 伝熱管の腐食確認試験 冷却水伝熱管の洗浄（薬品洗浄）

4.5 都市ガス空調システムのマネジメント

表4・30 定期保守点検の内容例（年6回点検の場合）

回　数	1回目	2回目	3回目	4回目	5回目	6回目
名　称	冷房イン点検	冷房オン点検	冷房オフ点検	暖房イン点検	暖房オン点検	暖房オフ点検
点検時期	4～5月 冷房運転開始時	7～8月 冷房運転期間中	10月 冷房運転終了	11月 暖房運転開始時	12～2月 暖房運転期間中	3～4月 暖房運転終了時
内　容	・外観点検 ・気密確認 ・暖→冷切替え ・電気系統チェック ・燃料系などチェック ・安全保護装置動作確認 ・制御系動作確認 ・溶液調整 ・運転データ取得	・外観点検 ・気密確認 ・燃焼関係点検 ・制御系動作確認 ・安全保護装置設定値確認 ・運転データ取得	・外観点検 ・高温再生器の点検 ・気密確認 ・電気系統チェック ・冷却水系開放点検	・外観点検 ・気密確認 ・冷→暖切替え ・電気系統チェック ・燃料系などチェック ・安全保護装置動作確認 ・制御系動作確認 ・溶液調整 ・運転データ取得	・外観点検 ・気密確認 ・燃焼関係点検 ・制御系動作確認 ・安全保護装置設定値確認 ・運転データ取得	・外観点検 ・高温再生器の点検 ・気密確認 ・電気系統チェック

ス吸収冷温水機本体の保守作業に加えて，冷却水管理をメーカーに委託するケースが増えてきている．

ガス吸収冷温水機メーカーが実施する定期保守点検の内容の一例を表4・30に示す．ここでは点検回数が年に6回の例を示したが，メーカーごとに独自に回数を設定している点に留意されたい．ガス吸収冷温水機の信頼性は，設計，製造および稼働後のメンテナンスを統合化することにより確保されるものである．年間の定期点検回数の多少のみにより，そのメーカーの信頼性を決定するものではないことに注意が必要である．

点検内容の特徴としては，ガス吸収冷温水機では気密保持が重要であるため，気密の確認を毎回実施する点が挙げられる．一方，溶液成分と冷却水系統の汚れは急激に悪化するものではないため，点検・調整は年に1，2回程度の実施となることが多い．

GHPは前項でも述べたとおり，必要に応じて1年ごとに点検を行うこともあり，その場合は通常，冷房または暖房シーズン前に実施する．

尚，2015年4月に施行されたフロン排出抑制法の定めに従い，3年に1回以上の頻度で，「定期点検」（有資格者による，異常音の有無検査，外観の目視検査，直接法，間接法もしくはこれらを組み合わせた方法による漏えい検査）を，3か月に1回以上の頻度で「簡易点検」（日常点検としての異常音の有無確認，外観損傷等の有無確認）を実施する必要がある．

4.5.3 運用およびメンテナンスに関する各種サービス契約

都市ガス空調システム関連サービスの最近の流れとしては，長期保証制度の確立，遠隔監視を活用したメンテナンスや使用者向けサービスの充実，などが挙げられる．

ガス吸収冷温水機では，東京ガス，大阪ガス，東邦ガスのガス3社が環境負荷低減効果に優れた吸収冷温水機の普及拡大を目指して，吸収式グリーン制度を2001年度より運用している．本制度では，ガス3社が設けたさまざまな要件を満足した吸収冷温水機をグリーン機種として選定しており，サービス関連の要件として

は，遠隔監視の標準装備や5年保証メニューの標準化がある．

したがって，グリーン機種を導入した使用者はメーカーサービスと保守契約を結ぶことにより，遠隔監視サービスと5年間の長期保証を受けることができ，安定した運用が可能となる．遠隔監視も近年のITの発展に伴い開発が進んでおり，各メーカーとも特色のあるサービスを提供している．遠隔監視のメリットは，

① トラブル発生時に迅速な対応ができる
② 使用者の使用状況に合わせた適切なメンテナンスが可能となる
③ 故障予知ができる

といった点が挙げられ，順調に普及が進んでいる．

一方，GHPに関しては，主要ガス会社がメンテナンス契約メニューを用意している．

「定期点検＋故障修理」を一体でメンテナンス契約している会社もあり，また，使用者が自らの負担により遠隔監視アダプタを設置し，必要な配線を施工すれば，「遠隔監視サービス」も利用することができる．GHPの遠隔監視は各ガス事業者が注力している分野であり，東京ガス，大阪ガス，東邦ガスは各社のシステムを構築してサービス展開を行っている．

遠隔監視サービスではGHP本体の遠隔監視はもちろんのこと，運転データの傾向から故障の予兆を感知する，使用者がホームページ上で自身のGHPの運転状況の閲覧を行う，といった種々の機能が用意されている．更には，遠隔監視サービスの採用を前提として，遠隔制御による自動省エネ運転サービスも用意されている．

4.6 都市ガス空調システムの改修・廃棄

近年，都市ガス空調システムの導入が進むと同時に，熱源機器や配管などの設備が寿命をむかえ，都市ガス空調システムの改修，更新工事が必要となる建物も多くなっている．ここでは設備診断を始めとする改修計画フロー，耐久性の向上，ヘビーロード対応などについて記述する．また，省エネルギーを目的とした改修事例を紹介する．さらに，循環型社会を指向するなかで，都市ガス空調システム機器の廃棄方法や再生利用（リサイクル）について，その留意点を述べる．

4.6.1 改 修 計 画
〔1〕 改修計画の必要性

建物に対する時代のニーズは高度成長期のスクラップ・アンド・ビルドの時代から，建築物の品質・設備性能を満足し，経済性にも優れた社会資産として，いかに長持ちする建物をつくっていくかがテーマになりつつある．フローからストックの時代を向かえ，これからは，新しい機能と性能を保つロングライフ化に加え，建物の若さを取り戻す「再活性化」を行うことが欠かせなくなっている．リニューアルの動機となる設備システムの劣化は，機能や性能の劣化が要因となって生じる物理的劣化と要求機能の変化が要因となって生じる社会の劣化に分けられる．図4・35に劣化の概念図を示す．

〔a〕物 理 的 要 因
　　空調設備は，竣工時より磨耗や腐食などが経年的に進行し，物理的な機能が低下する．この機能低下を物理的劣化と呼び，経年的に最低レベルを下回った時期に，維持保全のための改修が必要となる．
・設備機器の効率低下
・補修部品の入手困難
・機器故障の多発
・配管などの腐食・水漏れ

〔b〕社 会 的 要 因
　　情報化対応や，快適空間の創造による職場環境の向上という意識の変化や要求によって，設備の諸機能を向上させる必要がある．また，新技術，新システムによる建物が新築されると，相対的に既設建物は社会的劣化を生じる．一方，二酸化炭素排出量の抑制など，地球環境負荷低減の社会的意識高揚も要因の一つである．

4.6 都市ガス空調システムの改修・廃棄

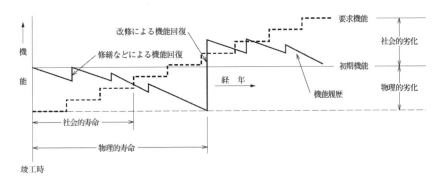

図4・35 劣化の概念図[21]

・室内の温度・湿度・気流に対する不満
・小区画の残業運転への対応
・テナントのインテリジェント化対応
・消防法・建築基準法改正などへの対応

〔c〕経済的要因

省エネ化・省力化による運転費節減やテナントの誘致およびテナント賃貸料更新のため,賃料とのバランスを考慮した設備の更新が必要となる.また,近年では建物用途を変更し,機能を付加して,建物の価値を高める要求も増えている.

〔2〕 改修計画フロー

改修計画を策定するにあたり,改修計画の手順を図4・36に示す.

〔a〕ヒアリング・現地調査

顧客から現状の不具合や将来構想,ファイナンスも含めた要望事項をヒアリングし,十分な打合せを行う.また,現状把握を目的とした現地調査を十分に行う.

〔b〕設備診断

ヒアリングや現地調査による不具合や設備劣化状況の目視確認,運転記録による状況確認などの一次診断を行う.二次診断が必要な場合は,メーカーや専門業者による科学的な診断を行い,耐用年数の予想や改修計画の要否を決める.設備診断の手順を図4・37に示す.

〔c〕エネルギー診断

運転日報,月報などからエネルギーの消

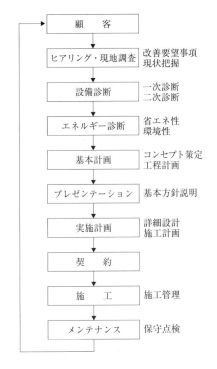

図4・36 改修計画の手順

――― 一口メモ ―――

設備診断 建物は保全業務がいかに的確に実行されようとも,自然環境の影響,使用による物理的摩耗,居住者の要求レベルの時代的変化,建物の使用状態の変化による負荷の変動などの要因により,機能低下や装置の劣化や能力不足が発生する.その解決のために改修の要求が出され,その対策立案のための資料収集を目的として診断が必要となる.

設備診断は,機器・部材の物理的劣化を診断する劣化診断,設備全般の耐震性を診断する耐震診断,温湿度などの室内環境性・メンテナンス性を診断する環境機能診断,省エネ対策の要否・適否を診断する省エネ機能診断などに分類される.

第4章 空調システムのライフサイクルエンジニアリングと都市ガス

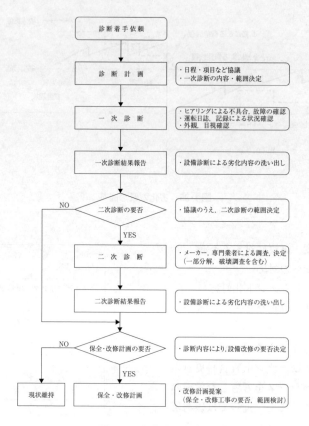

図4・37 設備診断の手順

費実態を分析し調査するエネルギー診断を行う．省エネ法のエネルギー管理指定工場となる建物用途，および規模範囲が拡大したこともあり，現状のエネルギー管理を把握するうえで必要である．

〔d〕基本計画

基本計画では，以下の項目を検討する．
・改修計画のコンセプト策定
・改修範囲，居ながら改修の要否
・改修内容の具体化（機能レベルの向上，省エネ提案など）
・空調システムの選定，工事工程
・建設費，運転費，省エネ性，環境性
・ライフサイクル評価（LCC, $LCCO_2$）
・将来予測など

〔e〕実施設計

基本計画のコンセプトに従い，詳細設計を行う．また，施工計画を作成する．

〔f〕施　工

改修工事では，建物の入居者が在室中に工事を行う「居ながら改修」を必要とする場合がある．この場合は，配管や配線の誤切断や誤停止がないように綿密な現地調査を実施したうえで，騒音，振動，安全対策などにも十分な施工管理を必要とする．

〔g〕メンテナンス

適切な保全計画を実施し，設備システムを効率よく，安全かつ安定的に運転する．これは設備システムの長寿命化やLCCの削減にも寄与する．

〔3〕他方式から都市ガス熱源方式への改修

電動遠心冷凍機＋ボイラなど，他の熱源方式から都市ガス熱源方式への改修は，契約電力の低減，冷暖房負荷増加に伴う必要電力の抑制，

ガス吸収冷温水機の使用による設置スペースの低減，ノンフロン冷媒の使用など数多くのメリットがあるが，その改修計画には十分な調査検討を必要とする．特に煙突，煙道などのガス燃焼設備および冷却塔，冷却水配管設備などが対応できるかが重要となる．

以下にその留意事項を列記する．

〔a〕事前調査
・既設熱源設備の仕様と運転状況
・既設電気設備
・熱源設備の設置場所と搬出入方法
・煙突，煙道と給排気設備
・ガス配管設備

〔b〕都市ガス熱源設備
・ガス吸収冷温水機（吸収冷凍機）の選定と外形寸法
・冷水および冷却水の温度条件と流量
・設置場所と搬出入計画

〔c〕冷却水系統
・冷却塔容量と設置スペースの確保
・冷却水ポンプ容量と冷却水配管口径

〔d〕二次側空調設備
・空調機の設計条件
・冷温水ポンプ容量と冷温水配管口径

〔e〕関連法規
・都市ガス空調システムに関連する消防法，大気汚染防止法，騒音規制法など

4.6.2 都市ガス空調システムの耐久性

都市ガス空調システムの構成機器のうち，大きな比重を占めるガス吸収冷温水機本体の耐久性について，周辺設備の運転管理などを含めて以下に記す．ガス吸収冷温水機は冷媒および吸収液の熱交換作用により機能を発揮する機械であり，圧縮冷凍機に比べ回転部分が少ない．このため振動，騒音，消耗部品は比較的少ないが，真空状態で使用することと，吸収液が腐食性のある臭化リチウム水溶液であることから，真空の保持が重要であり，状況によっては吸収液（腐食抑制剤を含む）の管理が必要となる．また，周辺設備では冷却水の水質管理が耐久性を左右

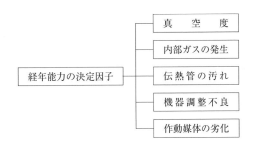

図4・38 経年能力の決定要因[22]

することが多く，特に重要とされている．

〔1〕 ガス吸収冷温水機の耐久性

ガス吸収冷温水機は，税法上の法定耐用年数13年に対し15年を目標に設計，製作されているが，実際には用途，使用場所，日運転時間，年間運転時間，負荷率，発停の頻度，保守点検状況など各種の条件と運転管理の適否によって，耐用年数は大きく異なる．耐用年数を左右する経年能力の決定因子を図4・38に示す．

一般的に運転時間が長く負荷率が高い，すなわち全負荷相当運転時間が長いほど耐用年数は短くなる．例えば，事務所建物用を年間600時間，工場プロセス用を6000時間とすると，工場プロセス用は事務所建物用の10年分に相当するため，耐久性と耐用年数を高めるには，後述するようなヘビーロード対応機種の選定が必要となる．

また，ガス吸収冷温水機本体と同様に，部品の耐用年数も各種条件によって異なる．冷暖房運転を1日10時間程度とした場合，吸収式冷凍機の各種部品耐用年数の目安を表4・31に示す．

〔2〕 耐久性の向上[23]

ガス吸収冷温水機の機能を持続させ，耐久性を高めるために重要な事項を以下に示す．

〔a〕真空度と内部ガス発生

ガス吸収冷温水機は機内全体が真空状態になっており，特に蒸発器と吸収器は高真空度（約1/100気圧）に保持されている．万一，空気が機内に漏れ込むと，冷凍能力とCOPが低下する．また，腐食抑制剤が酸化皮膜を形成する際に発生する水素ガス

表4・31 吸収式冷凍機の部品の耐用年数[23]

部品分類	部 品 名	耐用年数	備　　考
吸 収 液	臭化リチウム液	半永久的	
吸収液ポンプ 冷媒ポンプ		3～5年	定期管理が必要
真空ポンプ 油回転式		—	必要に応じて
真空ポンプ オイルレス		3～5年	定期管理が必要
燃 焼 装 置	バーナ 送風機 ガス配管	必要に応じて	ガス配管を含め，燃焼装置の部品は1年に2回程度の点検が必要
	火炎検出器	3年	
	スパークロッド	3年	
	操作用モータ	5年	
	天下トランス	5年	
安 全 装 置 制 御 部 品	温度センサ	3～5年	定期点検 1年に2回程度
	圧力センサ	3～5年	
	フロースイッチ	3～5年	
	差圧スイッチ	3～5年	
	液面検知類	3～5年	
	リレー	3～5年	
	開閉機器類	3～5年	
	表示灯	3～5年	
	電子式温度調節器	3～5年	
	燃焼制御器	3～5年	
	マイコン盤，インバータ盤	3～5年	
	蒸気しゃ断弁	5～7年	
	蒸気制御弁	5～7年	
そ の 他	バーナタイル	3～5年	冷却水系の点検は1年旬に行うので冷却水系パッキンは都度交換 定期点検1年に2回程度
	視窓ガラス	3～5年	
	ダイヤフラム弁ゴム	3～5年	
	パッキン類	3～5年	

や，その他の不凝縮ガスが吸収器に滞留すると，冷凍能力に影響を与える．近年は空気の漏れ込みを起こさない構造となっているとともに，機内抽気機構，不凝縮ガス貯室，自動抽気装置などを装備し，内部発生ガスや空気が吸収器に滞留しないよう設計されている．

なお，蒸発器と吸収器の容積の2％に相当する不凝縮ガスにより，冷凍能力が約10％低下するという報告[20]もある．

〔b〕吸収液と冷媒の管理

吸収液である臭化リチウム水溶液は鋼や銅を腐食させるため，その防止のため腐食抑制剤が添加されている．腐食抑制剤は鋼の表面に防食皮膜を形成する過程で徐々に消耗するため，吸収液の腐食抑制剤濃度を定期的に測定し，アルカリ度調整とともに，不足した腐食抑制剤を補充する必要がある．

4.6 都市ガス空調システムの改修・廃棄

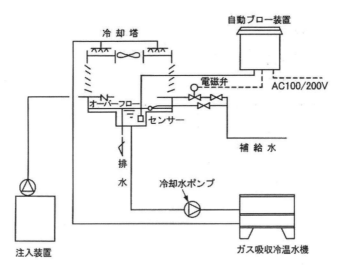

図4・39 冷却水の水質管理方法

一方，冷媒も抽気により，ごく少量であるが機外へ排出され徐々に減少する．また，低温再生器と凝縮器の間，吸収器と蒸発器の間，および高温再生器には吸収液と冷媒（水蒸気）を分離するエリミネータ（仕切板）がある．しかし，急な圧力変動などにより，吸収液の飛まつが蒸発器に混入し，冷媒の比重が大きくなる場合がある．これは冷媒の沸点を上昇させることになり，冷凍能力低下の一因となる．このため，冷媒量の点検とともに定期的な比重測定が必要である．

〔c〕水質管理

ガス吸収冷温水機の耐久性にとって，冷却水の水質管理は非常に重要である．一般的に蒸発器の伝熱管内部の冷水は，密閉系であることから問題が少ない．一方，吸収器や凝縮器の伝熱管内部の冷却水は，開放型冷却塔を使用することが多く，スケールなどが付着し伝熱性能を低下させる．そのため，冷却水の水質管理方法として，図4・39に示すような濃縮された冷却水のブロー管理や，スケール防止剤，防せい剤，殺藻剤などの薬液注入を行うことにより，冷却水を水質基準値（表4・32）以内に維持してスケール付着や腐食を防止することが性能低下や故障の防止につながる．加えて，定期的な伝熱管の洗浄を十分に行い性能低下を極力抑制することが，耐久性の向上につながる．

〔d〕燃焼管理

ガス吸収冷温水機では，ガス量の変化に燃焼空気量が連動し，常に一定の空気比で燃焼するよう制御されている．各制御の調整が悪化すると，空気量の過不足，不完全燃焼，燃焼効率の低下などが生じ，それ以外に給気口の閉塞，機械室の給排気量バランスなど，周辺設備の保守管理の適否も耐久性に影響を与える．

なお，一般的な事務所建物で15年分の冷房運転に相当する加速耐久試験によると，密閉型冷却塔を使用し，適切な真空度の維持と吸収液管理を実施した場合，冷凍能力，COP，各熱交換器の性能はほとんど変化しなかったという報告[22]がある．このことからも，上述した各種管理の適否が耐久性を左右するといえる．

〔3〕ヘビーロード対応

ガス吸収冷温水機の耐久性は年間運転時間によって異なるが，特に年間冷房運転時間が長い場合はヘビーロード対応機種が用意されている．

第4章　空調システムのライフサイクルエンジニアリングと都市ガス

表4・32　冷却水の水質基準値

管理項目		冷却水基準値	補給水基準値	傾向 腐食	傾向 スケール
基準項目	pH [25℃]	6.5〜8.2	6.0〜8.0	●	●
	導電率 [25℃]　　　　　　　(ms/m)	80以下	30以下	●	●
	塩素イオン　Cl⁻　　　　　　(mgCl⁻/L)	200以下	50以下	●	
	硫酸イオン　SO₄²⁻　　　　　(mgSO₄²⁻/L)	200以下	50以下	●	
	酸消費量 [pH4.8]　　　　　(mgCaCO₂/L)	100以下	50以下		●
	全硬度　　　　　　　　　　(mgaCO₃/L)	200以下	70以下		●
	カルシウム硬度　　　　　　(mgCaCO₃/L)	150以下	50以下		●
	イオン状シリカ　SiO₂　　　(mgSiO₂/L)	50以下	30以下		●
参考項目	鉄　Fe　　　　　　　　　　(mgFe/L)	1.0以下	0.3以下	●	
	銅　Cu　　　　　　　　　　(mgCu/L)	0.3以下	0.1以下	●	
	硫化物イオン　S²⁻　　　　　(mgS²⁻/L)	検出しないこと	検出しないこと	●	
	アンモニウムイオン　NH₄⁺　(mgNH₄⁺/L)	1.0以下	0.1以下	●	
	残留塩素　　　　　　　　　(mgCl/L)	0.3以下	0.3以下	●	
	遊離炭酸　　　　　　　　　(mgCO₂/L)	4.0以下	4.0以下	●	
	安定度指数　　　　　　　　(R.S.I)	6.0〜7.0	−	●	●

※日本冷凍空調工業会標準規格　冷凍空調機器用冷却水水質基準（JRA GL-02-1994）

表4・33　冷房運転時間と用途による分類 [24]

分類	一般空調用	ヘビーロード用
年間冷房運転時間	4 000時間未満 注1)	4 000時間以上
参考用途	一般事務所，百貨店，スーパー，ホテル，病院	コンピュータ室，工場空調，プロセス空調，クリーンルーム生物飼育用，蓄熱運転など
注1)	以下の運転形態は機種選定が異なるため，メーカーに確認する．1. 24時間連続運転の場合　2. 冬期の冷房運転がある場合　3. 高負荷連続運転の場合	

表4・33に一般空調用とヘビーロード用の分類を示す．これは一般空調用（標準仕様）に比べて耐久性，保守管理を向上させたものである．

4.6.3　都市ガス空調システムの改修事例 [25], [26]

ここでは，中小規模の既築ビルにおけるZEB化の実現を目指したAビルを対象とした改修事例を示す．業務部門のエネルギー消費量は増加傾向にあり，省エネ・省CO_2が強く求められている中で，膨大なストックが存在する中小規模の既築ビルにおける対策が急務である．本物件では，再生可能エネルギーとコージェネレーション，蓄電池等を組み合わせて省エネ・省CO_2対策を実施した．

4.6 都市ガス空調システムの改修・廃棄

表4・34 建築概要

所在地	神奈川県横浜市
竣　工	1996年3月(2009年に改修工事を実施)
延床面積	5 645 m²
構　造	鉄骨鉄筋コンクリート造
階　数	地上4階, 塔屋1階
建物用途	事務所, ショールーム, コールセンター

表4・35 採用した省エネ改修技術

自然エネルギー利用	・ソーラークーリングシステム 　(太陽熱集熱器＋ソーラークーリング対応ガス吸収冷温水機) ・太陽光発電パネル
エネルギーの有効活用	・蓄電池 ・LED照明器具 ・天井照射併用型照明 ・照度センサ, 人感センサ制御 ・プリズムガラス ・変流量(VWV), 変風量(VAV)制御 ・コージェネレーション ・GHPチラー排熱利用 ・デシカント空調機 ・CO₂制御 ・BEMS

〔1〕 建物概要

Aビルは横浜市にあり, 事務所とショールームを兼ねている. 1996年に竣工し, コージェネレーションの導入や自然採光, 自然通風等により省エネ・省CO_2が進んでいる中小規模の既築ビルである. 中小既築ビルでのZEB化に向けたさらなる省エネ・省CO_2を実現するため, 2009年に改修工事を行った. 表4・34に建物概要を示す.

〔2〕 省エネ改修技術

導入する技術は, ZEB化を目指し, 以下のシステムを構築した.

・太陽熱と, コージェネレーションおよびGHPチラーの排熱を利用した空調システム
・自然採光を活用した照明制御システム
・太陽光発電とコージェネレーション, 蓄電池を組み合わせた電力統合制御システム

採用した省エネ改修技術を表4・35, 熱源機器構成を表4・36, システムの概要(改修後)を図4・40に示す.

表4・36 Aビル熱源機器構成

熱源機器名称	機器容量
ソーラークーリング対応ガス吸収冷温水機 ×1台	352 kW
GHPチラー ×4台	282 kW
暖房用排熱回収熱交換器 ×1台	51 kW
コージェネレーション ×1台	35 kW

〔3〕 改修後の継続的運転最適化事例

竣工後, エネルギー消費の高効率化を目的とした設備の運転最適化に取り組んでいる. 自動制御機器は, 施工段階において設計仕様に基づいた試運転調整を行い引き渡されるが, この時点で最適な制御効果が得られているとは限らな

第4章 空調システムのライフサイクルエンジニアリングと都市ガス

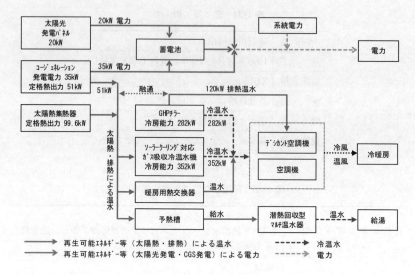

図4・40 システム概要（改修後）

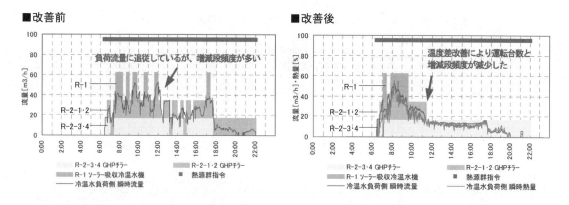

図4・41 熱源台数制御グラフ（冬期）

い．建物運用開始後，早期の段階において制御状態の把握と実運用に則したチューニングを行うことが望ましい．

〔a〕熱源設備の台数制御のチューニング事例

本建物はワンポンプシステムであるため，熱源機は負荷流量に応じて増減段を行う．図4・41に示す通り，改善前は負荷の変動に追従して適正に台数制御が行われているが増減段頻度が多いことが分かる．制御データの検証により負荷熱量では熱源機1台分の能力で賄うことができ，冷温水往還温度に適正な温度差がついていないこと

が分かった．そのため，各空調設備の制御弁の最大開度を設定して適正な温度差を確保することにより熱源機の余計な増段を抑制することができた（改善後）．

同様に中間期における熱源設備の台数制御状態を，図4・42に示す．ほぼ無負荷状態であるが，負荷状態を計測するため最低でも1台はベース機として熱源設備を運転し，熱源水を循環させなければならない．無負荷状態での熱源設備の運転時間は年間で760時間にものぼり，ポンプ搬送動力を無駄に消費している．そのため，各空調機の

4.6 都市ガス空調システムの改修・廃棄

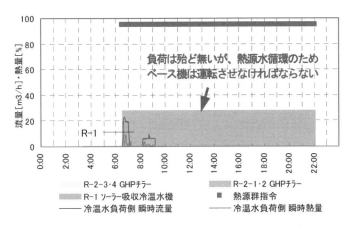

図4・42 熱源台数制御グラフ(中間期)

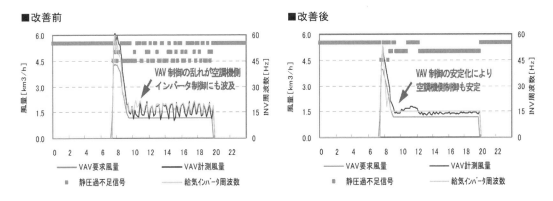

図4・43 空調機風量制御グラフ

冷温水弁開度を直接参照し，要求のないときにはベース機を停止する制御を追加することにより，搬送動力の削減を図った．

〔b〕VAV(可変風量装置)の風量制御のチューニング事例

図4・43に空調機の風量制御状態を示す．空調機のファンインバータ制御は，その系統に属するVAVの風量制御の結果を集計し演算されるが，内1台のVAV風量計測値が安定せずダンパ制御に乱れが生じたため，その影響が空調機側の制御にまで波及した．そこで，VAVの制御パラメータを見直し，風量制御の安定化を図った．

〔4〕 改修後の省エネ効果

省エネ改修の効果を把握するため，改修前と2012年度の建物全体での一次エネルギー消費量実績を比較したところ，図4・44に示すように，25％省エネ性を確認した．改修後の用途別エネルギー消費内訳でみると，改修後はソーラークーリングシステムとコージェネレーションにより熱源での消費量が，自然採光を活用した照明制御システムにより照明・コンセントでの消費量が大幅に減少した．

4.6.4 都市ガス空調システムの廃棄[7]

都市ガス空調システムは，各種熱源機器，搬送機器，配管，ダクト，電気・計装機器などで

第4章　空調システムのライフサイクルエンジニアリングと都市ガス

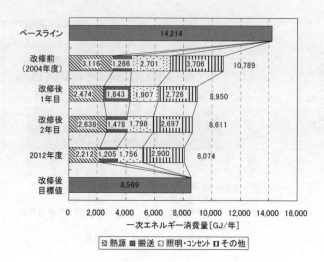

図4・44　建物全体の一次エネルギー消費実績

構成されるが，ここでは吸収冷凍機やガス吸収冷温水機（総称して吸収冷凍機），GHPなど都市ガス空調システムの熱源機器の廃棄について述べる．

〔1〕　熱源機器の廃棄と再生

吸収冷凍機の材料は主として鋼材と銅材であり，その内部には吸収液が入っている．吸収液は強アルカリ性の性質を持っているため，そのまま廃棄することは法律で禁じられており，廃棄する場合には，産業廃棄物としての手続きを必要とする．

一方，地球環境保護への社会的意識が近年高まり，機器更新時の既設熱源機器はすべてを廃棄処分とせず，可能なものは再生利用し，資源の有効活用を図ることが必要とされている．吸収冷凍機メーカーでは，環境への影響を考慮し，吸収液を産業廃棄物として廃棄しないよう，回収と再利用に取り組んでいる．吸収冷凍機の使用材料の再生フローを図4・45に示す．現在では構成材料の再生利用率は約95％となっており，ほとんどが再生利用可能になっている．

なお，所有者が冷凍機本体や吸収液を産業廃棄物として，廃棄物処理認定業者に引き取ってもらう場合には，マニフェスト（産業廃棄物管理票）の管理が必要となる．

〔2〕　熱源機器本体の再生処理

吸収冷凍機のうち，大型機の場合は基本的に現地で解体して，専門業者によるスクラップ処理を行っている．また，GHPや吸収冷凍機の中小型機では現地での解体は行わず，室外搬出後にメーカーが直接搬送して処分することが多い．

解体により発生する鋼材や銅材は鉄スクラップ，非鉄スクラップなどとして再生する．

〔3〕　吸収液の再生処理

本体内部に保有している吸収液は，労働安全衛生法，廃棄物処理法で規制している高アルカリ液に該当する．また，古い型式においてはクロムなどの重金属を含んでいる可能性があるため，そのまま外部へ廃棄することはできない．

吸収液のリサイクルは，まず，吸収冷凍機メーカーが吸収液を顧客から回収し，作業の安全性を確保するとともに，吸収液メーカーに再生処理を依頼する．吸収液メーカーでは，回収した吸収液の不純物の分離作業を経て再生処理を行い，吸収冷凍機メーカーの指定する吸収液の品質基準まで品質を高める．吸収冷凍機メーカーは，この再生吸収液を購入することで吸収液の再生利用（リサイクル）を行い，資源の有効利用と地球環境保護を図っている．

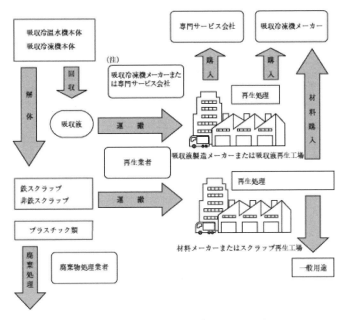

図4・45 吸収冷凍機の再生利用フロー[27]

〔4〕 その他材料の廃棄

吸収冷凍機の構成材料には,リサイクルできない材料が約5%程度発生する.電気材料の残材,保温・保冷材などが該当するが,それらは廃棄物処理認定業者に処分を依頼する.

〔5〕 吸収液の取扱い,保管上の注意

吸収冷凍機本体を撤去する場合は,強アルカリ性の吸収液を抜く作業を伴う.その取扱いと保管上の注意点を以下に示す.

・引火性の物質を含むため,火気に注意する.
・吸飲や眼,皮膚および衣服に触れないよう,適切な防護具を着用し作業する.
・作業中は局部排気装置などにより換気する.
・吸収液容器の保管は高温の場所を避ける.
・吸収液は,強アルカリ性につき一般排水溝には排水しない.

4.7 様々なエネルギーシステムのサービス形態

これまで本章では空調システムにおけるライフサイクルエンジニアリングの重要性について述べてきたが,ライフサイクルの各段階での最適なエンジニアリングを実施するのは総括的な知識と経験が必要となる.そこで,空調システムを含むエネルギーシステムにおいて,設計から運用まで需要家に替わり最適なエンジニアリングを提供するビジネスとして表4・37に示すような様々な形態のエネルギーサービスが提供されている.本節ではこれらのエネルギーサービスについて概説する.

4.7.1 エネルギーサービス・エネルギーマネジメントのビジネスモデル

〔1〕 ESCO事業

エネルギーサービス事業のうち,需要家の「省エネルギー,省コスト」に対して事業者が一定の保証を提供する形態がESCO(Energy Service Company)事業といわれる手法である.

ESCO事業は,大きく次の二つに分類される.一つは,需要家の建物,設備を診断し,省エネルギー設備の導入による省コスト,省エネルギー効果の一定量を保証する「ギャランティードセービングス」といわれる方法である.この

表4・37 エネルギーサービス事業の形態

サービス種別	ESCO（ギャランティード）	オンサイトビジネス〔受託サービス（広義）〕		エネルギーサービスプロバイダー（ESP）
		ESCO（シェアード）	受託サービス（狭義）	
サービス内容	工事受注＋保守＋性能保証	設備設置・貸与＋保守＋性能保証	設備設置・貸与＋保守	CGS 電力・熱供給
スキーム例	ガス→需要家←電力　コンサルティング・工事受注・保守 ↑↓ ESCOサービス料金　事業者	ガス→需要家←電力　設備設置・運転支援・保守 ↑↓ サービス料金　事業者		需要家←電力　電力冷熱温熱 ↑↓ 電気・熱料金　ガス→事業者
設備の所有者	需要家	サービス事業者		サービス事業者
燃料購入者	需要家	需要家		サービス事業者

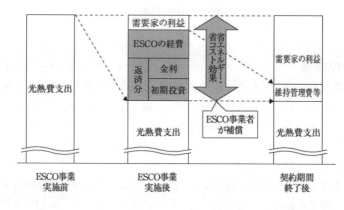

図4・46 シェアードセービングスESCO事業のスキーム概要

手法は，基本的に設備は需要家が所有・使用するものであり，診断，設計，施工，保守管理および，その性能保証が業務内容となる．上記手法に加え，需要家の設備の導入（所有）を代行し，基本的には省コスト効果のなかからイニシャルコスト，その他経費を回収し，需要家には一定の省コスト，省エネルギー効果を保証する方法が「シェアードセービングス」といわれる手法である．図4・46にその事業スキームの概要を示す．

近年は，企業経営ニーズから，設備の持込みを実施する「シェアードセービングス」方式が一般的になっている．

〔2〕 受託サービス

受託サービスは，サービス事業者が設備を所有し，需要家に貸与するとともに，設備保守や運転支援を行うエネルギーサービス事業である．

ESCOのように省コスト効果，省エネルギー効果を保証するものではないが，専門家による管理により，よりよい設備稼働が目指される．

〔3〕 エネルギーサービスプロバイダー

エネルギーサービスプロバイダー（ESP）事業は，事業者が客先に設備を持ち込み，電気や熱のエネルギー供給を行うサービスであり，サービス事業者は事業資金を電気・熱料金で回収す

る．

特にコージェネレーションや自家発電設備の設備所有を代行し，電気と熱を供給する形態で事業が営まれるケースが多い．

〔4〕 各種エネルギーマネジメント事業

上記〔1〕～〔3〕の事業は，主に設備導入，エネルギー供給，エネルギーマネジメントを一体にしたサービス形態であるが，最近は，次項で解説する BEMS の導入に加えて，エネルギー管理情報を提供したり，設備の調整などを行い省エネルギーを図るといった，エネルギーマネジメントサービス自体が事業化されている．

4.7.2 エネルギーマネジメント手法

エネルギーマネジメント手法は，一般的な施設のエネルギー管理に用いられるものではあるが，ESCO 事業にとっても不可欠なものであり，また個々の手法のみをサービスとして提供する事業も現れている．

〔1〕 BEMS（4.2.6 項参照）

BEMS は，建築物のエネルギー管理を行うことにより省エネルギーを目指すものである．空調のみならず，照明，換気，給湯，昇降機など建築物に備えられたエネルギー使用機器のエネルギー使用状況，配管内の温度・流量，室内環境などを計測し，これらを監視・分析することにより，機器の制御，使用者への指示を行う．一般的には，中央監視室などにデータを集約し，管理員が機器制御などの参考とする．

〔2〕 クラウド型 BEMS

一般的な BEMS は，計測データを中央監視室に集約し，専用のソフトなどを用いて，運転管理員への情報提供を行う．しかし，中央監視室や専門のオペレーターが常駐しない中小のビルでは BEMS を設置することは不合理となる．

中小ビルにおいては，機器計測のデータをインターネットなどを介して専門の事業者のサーバーに集約し，そこで分析などを行う．エネルギー使用状況や分析結果をビルの居住者にインターネットなどを介して情報提供したり，遠隔での機器制御を行うこともできる．このような方式をクラウド型 BEMS と呼ぶ．

〔3〕 省エネチューニング

工場やビルなどで，初期投資の必要な新たな設備を導入するのではなく，既存のエネルギーシステムの運用改善を行うことで，省エネルギー・省コストを図るものである．これまでは ESCO 事業での手法の一部でもあったが，最近では，専門の認定事業者が運用改善のアドバイスをすることにより，光熱費を削減してそこから収益を上げる「エコチューニング」と称したビジネスモデルの拡大も目指されている．

4.7.3 新たなビジネス主体の形成

〔1〕 SPC 手法

エネルギーサービス事業を行う主体として，SPC (Special Purpose Company：特定目的会社) を設立し，顧客専用のエネルギー会社とする手法も検討されるようになっている．

SPC 手法は，需要家専用のエネルギー事業会社を新たに設立するものであり，需要家，エネルギー供給会社，設備機器メーカー，施工会社などが参画することが多い．省エネ設備の導入だけではなく燃料の調達代行，オペレーション，さらにはメンテナンスまでも一手に引き受けることで省コスト効果を生み出すものであり，会社設立によって恒常的に拠出されるランニングコストを上回る省コスト効果が生まれるか否かが重要な判断基準となっている．

〔2〕 PFI 手法

「PFI (Private Finance Initiative：プライベート・ファイナンス・イニシアティブ)」とは，国，地方自治体の公共施設などの建設，維持管理，運営などを民間の資金，経営，技術能力を活用して行う手法である．

エネルギーシステムの導入，すなわち電気，熱（給湯，冷暖房）の供給のために，PFI 手法が用いられる場合もあり，多くは国，地方自治体が施設の設備改修を行うために，民間企業に ESCO 事業を実施させる際に PFI の形態をとる．

その施設のための専門会社が設立され，SPC の形態をとる場合もある．

第4章　参考資料

1）公共建築協会：グリーン庁舎基準及び同解説　平成17年版
2）省エネルギーセンター：「オフィスビルの省エネルギー(2009年版)」パンフレット
3）空気調和・衛生工学会：試して学ぶ熱負荷　HASPEE　〜新最大熱負荷計算法〜（2012.10）
4）MICRO-PEAK／2010　Windows版(2010)，日本建築設備士協会
5）ガス設備とその設計(2004.4)，P2，東京ガス
6）ガス設備とその設計(2016.4)，P100，東京ガス
7）供給管・内管指針(工事編)，(1999)，P5〜6，日本ガス協会
8）ガス設備とその設計(2016.4)，P65，東京ガス
9）建物区分要領(1985)，P19，日本ガス協会
10）ガス設備とその設計(2016.4)，P133，東京ガス
11）ガス設備とその設計(2016.4)，P66〜67，東京ガス
12）都市環境エネルギー協会：地域冷暖房技術手引書(改訂第4版)(2013)，P117
13）都市環境エネルギー協会：地域冷暖房技術手引書(改訂第4版)(2013)，P127
14）空気調和・衛生工学会：空気調和・衛生工学会シンポジウム　建築設備システムの性能評価方法の標準化　—コミッショニングに利用される総合計測マニュアルの確立を目指して—，PⅡ-3-39からの引用，追記
15）公共建築協会：公共建築工事仕様書(機械設備工事編)平成25年版，P32，33，35，36，302
16）空気調和・衛生工学会：空気調和・衛生工学便覧，第14版2，P473
17）空気調和・衛生工学会：空気調和・衛生工学便覧，第14版5，P404〜406
18）空気調和・衛生工学会：建築設備の性能検証過程指針(2004)
19）空気調和・衛生工学会：空気調和・衛生工学便覧，第14版5，P40
20）渡辺智之，塩出和人，武田晃成，今成岳人，野部達夫，田辺新一：東京ガス平沼ビルにおける快適性維持と省エネルギー・省CO_2に向けた取り組み(第1報)建物概要と環境配慮技術の導入効果検証(2015)，空気調和・衛生工学会大会学術講演論文，空気調和・衛生工学会
21）空気調和・衛生工学会：空気調和・衛生工学便覧，第14版5，P623
22）野邑奉弘，西村伸也，伊奥田浩志，川上隆一郎：吸収冷温水機の加速耐久試験による経年能力検証(2001)，P109〜112，日本冷凍空調学会学術講演会講演論文集，日本冷凍空調学会
23）日本冷凍空調工業会　吸収式冷凍機技術専門委員会：新しい運転管理の実務(2007)，日本冷凍空調工業会
24）日本冷凍空調工業会　吸収式冷凍機技術専門委員会：ヘビーロード用途機について(2001)，P2〜6，日本冷凍空調工業会
25）松戸満香，今成岳人，生田目早苗，設楽敦，野原文男，滝澤総，久保木真俊，丹羽勝巳：中小既築業務用ビルにおける再生可能エネルギーを活用したZEB化の実証(第1報)改修の概要と省エネルギー効果の想定(2010)，空気調和・衛生工学会大会学術講演論文，空気調和・衛生工学会
26）吉原毅，今成岳人，小川哲史，江田岳彦，中島英昭，植圃喬，丹羽勝巳，久保木真俊，大宮政男：中小既築業務用ビルにおける再生可能エネルギーを活用したZEB化の実証(第5報)改修後の継続的運転最適化(2013)，空気調和・衛生工学会大会学術講演論文，空気調和・衛生工学会
27）日本冷凍空調工業会　吸収式冷凍技術専門委員会：リサイクルへの取り組みと廃棄上の注意(2001)，P2〜6，日本冷凍空調工業会

第5章
都市ガスによる地域冷暖房

5.1 地域冷暖房概説

日本経済の高度成長期に大気汚染防止対策として開始された地域冷暖房は，その後，省エネルギー，環境負荷削減などを目的として導入が進み，現在では都市基盤整備の一環として位置づけられている．本章では，地域冷暖房の熱供給事業法上の定義，現在に至るまでの動向，社会的な位置づけ，導入メリット，成立要件，計画手順などを概説する．

5.1.1 地域冷暖房とは

地域冷暖房とは，一定地域の建物群に1箇所または数箇所の熱供給プラントで作った冷水，蒸気，温水などの熱媒を配管を通じて供給し，冷房，暖房，給湯などを行うシステムである．

不特定多数の熱需要家に熱媒を供給し，21 GJ/h以上の熱発生能力（加熱能力）がある地域冷暖房は，経済産業大臣への届出を行うことにより，熱供給事業として熱供給事業法の適用を受ける．なお，加熱能力21 GJ/hは事務所建物で約10万m^2の暖房負荷に相当し，蒸気二重効用吸収冷凍機換算で約2000RTを駆動できる蒸気ボイラ能力に相当する．

そもそも地域冷暖房は，北部ヨーロッパで発電所の廃熱を利用した地域暖房として始まったもので，システムそのものの考え方や機能はそれほど斬新なものではない．ヨーロッパの地域冷暖房は1875年にドイツにおける世界初の地域暖房，1893年にはハンブルグにおいて熱併給発電（コージェネレーション）による地域暖房が行われるなど，冬期の気象条件が厳しいヨーロッパ諸都市では，その利便性と快適性により，市民にとって不可欠なものとなった．また，都市生活を快適なものとするためには都市基盤の整備が必要なことを，ヨーロッパの都市生活者および都市計画者は十分に理解していたといえる．

また，米国においては，1887年にニューヨークのロックポートにおける蒸気供給が開始され，1962年のハートフォード市における地域冷暖房，1964年のロッチデールビレッジの住宅団地地域冷暖房，ケネディ空港，ヒューストンのコミュニティーセンターなどが代表例となっている．

5.1.2 地域冷暖房と個別熱源方式の比較

以下に個別熱源方式と比べた地域冷暖房の一般的なメリットを示す．

〔1〕 省エネルギー性

〔a〕 未利用エネルギー活用

地域に賦存する未利用エネルギー（清掃工場廃熱，下水熱，地下水熱，地下鉄・変電所などの都市廃熱等）や再生可能エネルギー（河川水熱，海水熱，太陽光等）を集中熱源の地域冷暖房プラントに導入し高効率な熱製造を行い地域全体で利用することにより省エネルギー性が向上する．

〔b〕 面的エネルギー利用

複数施設の熱需要を集約して，地域冷暖房プラントに設置した高効率熱源設備で一括して効率的な熱製造を行うことで，個別熱源方式に比べて省エネルギー性が向上する．更に，単独地域での熱供給を行う他に，複数地域のプラントを導管で接続し高効率製造熱の融通を行ったり，コージェネレー

第5章　都市ガスによる地域冷暖房

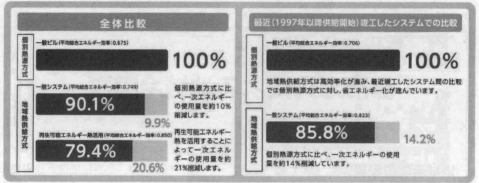

図5・1　地域冷暖房の省エネルギー性（日本熱供給事業協会パンフレットより引用）

ションの発電電力や排熱の融通，未利用エネルギーの融通などを行うことでより一層の省エネルギー性向上が可能となる．

〔c〕高度な運転管理

中央監視装置にて熱源設備等の運転状態と需要家側の熱受入設備を常時監視し，熱源本体の高効率運転を実行する群管理制御と，ポンプ等補機設備の台数制御を行う．また，地域冷暖房では，24時間専門の運転員が運転管理を行い，熱需要データ，気象データ，イベント情報等から熱需要予測を行った上で省エネルギー運転を行うとともに，中央監視システムで収集したデータを集計分析し，逐次運転計画を最適化する．システムは設備の集合体だが，その運用の最適化により，省エネルギー性を向上させる．

なお，**図5・1**に個別熱源方式と比較した地域冷暖房の省エネルギー性の試算例を示す．

〔2〕環　境　性

〔a〕CO_2排出量削減による地球温暖化防止

前述の各種省エネルギー効果により一次エネルギー消費量を削減し，CO_2排出量を削減することが可能となる．なお，東京都環境確保条例・温室効果ガス排出総量削減義務の第2計画期間（2015～2019年度）において，一般的なオフィスビル等のCO_2削減義務率は17％と規定されているが，オフィスビル等のうち地域冷暖房を多く利用している事業所のCO_2削減義務率は15％と規定され，削減義務率が緩和されている．

〔b〕NO_x排出量削減による大気汚染防止

高度な排出削減設備や運転管理により，窒素酸化物排出量（NO_x）を低減し，光化学スモッグ等の大気汚染防止に貢献する．

〔c〕ヒートアイランド現象抑制

地域冷暖房は，高効率な熱製造で廃熱量が少ないこと，および廃熱処理において個別熱源方式で採用率の高い空冷式のラジエータに比べて顕熱廃熱が少ない水冷式の冷却塔を採用することが多いこと，また海水・下水・河川水・地下水等の冷却水利用を行うことにより，都市部のヒートアイランド抑制に貢献する．

〔d〕水資源の節約

地域特性を活用した冷却水補給水の工業用水利用や，大規模都市整備と連系した雨水利用，プラント排水の中水利用などを実現することで，上下水使用量の削減を行うことが可能である．

〔e〕オゾン層保護，地球温暖化対応

代替フロン（HFC）やさらに冷媒転換（低GWP（地球温暖化係数）化），ノンフロンの吸収式冷凍機の利用によりフロン類の排出

抑制を行い，オゾン層の保護に貢献することが可能である．

〔3〕 信頼性・安全性

〔a〕自立分散型発電

都市ガスを主たるエネルギー源とする地域冷暖房においては，コージェネレーションが採用されることが多い．コージェネレーションでは，常用発電を行う他に，商用電力の停電が発生した際にコージェネレーションの自立運転で給電を行い，建物内で保安用電力として活用したり，地域冷暖房プラント内で熱源設備を稼働して熱供給を継続するなど，地域冷暖房からのエネルギー供給により事業継続計画（BCP）に貢献することが可能である．

〔b〕保有水活用

水蓄熱槽やプラント下部水槽・地域導管での保有水を当該建物および周辺地域の災害時の消火活動の防災用水や生活用水等に有効活用することが可能である．

〔c〕電力需要平準化

地域冷暖房と組み合わせたコージェネレーションでの発電や蓄熱槽によるピークシフト，電力消費量の少ない吸収冷凍機を導入することにより，地域全体で大規模にピーク電力の抑制を行い電力の負荷平準化に貢献することが可能である．

〔d〕将来対応の柔軟性

地域冷暖房では，熱源機器の更新時においても複数号機の順次切り替えを行い，熱供給を継続することが可能．また，需要家側建物のテナントの入退去，建物の改築・改装により熱需要が変動した場合は，契約量の変更により対応が可能である．

〔e〕適切なメンテナンス

日常運転管理で機器単体の効率・能力を把握するだけでなく，システム全体の能力低下傾向等を早期に検知し，状況に応じた補修を行うと共に，設備のメンテナンス時期を予測するなど最適なメンテナンスを実施する．

〔f〕強靭なインフラでの安定供給

地域冷暖房プラントは一般的には堅牢な構造の独立建屋あるいは大規模建物の地下等に設置される．また熱導管は，強度の高い鋼管を使用し，共同溝や専用洞道内に敷設する事例もあり，震災等時の損傷リスクを回避している．地域冷暖房の熱源設備は，熱の安定供給確保の観点から設備の技術仕様を定めた「熱供給施設の技術基準」への適合と保安基準および保守の対応方針を定めた「保安規程」の作成および遵守が規定されている．このように，地域冷暖房は，一般の個別方式にはない体系立てられた設計・工事・維持・運用管理体制と，事業者の実績と経験に基づく高度な運転保守管理により24時間365日安定的な熱供給を実施する．

〔4〕 需要家の経済性メリット

〔a〕熱負荷平準化による熱源設備容量の合理化

熱負荷を集約し，ピーク時間のずれによる負荷平準化効果で，個別熱源の合計容量よりも熱源設備容量を縮小することが可能である．地域全体で必要な熱源設備を構築することによるスケールメリット等合理化が図れ，その効果は熱料金の低減となり需要家に還元される．

〔b〕個別熱源の省略および契約電力の低減

需要家建物が個別に熱源設備を持つ必要がなくなり，需要家の初期投資額の大幅な削減が可能となる．また，設備更新などの大規模改修が不要となる．熱源設備の電力を必要としないため，受変電設備の縮小および契約電力の低減が可能となる．

〔c〕省力化

熱源機等の管理が不要となるため，一定の資格を持つ主任技術者や管理要員の人件費削減が可能となる．メンテナンスも受入れ設備の一部を点検・メンテナンスするのみとなり，手間とコストの削減が可能である．また，熱源機等の制御が不要となることから，制御設備のコストダウンが図れる．

第5章　都市ガスによる地域冷暖房

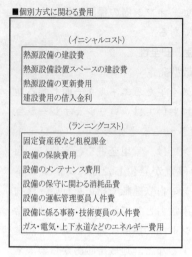

図5・2　地域冷暖房と個別方式の費用構造の比較

[d] 補助金・各種優遇制度

　高効率なエネルギー製造を行う地域冷暖房では，各種補助金が適用できる場合があり，積極的に最適かつ有利な補助金を適用して低廉な熱料金の構築を図る．また，容積率緩和等，建物開発でのメリットも活用することが可能である．

[e] 費用構造の違いによりもたらされるメリット

　地域冷暖房の熱料金と個別方式の光熱水費と比較する場合，図5・2に示す通り，費用構造は大きく異なる．地域冷暖房の場合，基本料金と従量料金で構成される熱料金一括での精算となるのに対して，個別方式では設備関連のイニシャルコスト，ランニングコスト等の各種経費が別々に発生する．基本的には需要家のイニシャルコストを大幅に削減することが重要な違いといえる．また，このような費用構造の違いから，単純な金額の多寡での比較はできない点に注意が必要である．加えて，個別方式で発生する個々の費用支払いに伴う事務作業や，設備メンテナンス，設備更新計画などの業務軽減・省力化が可能であり，主要な付加価値の一つとして考えられている．

〔5〕　その他の需要家メリット

[a] スペースの有効利用

　各建物では，熱源設備用に必要な機械室スペースが削減され，階高の制約もなくなり，建物計画の自由度向上に寄与する．また，冷却塔や煙突の配置が不要となり，地下や屋上にも有効なスペースが生まれる．

[b] 都市景観の向上

　屋外や屋上に設置される熱源機器・冷却塔・煙突等が不要となり，屋上空間や建物外観意匠の設計自由度が増すことにより，優れた都市景観を有する街並みの実現に貢献する．

5.1.3　わが国の地域冷暖房の動向

　わが国における地域冷暖房の歩みは，1970年の日本万国博覧会会場における大阪ガスによる地域冷暖房の実施，同時に隣接する千里ニュータウン（中央地区）への地域冷暖房を開始したのがその始まりである．その後，大阪，東京，札幌など主要都市部を中心に地域冷暖房が行われてきたが，その背景には大気汚染防止対策としての役割が大きく強調されていた．1970年代のわが国は高度成長の最盛期で，その副産物として各種公害の対策に苦慮した行政当局は，大

気汚染の原因となる重油燃焼を少なくするため，燃料転換と熱源集中化を積極的に指導した．この政策は建築確認行政と結びついて，地域冷暖房の形となって着実にその成果を挙げ，都心部での重油の燃焼は大幅に削減された．

その後，地域冷暖房は第1次・第2次のオイルショックを契機とした省エネルギー施策として位置づけられた．1980年代後半から1990年度初期のバブル景気時における大型都市開発では，容積緩和などの地域冷暖房の経済的なメリットとともに，都市基盤施設として位置づけられ，新ビジネスとしての評価も得て急速な発展を遂げた．

1990年代の後半は，日本経済のバブル崩壊による景気低迷，デフレ，地価下落等の影響により都市開発が停滞したことに伴い，地域冷暖房の新規導入も減少し，既存事業者の撤退も発生するなど，低迷期に入ることとなった．2000年代に入ると2002年の京都議定書批准，2002年の地球温暖化対策推進大綱の制定，2005年の「京都議定書目標達成計画」の閣議決定・策定など地球温暖化対策の必要性が高まった．これに伴い，未利用エネルギーの活用やエネルギーの面的利用など，CO_2排出量削減に貢献する地域冷暖房への期待が高まり，地域冷暖房が再び注目されるようになった．

2011年3月11日の東日本大震災と福島第一原子力発電所の被災に伴って，我が国のエネルギー・環境政策は抜本的な見直が行われ，内閣府における「都市再生安全確保計画」制度の整備や国交省での「災害時業務継続地区整備緊急促進事業」の創設などが実施された．この動きの中で注目されたのは地域冷暖房のレジリエンス（強靭性）であり，需要家による事業継続計画（BCP）への対応が進められた．

図5・3に地域冷暖房地点数の推移を示すが，1972年熱供給事業法公布とともに10地点で開始され，2014年には139地点を数えている．

また，その間の販売熱量と燃料消費量（一次エネルギー換算値）の推移を図5・4に示す．販売熱量のうち，冷熱と温熱の推移をみると，当初は温熱の販売量が多く，暖房用の供給が主であったが，次第にその差がなくなり，1994年以降は冷熱の販売量が上回るようになった．年間を通じて冷熱の供給が行われるようになり，その差は次第に大きくなった．2005年以降は頭打ちとなり，景気低迷や省エネの浸透で，冷熱は減少に転じたが，温熱は大幅な変動はなく推移している．

燃料消費量も，地域冷暖房の地点数が増えるにしたがって増加し，1990年以降は増加の割合が大きくなったが，2005年頃以降減少に転じている．燃料消費量に占める都市ガスの割合は2014年に65%となっている．

5.1.4 熱供給事業法の改正について

1971年に制定された熱供給事業法は，2016年4月に初めて改正された．表5・1に示す通り，供給区域の概念撤廃や，熱料金の認可から届出への変更など，複数の項目で従来の内容から規制緩和が施された．この中で特に重要なのは，供給区域の指定廃止により熱供給事業者の事業機会が拡大したこと，および熱料金の認可制廃止による熱料金の柔軟性が向上したこと，競争原理が導入されたことである．一方，需要家保護の観点から，供給能力の確保や保安規程の届出等の条項は残された．ただし，17の指定供給区域は，熱供給に代わる熱源機の選択が困難なため，保護するべき区域として経済産業大臣が指定し，料金規制や供給義務が引き続き課せられている．ただし，17の指定供給区域は，熱供給に代わる熱源機の選択が困難なため，保護するべき区域として経済産業大臣が指定し，料金規制や供給義務が引き続き課せられている．

5.1.5 地域冷暖房の位置づけ

地域冷暖房は，公共空間である道路を占用して地域導管を敷設することにより，複数の需要家へ熱供給するシステムである．自治体によっては，地域導管とともに熱供給プラントを都市計画決定することにより，道路占用や容積除外などの公益事業としての優遇措置を認定し，行

第5章 都市ガスによる地域冷暖房

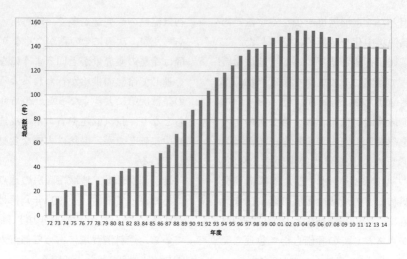

図5・3 地域冷暖房地点数の推移（日本熱供給事業協会資料より引用）

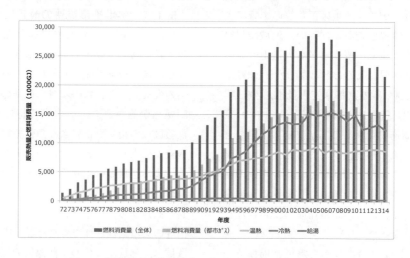

図5・4 販売熱量・燃料消費量（一次エネルギー量）の推移[1]

政手法的にも，地域冷暖房施設を都市基盤施設として位置づけている．

地域冷暖房は，広域の冷暖房熱負荷を集約して処理するシステムであることから取り扱う熱量が大きく，個別熱源では導入し難いごみ焼却廃熱，地下鉄廃熱，変電所廃熱などの都市廃熱利用や，河川水，海水，下水道などの低温未利用エネルギー利用の可能性が高くなり，実用化されている事例も少なくない．

また，地域冷暖房では，比較的大容量のコージェネレーションとの一体構築が可能なため，都市部における自立電源確保よる事業継続計画強化と省エネ性向上のメリットが期待される．2012年の電気事業法改正により，特定電気事業は当該地点の電源を供給対象の最大需要の100％を確保する義務が定められていたが，この条件が50％以上の確保に要件が緩和され，特定供給についても，発電設備容量を敷地外供給先の需要の100％を確保する義務が定められていたが，この条件が50％以上の確保に要件が緩和された．さらに2016年の電気事業法改正により，特定電気事業や自前の送配電設備を維持・運用して供給する事業は特定送配電事業として定義され，届出により事業の実施が可能となっ

表5・1 熱供給事業法の主な改正概要

主な項目	改正前（1971年～2016年3月末）	改正後（2016年4月～）
定義	・熱供給事業は，一般の需要に応じ熱供給を行う事業で，設備の能力が政令で定める基準以上（設備の加熱能力で21 GJ/h以上）のものと定義している． ・供給区域ごとに経済産業大臣の許可が必要である．	・熱供給事業の定義は変更なし． ・事業者単位で経済産業大臣の登録を受ける内容に緩和された．
事業	・許可申請の手続きが必要で，申請書には供給区域，事業計画書等を添付する． ・事業変更，事業廃止をする場合も許可申請が必要である． ・申請から3年以内に事業を開始する義務あり．	・登録申請の手続きが必要だが，申請書には供給区域の記載は不要となった． ・事業変更，事業廃止も登録申請に緩和された．
供給	正当な理由がなければ供給区域における供給を拒んではならないという供給義務あり．	需要に応じた供給能力確保の義務あり．
熱料金	熱供給の料金その他供給条件について供給規程を定め，大臣の認可が必要である．	認可制を廃止し，需要家への供給条件の説明義務を定める．供給条件は，省令で定める事項を記載した書面とする義務あり．
保安規程	事業ごとに定めて事業の開始前に届出が必要である．	保安を一体的に確保することが必要な熱供給施設の組織ごとに保安規程を定め，事業の開始前に届出が必要である．

た．これらを踏まえ，地域内での発電ビジネスの自由度が増し，コージェネレーションを活用した地域での発電事業と地域冷暖房を組み合わせたモデルの導入がより一層進展することが予想される．

更に今後は，熱と電力，情報のネットワークを地域冷暖房プラント中心に構築し，需要家建物とプラント，両方のエネルギーを統括してICT（情報通信技術）を活用した最適な制御をエリア全体で実施する「スマートエネルギーネットワーク」を構築し，より一層の省エネルギーや高度な防災対応を実施するモデルの普及が期待されている．

このように，地域冷暖房の今後は，大規模集約システムの特徴を生かした省エネルギー，環境負荷削減，地球温暖化防止策としてのCO_2排出量削減，そして都市の防災力向上・事業継続計画強化の観点からの導入が主眼となり，再開発地区を中心に優れた都市基盤として新規の導入が推進されると期待されている．また，5.1.4に述べた熱供給事業法の改正による区域指定の概念撤廃と熱料金の自由化に伴い，既存地域冷暖房では既存施設の更新や拡充だけではなく，顧客に求められる新たな付加価値への取り組みも実施されていくと考えられる．

5.1.6 地域冷暖房の成立要件

地域冷暖房は需要家が必要とする熱源設備を需要家の代わりに建設し，必要なエネルギーを投入して熱媒を供給することにより，その対価として熱料金を徴収し，会社を運営する事業である．地域冷暖房の主な成立要件を表5・2に示す．

このほかにも，地域冷暖房の社会的なメリット，需要家のメリット，熱供給事業者のメリットが適切に評価され，地域冷暖房導入についての需要家と熱供給事業者の合意形成に加え，行政側の理解と協力が必要となる．

地域冷暖房の採用が関係者間で合意され，建設に着手し事業が開始されると，事業者，需要家ともにシステムの変更は事実上不可能になる

表5・2 地域冷暖房の成立要件[2]

成立要件	内容
事業計画が明確であること	当初の建設計画および入居計画どおりに開発が進むことによって，計画的な設備投資，需要予測が可能となり，安定的な事業計画が遂行できる．
熱需要密度が高いこと	熱負荷密度が高いことは，事業運営固定費や地域導管の投資コストが割安となり，熱媒単価の低減化につながる．
先行投資が少ないこと	建設投資額と熱供給量とが，並行的に増加することが望ましい．先行投資が大きいと熱媒単価が割高となると同時に先行投資分の回収が長期化しやすく，事業運営を圧迫する．
計画完了期間が短いこと	建設と熱需要が，最終計画まで速やかに完了すること．
適正なエネルギー源が確保できること	ごみ焼却場，分散発電所などから廃熱が有効に利用できる場合は特に有効となる．
地方自治体との十分な理解と協力が得られること	公益事業であり，かつ手続き事項が多々あるため，当該自治体の理解と協力は不可欠となる．
適切な事業主体による運営	施設の用途，地域特性により地域にあった事業主体によって運営されることが望ましい．これまでの事業主体としては第三セクター，既存の民間企業，新会社などがある．
資本調達が適正に行われていること	先行投資型事業であるため，返済の必要のない自己資金，国庫補助，長期の安定した借入金，低金利の融資，工事負担金などの調達を計画的に得ることが必要である．
計画段階から利用者の意思を反映させた事業を行うこと	プラント設置建物事業者，熱需要家のコンセンサスを得ながら計画を行い，事業者と利用者の協力をもとに事業を進めていく．
適切な熱販売価格を設定する	利用者の納得の得られる適正な販売価格を設定する．
適正なプラント計画，導管計画，熱販売予想計画の立案	適正な熱販売量予測に基づき，建設費，運転費を削減するシステム計画，プラント計画，導管計画および二次側の計画が必要となる．

ため，最も重要なことは，需要家，事業者の地域冷暖房導入に際しての意思決定と合意形成であるといえる．関係者の合意から熱供給開始までの概略フローを図5・5に示す．

5.2 地域冷暖房の計画・設計

地域冷暖房システムを計画するにあたり，さまざまな観点から検討を加えて，立案・計画・設計を行う必要がある．これらの検討を踏まえて，現在，種々多様な地域冷暖房システムが稼働している．ここでは，計画手順，設計プロセス，計画上の留意点，熱源プラントを構成するシステム，さらに，都市ガスを燃料とする熱源方式の実例を挙げ，その概要と特徴を紹介する．また，熱供給方式と地域導管について詳述する．

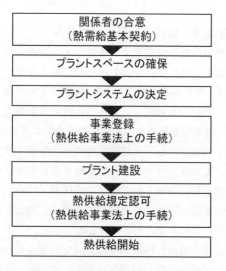

図5・5 熱供給事業における熱供給開始までの概略フロー

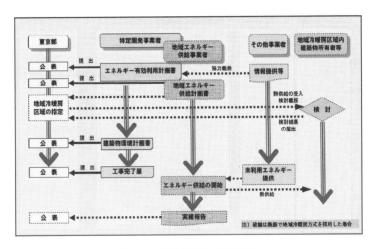

図5·6　地域冷暖房の計画手順

5.2.1　地域冷暖房の計画手順

地域冷暖房の計画に際しては，図5·5に示すように計画段階における諸検討から熱供給開始まで，さまざまなステップがある．また，事業に対する国の許認可，地方自治体の指導などの手続きがあり，東京都を例に，その手順を図5·6に示す．

東京都の場合，特定開発事業者[*1]が，地域冷暖房の導入を判断した場合，その具体的な導入計画書（地域エネルギー供給計画書）を作成し，最初に建築確認申請等を行う日の120日前までに知事へ提出する．なお，特定開発事業者は，この計画書を地域エネルギー供給事業者[*2]に作成させることができる．

知事は，特定開発事業者又は地域エネルギー供給事業者からの申請に基づき，各指定基準（規模（21 GJ/h以上），熱のエネルギー効率，窒素酸化物濃度）を満たしていると認めるときは，当該区域を地域冷暖房区域として指定することができる．

知事が指定した地域冷暖房区域内における熱供給検討建築主等[*3]は，当該地域冷暖房区域における熱供給の受け入れについて検討するとともに，地域エネルギー供給事業者と熱供給の受入について協議しなければならない．

＊1　特定開発事業者：新築等を行うすべての建築物の延床面積の合計が5万m²を超える事業を行う者

＊2　地域冷暖房エネルギー供給事業者：開発地区において，新規に地域冷暖房事業を行う（計画する）事業者，既に地域冷暖房を実施している事業者

＊3　熱供給検討建築主等：地域冷暖房区域内において，1万m²（住宅用途は2万m²）を超える建築物を新築しようとする者，または同様の規模の建築物の所有者または管理者で熱源機器を更新する者

5.2.2　設計プロセス

地域冷暖房の設計プロセスフローを，表5·3に示す．はじめに地域特性を分析し，熱供給エリアと供給対象建物（需要家）および年度計画を設定することから始まり，いかに適正な熱需要を把握するかが，その地域冷暖房計画の成否を左右する．次に年度計画ごとの最大熱負荷を算出し熱源容量を決定し，プラントシステムを選定する．その際，地域特性，社会的要求，時代的要求を理解し，エネルギー選定，システム選定として具体化することとなる．さらに，供給エリア内の熱負荷分布を考慮し，プラントの位置や地域導管ルートや配管口径を決定する．

これらの条件に基づいて総建設費，年間経常費，年間熱需要量を設定し，熱媒コストの算定，

第5章 都市ガスによる地域冷暖房

表5・3 地域冷暖房事業計画決定までの設計プロセス[3]

作業の流れ	策定事項	検討内容
1. 計画条件および基本方針の整理	①計画条件 ・地区開発計画 ・立地特性 ・熱供給事業法の適合 ・供給熱媒および温度条件 ②基本方針の整理	①地区開発計画 ・背景・目的，土地利用計画，施設整備計画，インフラ整備計画，建物規模・延床面積，地区整備スケジュール，地域冷暖房の導入要件などの確認 ②立地特性 ・未利用エネルギー活用の可能性検討 ・周辺DHCとのネットワーク可能性の検討 ・環境基準値，気象条件，その他 ③熱供給事業法の確認（熱供給規模の加熱能力が21 GJ/h以上，2つ以上の建物に供給等） ④供給熱媒および温度条件の検討（冷水，温水，蒸気，還水等）
2. 熱負荷想定	①最大熱負荷の想定（各需要家のΣ最大熱負荷） ・最大熱負荷原単位に需要家の延床面積を乗じて最大熱負荷を算出 ②プラント最大熱負荷の想定 ・最大熱負荷に同時使用率，熱損失率を乗じてプラント最大熱負荷を算出 ③年間熱負荷の想定（各需要家のΣ年間熱負荷） ・年間熱負荷原単位に需要家の延床面積を乗じて年間熱負荷を算出 ④プラント年間熱負荷の想定 ・年間熱負荷に年間熱損失率を乗じてプラント年間熱負荷を算出 ⑤プラント月別・時刻別熱負荷パターンの想定（月別・時刻別・平日・ピーク日・休日等）	①最大熱負荷 ・最大熱負荷原単位の調査，設定（用途ごと） （文献，他施設の実績より設定） ②プラント最大熱負荷 ・同時使用率の設定 ・熱損失率の設定 ③年間熱負荷 ・年間熱負荷原単位の調査，設定 （文献，他施設の実績より設定） ④プラント年間熱負荷 ・年間熱損失率の設定 ⑤プラント月別・時刻別熱負荷パターン ・月別変動比，日変動比の設定 （文献，他施設の実績等より設定）
3. 熱源システム計画	①熱源機器容量の決定 ②熱源システムの決定 ③熱源機器構成（冷凍機，ボイラ，熱交換器等）の設定 ④電気設備の設定（受変電設備，動力電気設備） ⑤中央監視・自動制御システムの導入検討 ⑥補機設備（ポンプ等），付帯設備（空調，衛生，消化設備）等の決定	①熱源機器容量 ・余裕率および予備機の設定 ②熱源システム ・未利用エネルギー活用（ごみ焼却排熱，下水，河川水，地中熱等）の検討 ・コージェネレーションシステムの導入検討 ・蓄熱システム（水，氷）の導入検討 ・熱媒供給温度差（大温度差等）の検討 ・台数分割および低負荷対応熱源機器の検討 ・プラント間連携の可能性検討 ③熱源機器構成 ・熱源機器の検討 ・台数分割および低負荷対応熱源機器の検討 ④電気設備 ・受電方式（2回線受電，スポットネットワーク受電）等の検討 ⑤中央監視システム，自動制御システムの検討 ・システムの種別，システム機能等の検討 ・制御内容，制御機器等の検討 ⑥補機設備，付帯設備の検討 ・ポンプ類，水槽類，水処理装置等の検討 ・給排水衛生設備，空調・換気設備，消化設備等の検討
4. 省エネルギー性の評価	①エネルギー使用量の算定 ②省エネルギー性の評価 ・一次エネルギー使用量の削減効果	①エネルギー使用量 ・比較対象システムの設定（個別方式，熱源方式等） ・各熱源機器の効率および補機動力等の設定 ・エネルギーシミュレーション等によるエネルギー使用量の算出 ②省エネルギー性 ・一次エネルギー使用量の算出
5. 環境保全性の評価	①CO_2，NOx，SOx排出量の算定 ②環境保全性の評価 ・CO_2，NOx，SOx排出量の削減効果	①CO_2，NOx，SOx排出量 ・CO_2，NOx，SOx排出原単位の設定 ②環境保全性 ・エネルギー使用量および排出原単位からCO_2，NOx，SOx排出量の算出
6. プラント計画	①プラント必要スペースの決定 ②建築への条件整理	①プラント必要スペース ・機器配置（熱源機器，補機，盤類等）および将来スペース，メンテナンス動線による必要スペースの検討 ②建築への条件整理 ・機器搬出・搬入口の位置および大きさ等の検討 ・荷重条件（機器，配管等）
7. 地域導管設備計画	①地域導管ルートの決定 ②地域導管口径の決定 ③地域導管敷設方式の決定（共同溝，直埋設，推進等） ④地域導管材料の決定	①周辺状況・埋設物の調査 ②需要家の熱需要よる地域導管口径の検討 ③地域導管ルートの検討 ④地域導管工法（共同溝，直埋設方式，推進工法等）の検討
8. 受入設備計画	①受入方式の決定 ②受入制御システムの決定 ③計量方式の決定 ④設置スペースの検討	①受入方式（直接受入方式，間接受入方式）の検討 ②受入制御システム（圧力制御，最大流量制御，最大熱量制御，返り温度制御等）の検討 ③計量方式の検討（冷水，温水，蒸気，還水等） ④設置スペースの検討（制御弁，流量計，弁類，配管等の必要スペース）
9. 事業性（経済性）の評価	①熱単価の設定 ・事業収支シミュレーションによる熱単価の算出 ②事業性の評価 ・指定期間の収支による評価	①熱単価の設定 ・事業収支シミュレーションの前提条件整理（固定費，変動費，助成制度，補助金等） ②事業収支の検討
10. 総合評価	①地域冷暖房事業の意思決定	①社会的意義 ②事業性，環境保全性 ③地域冷暖房施設，地域導管等の建設が可能

− 164 −

事業収支計算を行い,地域冷暖房事業計画を決定する.

5.2.3 設計上の留意点

地域冷暖房は,省エネルギーに加え,都市インフラ施設として公共性の高い社会資本の一つである.ここではそれらの視点から,地域冷暖房を計画するうえでの留意点を示す.

〔1〕 熱源方式の決定

地域冷暖房は年間を通して冷熱,温熱等を需要家へ供給することが求められることから,夜間や冬期の冷熱,夏期の温熱などにおいて発生する小負荷への対応が必要であり,低いシステム負荷率においてもエネルギー性能を落とすことなく熱製造を行うことが重要である.これを実現するため,熱源機器の台数分割が非常に重要である.加えて,需要家の建設による熱需要の段階的な変化への対応,熱源機器の故障を考慮した冗長性の確保・安定供給への対応などが重要であり,一般の空調設備とは別の視点が必要となる.

以下に,熱源方式の決定に関する主要検討事項および留意点を示す.

〔a〕熱源プラント容量の決定

地域冷暖房では,各需要家の最大熱需要の単純合計が必ずしもプラントの最大熱需要とはならない.これは需要家ごとの最大負荷が出現する日や時刻が異なるためであり,実務上は,これを考慮して同時使用率を用いてプラント最大熱需要を決定する方法が採用されることが多い.

〔b〕小負荷への対応と故障時の対応

地域冷暖房は365日,かつ24時間の供給であるため,平均冷熱負荷率は,10～15%前後であることが多い.そのため,小負荷および部分負荷時に高効率で運転できることが極めて重要であり,地域冷暖房プラントは複数の熱源機器によりプラント最大熱需要を分担する台数分割が行われる.また各熱源機器への容量の配分を容量分割と呼び,台数分割と容量分割の検討においては最小の容量を持つ熱源機器の容量選定が重要である.また,供給の信頼性を確保する目的から,故障時のバックアップを考慮した検討も行う.

〔c〕未利用エネルギーや廃熱回収の利用

ごみ焼却廃熱などの利用可能な未利用エネルギーがある場合や,大規模コージェネレーションが設置され廃熱回収が可能な場合は,これらのエネルギーを有効に利用する機器を優先的に運転するシステムを検討する.

〔d〕段階的増設への対応とサブプラント計画

地域冷暖房供給エリアの開発は,都市基盤整備が段階的に進行し,需要家の建設も段階的に行われることが多い.こうした場合,熱負荷の段階的な増加にあわせて熱源機器も順次増設するなど,先行投資の抑制が必要となる.

また,供給エリア全体に対し需要家が距離的に離れて偏在する場合や,需要家の建設時期がエリア的に偏る場合などは,当初からプラントを分割し,サブプラントを設置するなどの配慮を行う.

〔2〕 建築計画への対応

地域冷暖房は,機器容量も大きく個別熱源方式と比べ,量・質ともに異なることが多い.そのため,建築計画においては以下の考慮が必要である.

〔a〕構　造

大型機器や配管の運転重量を考慮し,構造計画を行う.また冷却塔も大型となるため,耐荷重とともに耐震,遮音,防音対策などにも留意が必要である.

〔b〕機器配置およびマシンハッチ

プラント内の機器配置と主要機器搬入出用のマシンハッチは,将来の機器搬入やリニューアルによる入替えも想定した動線計画とするとともに,日常のメンテナンススペースを考慮して決定する.

〔c〕プラント所要面積と諸室計画

プラント所要面積の実績値を,図5・7に

第5章　都市ガスによる地域冷暖房

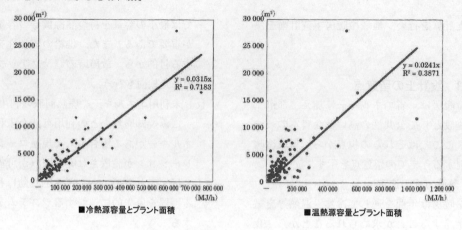

図5・7　冷熱源容量とプラント面積 [4]

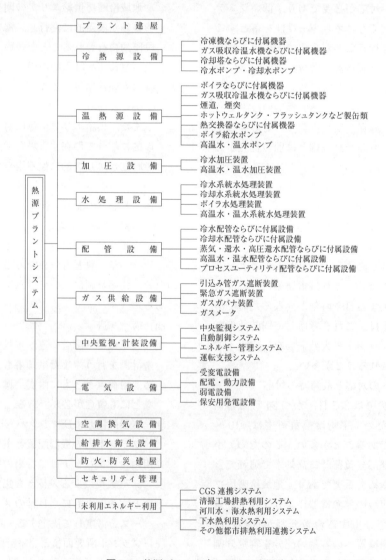

図5・8　熱源プラント内システム分類 [5]

示す．階高は 10 m 前後としている事例が多い．

また，地域冷暖房施設の区画には第三者が容易に立ち入ることがないよう計画する必要がある．なお，地域冷暖房プラントは単独受電のケースが多く，その場合には，外部からの出入りに専用階段が必要である．さらに，24時間体制で運転・管理されることから，プラント専用の仮眠室，更衣室，浴室，トイレなどが併せて必要になる．

5.2.4 熱源プラントシステム

地域冷暖房プラントのシステムは，冷温熱源システムを中心として，多種多様のシステムによって構成されている．図5・8に各種構成の一般例を示す．また，主要な設備構成の特徴を以下に示す．

〔1〕 冷熱源設備

冷熱を製造する冷凍機設備本体（ガス吸収冷温水機，蒸気吸収冷凍機，温水吸収冷凍機，電動ターボ冷凍機，電動チラー，ヒートポンプ等），および熱源付帯設備（冷水ポンプ，冷却水ポンプ，冷却塔）で構成される．ポンプにはインバータを搭載し，必要流量に絞り省エネルギーを図る場合が多い．冷水ポンプは熱源から需要家熱受入施設までを一括して供給する一次ポンプ方式と，熱源機器循環系と需要家供給系を区分する二次ポンプ方式がある．プラントの規模にもよるが，更にポンプ動力削減を考慮する場合，ポンプ台数を細分化した二次ポンプ方式が適している．

〔2〕 温熱源設備

温熱を製造する熱源設備本体（蒸気ボイラ，ガス吸収冷温水機，ヒートポンプ等）および熱源付帯設備（ボイラ給水ポンプ等），その他付帯設備（ホットウェルタンク等）から構成される．燃焼系の都市ガス熱源システム（冷熱源設備であるガス吸収冷温水機も含む）の場合，煙道および煙突が必要となる．なお，供給熱媒を蒸気とした場合，搬送動力が不要となることおよび温熱の多段利用が可能となること（暖房，給湯，加湿，その他直接蒸気利用等）がメリットとなる．需要家へ供給した蒸気は，熱利用のみであれば還水として返還され，蒸気吸収冷凍機の還水と併せてプラント側のホットウェルタンクに回収してボイラ給水に再利用する．需要家側で加湿等直接蒸気を使用した分と蒸気ボイラのブロー分は補給水が必要となる．これら補給水は，蒸

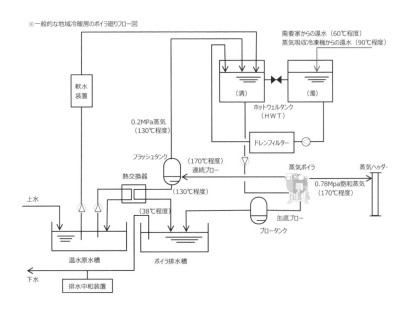

図5・9 一般的な地域冷暖房のボイラ廻りフロー図

気ボイラの要求水質を満たすために軟水あるいは純水を製造する．蒸気ボイラの連続ブロー水は高温なので，給水予熱や燃焼用空気予熱あるいはフラッシュタンク等の熱回収装置を付帯し，省エネ性を向上させる．図5・9に一般的な地域冷暖房のボイラ廻りのフロー図を示す．

〔3〕 加 圧 設 備

熱供給では，熱媒の供給圧力を熱供給規程に定めており，この供給圧力を保証するため，水配管系統の圧力制御が必要となる．管内圧力が変動する要因は，熱媒温度変化による膨張や収縮があり，この変動を調整し，管内圧力を一定値に維持するために加圧設備を設置する．一般に冷水・温水配管においては負圧防止および自然上昇高さの確保，高温水配管においては蒸発防止と自然上昇高さの確保を目的とする．地域冷暖房において最も普及している不活性ガス活性方式は，不活性ガスとして窒素を使用し，冷水・温水の変圧あるいは定圧を維持する方式である．

〔4〕 水 処 理 設 備

水質管理は，腐食障害・スケール障害等によるトラブル防止のため重要である．水質によるトラブルは，原水水質，循環水中への大気中の酸素あるいは汚染物質の混入，循環水が接触する部分における外部からの障害物質の混入に起因する．水処理は，使用する水の用途に応じて，水に起因する障害の発生を防止し，機器・配管系の保全かつ効率的な運転を目的として行われる．表5・4に，地域冷暖房で導入される代表的な水処理設備の概要を示す．

〔5〕 中央監視・計装設備

中央監視装置は，中央監視室に設置し，機器の発停，運転故障監視，計測，計量，データ管理及び記録を行う．プラントの他に需要家受入設備も監視する．地域冷暖房プラントでは，システムが故障すると熱源プラントや需要側の状況が把握できなくなり影響が大きいため，日常は別々の役割を持たせながら非常時は必要最小限のバックアップが可能な冗長性のあるシステムとし，重要な部分は通信と機器の二重化を図る場合がある．

〔6〕 電 気 設 備

地域冷暖房プラント単独で商用電力を受電している場合，プラント内に受変電設備を設置する．また，熱源設備の動力盤およびその幹線設備やプラント内照明コンセント負荷の各種弱電設備，非常用発電設備等から構成される．

表5・4 主な水処理設備の概要

区 分	装置名称	概 要
温熱系	軟水装置	上水中に含まれる高度を軟化処理でボイラ伝熱面への硬度によるスケール付着を抑制する．一般的な蒸気ボイラで付帯する装置．
	純水装置	高圧蒸気ボイラや蒸気タービンターボ冷凍機への蒸気に必要な，水に含まれる不純物を極限まで取り除いた H_2O 状態に近い純水を製造する装置．
	排水中和装置	ボイラの缶水は配管腐食防止のため，高いアルカリ性で管理しており，ボイラブロー水も同様である．排水中和装置はこのアルカリ排水に CO_2 を注入し pH 低下させて中性に調整し，下水放流基準を満足させるための装置．
	ボイラ薬注装置	蒸気ボイラ缶内の防食，防スケールおよびスラッジ分散，pH調整，溶存酸素除去を実施するための清缶・脱酸素処理剤を投入する装置．
	蒸気・復水系薬注装置	蒸気配管，還水配管の保護のため，皮膜形成とpH調整の成分が含まれる復水処理剤を投入する装置．
冷熱系	冷水薬注装置	密閉系で水の入れ替えが無く補給水が少ないため，配管の防食を考慮した薬液を投入する装置．
	冷却水薬注装置	開放系で水の入れ替えも激しく水質も変化しやすいため，防食，防スケール，防スライムの複合薬品を補給水比例で常時注入する装置．

〔7〕 空調換気設備

各機械室の換気用および機器燃焼用の空気の取り入れおよび中央監視室等諸室の換気用空気の取り入れのための給気ファンおよび，機器燃焼空気以外の換気風量を排出するための排気ファン，中央監視室や諸室を空調するための空調機がある．また，局所的に冷却するためのスポットクーラー（ファンコイル）等の設備を導入する場合もある．

〔8〕 コージェネレーション

コージェネレーションは，都市ガス等を燃料に常用発電を行い，発電と同時に発生する排熱を冷暖房給湯等に活用するシステムである（2.5.4項参照）．地域冷暖房とコージェネレーションを組み合わせる場合，大きくは以下の3通りの方式があり，個々の状況を総合的に判断して各方式を選択する．

〔a〕地域冷暖房プラント内にコージェネレーションを設置し，発電電力および排熱をプラントで活用する方式

〔b〕地域冷暖房プラント内にコージェネレーションを設置し，排熱をプラントで活用し，発電電力をプラントの外部に送電する方式

〔c〕建物内にコージェネレーションを設置し，発電電力は建物内で使用し，排熱を地域冷暖房に供給して熱供給で有効活用する方式

〔9〕 水 蓄 熱 槽

地域冷暖房のプラント地下の下部水槽あるいはプラント内に専用水槽を設け，そこに水を貯留し，深夜時間帯等の熱需要が少ない時間帯に熱源設備を稼働して冷温熱を製造し，この熱を貯蔵する．熱需要が増大する昼間時間帯に熱交換器を経由して蓄熱槽の熱を放熱して熱供給を実施するシステムである．蓄熱・放熱時に熱ロスが発生するが，ピーク熱負荷に対する熱源設備の最大容量を一定量抑制する効果がある．

5.2.5 熱供給方式と地域導管

〔1〕 供 給 方 式

供給方式にはいろいろな分類があるが，ここでは供給熱媒と地域導管方式について記述する．

供給熱媒の種類は需要家から要求される温度レベルと，プラント側のシステム設計条件（エネルギー源の種類，蓄熱システムの有無など）から定められる．なお，供給熱媒の選定にあたっては，地域導管の建設費に大きく関わるため十分な検討を要する．

地域導管方式で現在，最も多く採用されているのは冷水と温水または蒸気の四管式であり，1年を通して冷房と暖房・給湯が可能な熱媒の組合せである．供給熱媒の特徴を表5・5に，地域導管の供給方式について図5・10，表5・6に示す．

〔2〕 プラントの連係効果

天王洲地区，みなとみらい21中央地区，西新宿六丁目地区などで供給エリアの複数の熱供給プラントを地域導管で接続するシステムが構築されている．複数の熱供給プラントの連係運転による効果は以下のとおりである．

〔a〕どれか1箇所のプラントが定期点検時や

表5・5 供給熱媒の特徴

熱媒種	温度または圧力	特　　　　徴
冷　水	4～7℃	冷熱供給としては最も多い．近年は大温度差（$\Delta t = 7℃～10℃$）の例が多い．
温　水	45～80℃程度	暖房・給湯用として供給．低温の場合は暖房のみの利用となる．
高温水	140～180℃程度	北海道など住宅暖房用に使用．温度差を大きく取れるため熱密度が高くなる．
蒸　気	0.6～0.9 MPa程度	暖房用および吸収冷凍機の熱駆動源として供給する場合がある．搬送動力が最も小さい．潜熱を利用するため熱密度が高いが，配管腐食対策として水処理が必要．

第5章 都市ガスによる地域冷暖房

表5・6 地域導管の供給方式と導入事例

方　　式		配　　管	冷熱対応	温熱対応	導入事例
(a)	温水・冷温水 2管式	年間温水供給 温水管	—	年間	
		冷温水切替 冷温水管(季節切替)	夏期のみ	夏期以外	泉北泉ヶ丘など
(b)	蒸気(高温水) 2管式	蒸気2管式 蒸気管	吸収式冷凍機 (需要家側)	年間	有楽町，多摩センター，西郷など
		高温水2管式 高温水管			真駒内，苫小牧市西部など
(c)	4管式	蒸気4管式 冷水管・蒸気管	年間	年間	西新宿など多数
		中温水4管式 冷水管・温水管			東京臨海副都心，千葉ニュータウンなど
		低温水4管式 冷水管・温水管			箱崎など多数
(d)	6管式	冷水管・温水管・蒸気管	年間	年間	かながわサイエンスパーク，大阪南港，浜松，竹芝，天満橋など

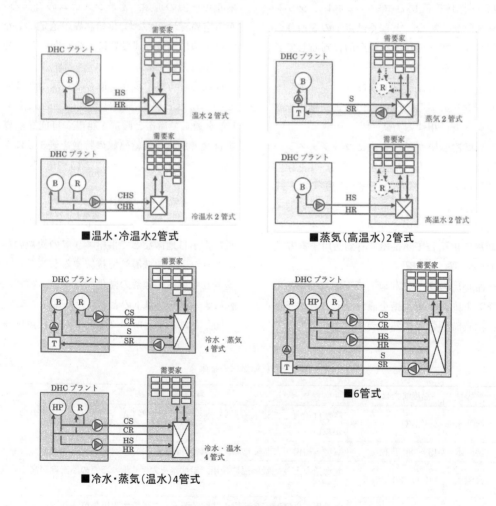

図5・10　地域導管供給フロー[6]

事故などで供給を停止しても,ほかのプラントがバックアップすることにより,需要家への熱供給が継続でき,供給の信頼度高めることができる.
〔b〕日常運用において,冬期の冷房運転時や中間期,夜間などの低負荷時に1箇所のプラントから供給することが可能となり,省エネルギー,さらに無人化による省力化を図ることができる.
〔c〕複数のプラントの連係により,地域冷暖房の広域化を面的に図ることができる.また,単一プラントの熱負荷が大きくなる結果,同時負荷率の向上およびスケールメリットによる経済効果を得ることができる.
〔d〕将来的に複数プラントで計画できることにより,計画当初から最終容量を見込んだスペースや設備などが不要となり,先行投資を抑制できる.

〔3〕 プラントの連係形態

プラントの連係形態として,次の3種類に分類できる(**図5・11**参照).

〔a〕増 設 型

この形態は,単一プラントの機器増設と同じタイプである.例としては,新宿新都心地区のプラント更新時の切替え時に一時的にみられた.

〔b〕ヘッダ間接続型

プラントのヘッダ間にて接続する形態である.例としては,西新宿一丁目地区,西新宿六丁目地区がある.

〔c〕地域導管任意接続型

需要家に供給する地域導管の任意部分で接続する形態で,連係したプラントの間に需要家が存在するタイプである.連絡導管のイニシャル負担が少なく,先行投資を抑制した計画が可能となる.実施例としては,天王洲地区,みなとみらい21中央地区などなどがある.

プラント連係の実際の導入事例として,地域導管任意接続型の事例である天王洲地区の運用例を紹介する(**図5・12**参照).

天王洲の場合は,第一プラントは冷凍機およびボイラプラントであり,第二プラントは冷凍機プラントである.第一プラントの電気設備の全停電による定期点検時には,冷水供給は第二プラントから遠心冷凍機を稼働することにより,安全にかつ安定的に供給でき,熱供給の信頼性向上が図られている.省エネルギーの面では,第二プラントは,平日の昼間を中心に運転されており,夜間や土・日曜日および祝日は年間を通じて停止し,第一プラントから全域に供給が行われている.これにより,搬送動力の削減および単独プラントに比較して効率のよ

〔a〕増設型

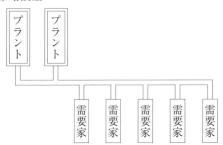

〔b〕ヘッダ間接続型

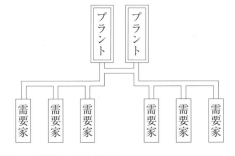

〔c〕地域導管任意接続型

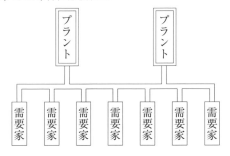

図5・11 プラント連係形態

第5章　都市ガスによる地域冷暖房

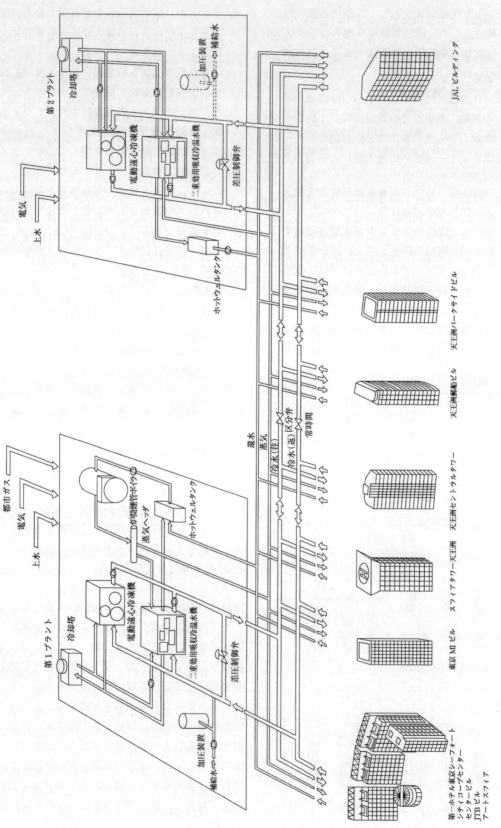

図5・12　天王洲地区地域冷暖房システムフロー[7]

5.2 地域冷暖房の計画・設計

表5・7 地域導管の敷設方式[8]

種類	地上導管方式	地中埋設導管方式				
		共同洞道方式	専用洞道方式	専用トレンチ方式	直埋設方式	
種類	架橋下 ペデストリアン デッキ下 高架高速道路下 オープンコリドール下	地下鉄上 地下道(街)上 電気・通信・上下水 ガスなどとともに配管 保守用通路兼用	単独ヒューム管	コンクリートトレンチ プレキャストトレンチ	小口径推進方式	開削方式
図例						

表5・8 導管材料[9]

熱媒	圧　　力	
	1.0 MPa 未満	1.0 MPa 以上
蒸　気	STPG, (SGP)	STPG
高温水・ 蒸気還水	STPG, (SUS)	
温　水	SGP, STPY, STPG FCD, PE*	STPY, STPG, FCD
冷　水	SGP, STPY, STPG, FCD, PE*	

注) * PE 管は60℃以下，1 MPa 以下

い運転が図られている．また，第二プラントは無人としており，機器の運転は，第一プラントから遠隔で行われている．このことにより，運転員数が単独プラントに比較して大幅に削減でき，省力化が図られている．

複数プラントの連係は，熱源機器運転の自由度が高まることにより，結果として運用面で省エネルギーや省力化を推進することができる．

また，大規模開発の際に，建物の建設時期に対応して，先行投資をできるだけ回避

した計画が可能となり，経済的および安定供給面における効果が十分に期待できるシステムとなる．

〔4〕地 域 導 管

〔a〕地域導管の敷設方式

地域導管の敷設方式を表5・7に示す．地中直埋設方式の場合は，地下水や迷走電流による腐食，不等沈下による折損などの事故の危険性があるため，慎重な配管材料の選択，欠陥のない二重管構造の選定など，入念な施工が必要となる．

一方，共同溝や専用溝を利用する場合は，経済性などの問題はあるが，日常の保守点検が可能であるため，設備上，最も望ましい方式であるといえる．

〔b〕使 用 材 料

各種熱媒別の標準的な導管材料を，表5・8に示す．蒸気管については低圧・高圧ともにその重要度から圧力配管用炭素鋼鋼管STPGの使用が望ましく，蒸気還水管については溶存酸素の関係もあって腐食に対する危険性が高いため，継目無（シームレス）

― 173 ―

鋼管,耐溝食電縫鋼管などの使用が望ましい.なお,ステンレス鋼管の場合,普通鋼に比べ高強度であり,さらに耐食性もあり管材としては優れているが,コスト高になるうえに,接合,切断加工への配慮が必要である.冷水や温水配管については,配管用炭素鋼鋼管 SGP が使用されていることもあるが,その使用にあたっては,熱媒温度,水質処理の関係も十分把握し,採用を検討すべきである.

〔c〕地域導管の強度計算

　設計に際し考慮すべき荷重には,大別して導管の内圧,埋戻し土による土圧,活荷重による土圧,温度変化により生じる荷重,地震による荷重がある.導管の内圧を運転中の最高使用圧力または設計圧力として,管厚を計算し決定する.

〔d〕温度変化に対する伸縮吸収処置

　管の熱伸縮に対し,配管の曲り形状による可とう性を用いて処理する方法(エルボなどを用いた収縮曲管による熱収縮吸収処理方法)の場合,管の移動を妨げない配管支持の検討が必要となる.この伸縮曲管方式は漏えいに対して安全性が高く,保守管理も不要であることから,スペースが確保される場合には,この方法を採用することが望ましい.ただし,この場合,配管系における熱応力解析を行う必要がある.一方,伸縮管継手を用いて熱収縮を吸収するときは,吸収する変位と方向に対し,種類・構造・配置・ガイド・固定方法などに十分な配慮・検討を行って耐久性・安全性を確保し,かつ保守点検のできる洞道内やピット内などに設置することが望ましい.

〔e〕腐食と防食

　地中における金属の腐食は,自然腐食と電食に大別される.なかでも直流電流の漏れ電流による腐食やマクロセル腐食は,腐食速度が早く,短期間で孔食貫通に至ることがあるため,導管計画の際は,埋設環境の事前調査を十分に行う必要がある.埋設

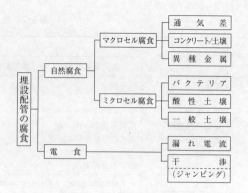

図5·13　腐食原因と分類[10]

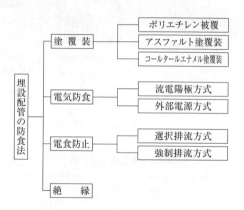

図5·14　埋設配管の防食方法[10]

配管の腐食要因と分類を図5·13に,防食方法を図5·14に示す.

〔f〕管の接合

　溶接時,溶接部裏面への十分な溶込みを行うための初層の溶接方法として,裏波溶接棒による被覆アーク溶接,TIG溶接があるが,溶接スラグが少ないこともあって,TIG溶接による方法が広く用いられている.

〔g〕検査

　導管施工の際は,外観検査,敷設検査,溶接部検査(溶接部の外観・放射線透過試験),塗覆装検査,耐圧・気密試験を行い,安定供給と長期運転の確立を図る.

5.2.6　熱受入設備

〔1〕熱受入方式

地域冷暖房プラントから送られた熱媒の利用

表5・9 各受入方式の比較 [11]

	メリット	デメリット
直接受入	冷水，温水，蒸気をそのままの温度で利用可能	熱需要家側で配管などから漏水があると，地域冷暖房側へ影響が出る
	冷水，温水の持つ圧力を利用できる場合，搬送動力を削減可能（地域冷暖房に近い建物ほど有利）	高層の建物では，ブースターポンプ，圧力保持弁，サージタンク等が必要となる場合がある．その場合，実揚程が必要
	蒸気は，そのまま利用することで，搬送動力を削減可能	
	熱需要家側で水質管理が不要	
	熱需要家側で膨張タンクが不要	高層の建物では，圧力保持弁やサージタンク等が必要となる場合がある．
	熱需要家側で補給水が不要	サージタンクを設置した場合，補給水が必要
間接受入	地域冷暖房や建物側の圧力等の変動の影響を防止可能（配管などからの漏水があっても熱供給への影響がない）	冷水，温水は供給温度のまま利用できない（建物側の冷水の温度は上昇，温水の温度は低下する）
	熱需要家側の漏水等の影響を防止可能	建物側で水質管理が必要
	熱需要家側を密閉配管することが可能で，その場合，実揚程が不要となり，搬送動力を削減可能	

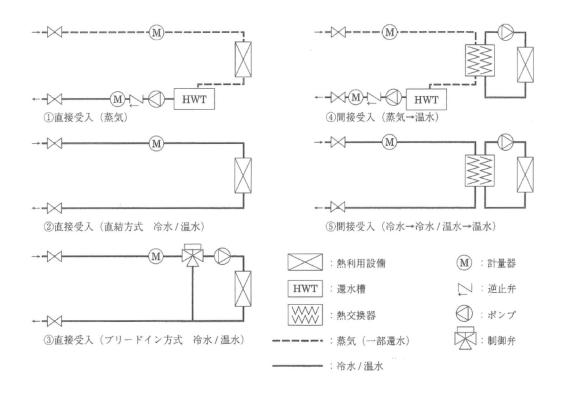

図5・15 代表的な熱媒と受入方式 [11]

第5章 都市ガスによる地域冷暖房

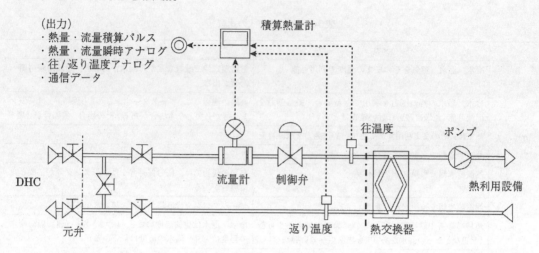

図5・16 冷温水の熱計量概略図[12]

方式については,直接建物内を循環する方式(直接接続方式)と,熱交換器を介して循環する方式(間接接続方式)がある.表5・9に各受入方式の比較を,図5・15に代表的な熱媒と受入方式の概略図を示す.

〔a〕直接接続方式

地域冷暖房から供給された熱媒体を,需要家の空調機等の使用設備に直接循環して使用する方式である.本方式では熱交換器等の設備が不要であり,また蒸気の場合,プラントからの供給圧力を利用することで搬送動力を削減することが可能である.ただし万が一需要家の設備で漏水等が発生した場合,地域冷暖房の設備に留まらず他の需要家にもその影響が波及することが注意事項となる.

なお,ブリードイン方式は,直接接続方式の一種であり,地域冷暖房から送られた熱媒体を需要家の使用施設で直接使用するが,使用設備の1次側で受け入れた熱媒体と使用後の熱媒体を混合することにより,使用設備入口温度の制御を行う.また冷水の場合は,熱供給事業者への返送温度を規定値に制御するために用いることがある.

〔b〕間接接続方式

地域冷暖房から供給された熱媒体と,需要家建物内を循環する熱媒体を,熱交換器で区分する方式である.この方式は,地域冷暖房側と需要家側双方の圧力変動等の影響が少なく,需要家の使用状況に応じて需要家建物側の温度を自由に設定できる等の利点がある.ただし,熱交換器が加わることにより地域冷暖房と需要家建物との間に熱媒温度差が生じるので,建物内の空調機コイルの設計条件やファンコイルの設定条件に考慮が必要となる.

〔2〕熱受入設備の制御

熱受入設備は,規定の圧力と温度で建物の二次側に熱を供給すること,および規定の温度で熱を地域冷暖房プラントに返送することを目的として設置・制御される.冷温水の受入設備の制御は,往圧力,流量,返り温度,熱量の4つの測定値のうち1つによって制御弁を操作する選択制御となり,蒸気の受入れ設備の制御は,蒸気流量と蒸気圧力による選択制御となる.

〔3〕熱の計量

計量器は熱供給事業者と需要家の熱取引の基本となるため,流量計量部,感温部,演算部等の精度及び信頼性に注意して機器を選定する.計量器のうち,「特定計量器」とは,取引・証明に使用する場合において,適正な計量を確保することが社会的に求められる計量器を指定して

いる．熱供給事業に関係する計量器は，積算熱量計（口径40 mm以下）及び，温水メーター（口径40 mm以下）が特定計量器として計量法で規定されており，有効期限が定められ8年ごとに経済産業省の検定証印を受ける必要がある．

〔a〕熱量計方式

　積算熱量計は，体積流量計量部，送り・還り温度センサー及び，熱量演算部から構成され，流量に温度差を乗じて瞬時熱量と積算熱量を演算する．図5・16に冷温水における熱量計の概略を示す．地域冷暖房プラントでは，流量測定部と感温部及び演算部などが分離することができ，組み合わされて熱量計として機能する分離型が多く採用されている．体積流量計量部は通常，電磁流量計が使用される．小流量用途には羽根車式流量計が使用されることがある．感温部には白金測温抵抗体が使用される．熱量演算器は，熱量積算値の指示以外に，積算流量，瞬時流量，送り温度，返り温度，温度差，瞬時流量，停電回数及び熱量のデマンド値などの情報を提供することが可能な機種がある．

〔b〕蒸気計量方式

　蒸気が供給熱媒の場合，熱量計には供給蒸気を計量する方式と返送凝縮水側で凝縮水を計量する方式がある．現在は精度が良く管理しやすい面から返送凝縮水側での計量が主流となっている．しかし，加湿などで使用され凝縮水として戻らない直接蒸気がある場合は，蒸気流量計で課金計量を行う．蒸気を計量する場合は，流量の大小によってメーターを切り替えて精度を保つ2段計量方式を採用する場合がある．

〔c〕モニタリング

　各需要家の熱受入れ設備設置部分に供給・計量制御盤を設置し，計量情報を集約した後，地域冷暖房プラントに情報を伝送する．各需要家と地域冷暖房プラント間の通信経路は，熱導管に沿って光ファイバーを敷設する方式と，通信事業者のサービスを利用する方式があり，物件の条件を考慮して選定する．また，通信断となった場合のリスクを考慮してネットワークの監視機能は冗長化構成や予備ネットワーク機器の準備等を考慮する場合がある．

第5章 参考資料

1）日本熱供給事業協会：熱供給事業便覧（平成27年版），P14, 15, 26, 27
2）日本ガス協会編：新編都市ガス空調システム（1990），P175，オーム社
3）都市環境エネルギー協会：地域冷暖房技術手引書（改訂4版）（2013），P56
4）都市環境エネルギー協会：地域冷暖房技術手引書（改訂4版）（2013），P353
5）日本地域冷暖房協会：地域冷暖房技術手引書（1983），P25
6）都市環境エネルギー協会：地域冷暖房技術手引書（改訂4版）（2013），P26,27
7）木部博志，芳賀秀樹，岡崎幸夫：建築設備士，第29巻，第5号，P31～37
8）都市環境エネルギー協会：地域冷暖房技術手引書（改訂4版）（2013），P97
9）都市環境エネルギー協会：地域冷暖房技術手引書（改訂4版）（2013），P213
10）都市環境エネルギー協会：地域冷暖房技術手引書（改訂4版）（2013），P223, 224
11）都市環境エネルギー協会：地域冷暖房技術手引書（改訂4版）（2013），P258, 259
12）都市環境エネルギー協会：地域冷暖房技術手引書（改訂4版）（2013），P263

第6章
設 計 事 例

第6章 設計事例

6.1 静岡ガス本社ビル

6.1.1 建築概要
用　　途　ショールーム・事務所
所 在 地　静岡市駿河区八幡1-5-38
竣工年月　2013年3月
延床面積　7 516.97 m²
階　　数　地上6階
構　　造　SRC造, 一部S造（制震構造）
設　　計　㈱日建設計
施　　工　清水建設㈱, 高砂熱学工業㈱, 川北電気工業㈱, 菱和設備㈱, 他

図6・1　静岡ガス本社ビル外観

6.1.2 設備概要
排熱投入型ガス吸収冷温水機
　　　　　　　281 kW (80RT) × 2台
停電対応型ガスコージェネレーション
　　　　　　　25 kW × 2台
GHP　　　　　56 kW × 9台
太陽熱集熱器　50 kW（回収熱量）
太陽光発電設備　50 kW
非常用ディーゼル発電機
　　　　　　　300 kVA
デシカント空調機（低温再生型）
　　　　　　　7 800 m³/h
タスク＆アンビエント　床吹出空調
クールーヒートチューブ
　　　　　　　全長100 m
汚水貯留槽　　21 m³
タスク＆アンビエント　LED＋4面採光

6.1.3 設計方針
　静岡ガス本社ビルは，天然ガスと再生可能エネルギーを高度に利用することで『エネルギーの未来のかたち』を地域に向けて発信したエネルギー会社の本社ビルである．太陽熱，井水熱，地中熱とコージェネレーションを，冷暖房，デシカント再生熱源，給湯に活用したカスケード熱源システム，再生可能エネルギー活用型潜熱・

図6・2　太陽熱集熱器・太陽光発電

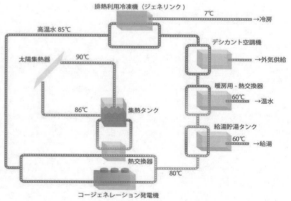

図6・3　太陽熱・コージェネ排熱のカスケード利用

- 180 -

6.1 静岡ガス本社ビル

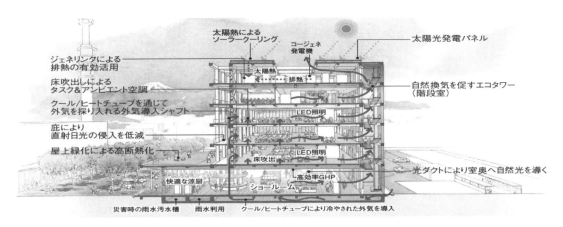

図6・4 空調設備全体イメージ図

顕熱分離空調に活用,太陽光発電,4面採光＋LED併用タスクアンビエント照明,居住者誘発型自然換気システムを採用,敷地内隣棟への電力融通等も行う先進性・波及性の高い省エネルギーシステムである.

竣工とともに,設計者,大学研究機関と性能実証委員会を立ち上げ,BEMSデータの性能実証を実施,1年目の性能実績に基づき2年目に50項目に及ぶチューニングを実施し,一次エネルギー消費量原単位で省エネルギーセンター公表の事務所ビル基準値と比較し54％削減(805 MJ/(m^2・年))を達成した.

(参考) 受賞歴等

○CASBEE 静岡　Sランク
○平成24年度ネット・ゼロ・エネルギー推進事業採択
○静岡県くらし・環境部　環境配慮建築物優秀賞
○コージェネ大賞　民生用部門　優秀賞
○空気調和・衛生工学会　振興賞技術振興賞
○カーボンニュートラル賞
○省エネ大賞　経済産業大臣賞
○サスティナブル建築賞　審査委員会奨励賞

図6・5　クールヒートチューブ

図6・6　デシカント空調機

第6章 設計事例

6.2 函館市国際水産・海洋総合研究センター

6.2.1 建築概要
用　　途　研究施設
所 在 地　北海道函館市弁天町20番5号
竣工年月　2014年3月
敷地面積　58 944 m²
延床面積　8 566 m²
階　　数　本館4階
構　　造　S造・RC造
設　　計　㈱久米設計・㈱二本柳慶一建築研究所・芙蓉海洋開発㈱
施　　工　（1工区）高木組・平林組・帝都建設・日商興産・菅原組共同企業体
　　　　　（2工区）高橋組・三光工業・工藤組・ハウジングコバヤシ・平谷建設共同企業体

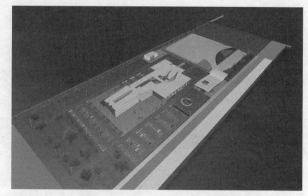

図6・7　研究センター全体外観図

図6・8　研究センター本館外観図

6.2.2 設備概要
産学研究機関が入居している本館棟には，寒冷地で安定した暖房が維持できるセントラル空調をガスヒートポンプチラーで行い，冬期温水ガスボイラで1階床暖房を行っている．

研究室・議室系統個別空調は，主に冷暖房フリーガスヒートポンプシステムを利用している．

〔本館棟の主な熱源機〕
（1階ロビー・大会議室系統空調）

ガスヒートポンプ（チラー）　　71 kW×5台
（床暖房系統）
ガス焚き温水ヒータ　　　　　264 kW×1台
（研究室・実験室系統）
ガスヒートポンプ（冷暖フリー）
　　　　　　　　　　　　　　916 kW×15台
電気ヒートポンプ　　　　　　55 kW×3台

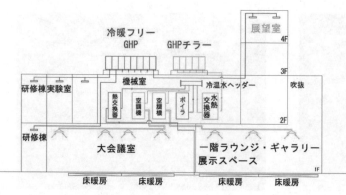

図6・9　空調設備全体イメージ図

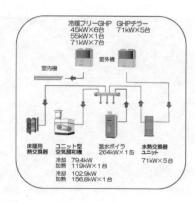

図6・10　システムフロー図

図6・11　チラー・冷暖フリーガスヒートポンプ

図6・12　ガスヒートポンプチラー水・冷媒熱交換器

6.2.3　設計方針

本研究センターは,「函館国際海洋水産・海洋都市構想」により国際的な水産・海洋に関する学術研究拠点都市を目指し誕生した. 各施設は研究を行う本館の他, 実験水槽に海水を取水できる設備や調査研究船が係留できる岸壁も整備されている.

本館は自然環境との調和を目指し環境負荷の少ないエネルギーを採用基準とし, 函館湾に突き出したロケーションの為, 重油等流出による海洋汚染の恐れが無く塩害による故障が少ないガスシステムが採用された.

図6・13　床暖房用ガス焚き温水ヒータ

〔冷暖フリーガスヒートポンプ〕

函館は北海道でも温暖な地域ではあるが海に面している寒冷地の立地により, ヒートポンプ暖房では水分が多い外気から熱を奪う際に霜が付きやすい立地でもある. ガスヒートポンプは, エンジン排熱を暖房に利用し霜が付かず低外気温度環境においても暖房機能が維持されることも採用理由となっている. また, 研究施設において室内使用温度条件が多岐にわたる為, 冷房・暖房が自由に選択できる冷暖フリー型を全室利用している.

〔ガスヒートポンプチラーとガス暖房ボイラ〕

セントラル空調の選定においては, 強風時に海水が冷却水に混入する懸念があることから水冷のガス吸収冷温水機ではなく, 空冷のガスヒートポンプチラーを採用した. 冬期の暖房の能力維持と暖房効率に優れ, 信頼性が高い重塩害仕様のガスヒートポンプチラーを5台連結している. 高天井の1階エントランス・大会議室は温水床暖房も併用し, その熱源はガスボイラにて供給されている.

海に面した寒冷地でありながらも, ガス空調システムで快適な暖房環境を実現している.

6.3 愛知学院大学 名城公園キャンパス

6.3.1 建築概要
用　　途　学校
所 在 地　愛知県名古屋市北区
　　　　　名城3-1-1
竣工年月　2014年4月
敷地面積　23 000.01 m²
延床面積　33 132.08 m²
階　　数　地下1階・地上10階
　　　　　（塔屋1階）
構　　造　S造，RC造
設　　計　㈱大建設計
施　　工　熊谷・名工特定建設工
　　　　　事共同体，北嶋工業㈱,
　　　　　㈱トーエネック，他

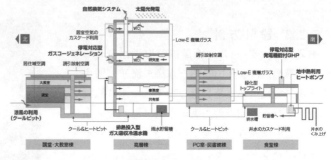

図6・14　キャンパス全体外観図

図6・15　空調設備全体イメージ図

6.3.2 設備概要
本キャンパスでは，BCP対応として，「電源自立型ガスヒートポンプ」，「停電対応型ガスコージェネレーション」を採用．

ガスコージェネレーションによる排熱の有効活用，BEMSによるエネルギー制御によりガスと電気の最適運用や電力のピークカットを実施している．

〔主な熱源機〕
排熱投入型ガス吸収冷温水機
　　　　528 kW（150RT）× 2台
電源自立型ガスヒートポンプ
　　　　56 kW × 2台
ガスヒートポンプ
　　　　計1 042 kW（11台）
停電対応型ガスコージェネレーション
　　　　35 kW × 2台
高効率空冷式ヒートポンプ
　　　　164 kW × 3台（計492 kW）
太陽光発電設備
　　　　発電パネル（容量30 kW）＋
　　　　リチウム蓄電池（容量60 kWh）
非常用自家発電気設備
　　　　ディーゼル発電機400 kVA

図6・16　排熱投入型ガス吸収式冷温水機

図6・17　電源自立型GHP

図6・18　停電対応型ガスコージェネ

6.3.3 設計方針

本キャンパスは,「省CO_2」と「防災自立機能」の両立の実現を目指した設計コンセプトにて誕生した.広大な名城公園に隣接する立地特性を活かした建物配置計画(緑地のクールアイランド現象との融合),先進の環境技術を随所に導入(建築,設備,運用・管理),数日分のライフラインを自力で確保できる機能(水・ガス・電気を自給)等を導入したハイレベルな大学施設となっている.(以下に設計コンセプトの主な具体例を記載)

〔建築分野における省CO_2対策〕
○風通しと日射負荷を考慮した建物の分棟配置
　公園からの涼風効果を最大限に利用し,積極的な外気冷房を実施
○地中熱利用換気システム(クールアンドヒートピット)
　外気に比べ「夏は冷たく冬は暖かい」という地中特性により外気を予冷・予熱し空調に利用
○自然換気促進システム
　暖かい空気が上昇する性質を利用し,窓の外気取入口 ⇒ 扉スリット ⇒ 廊下 ⇒ 吹き抜け ⇒ 最上階の換気窓 というルートにて,公園からの涼風が通り抜けるような自然換気を採用
○屋上緑化,Low-E複層ガラス

〔設備分野における省CO_2対策・防災自立機能〕
○停電対応型ガスコージェネレーション,排熱投入型ガス吸収冷温水機,電源自立型ガスヒートポンプ,太陽光発電,リチウム蓄電池,

図6・19 当キャンパスと周辺環境

高効率空冷式ヒートポンプ,誘引放射整流空調,置換換気成層空調(居住域空調)システム,BEMS,調光・時間制御LED
○自然・未利用エネルギーの有効活用
　(井水・雨水・居室空気のカスケード利用)

以上の取組みが評価され,国土交通省の「平成24年度第1回　住宅・建築物省CO_2先導事業」に採択され,名古屋市建築物環境配慮制度「CASBEE名古屋」における最高等級「Sランク」を取得.

開校後も(名古屋大学を含んだ)「省CO_2推進化委員会」と「技術検証ワーキング」を定期開催し,省CO_2の推進と良質な学習環境の維持を目指している.

第6章 設計事例

6.4 河内長野ガス本社ビル

6.4.1 建築概要
用　　　途　事務所
所　在　地　大阪府河内長野市昭栄町
竣 工 年 月　2014年5月
敷 地 面 積　3 328.99 m²
建 築 面 積　1 043.47 m²
延 床 面 積　2 477.64 m²
階　　　数　地上4階
構　　　造　鉄筋コンクリート造
　　　　　　一部鉄骨造
設　　　計　関西ビジネスインフォメーション㈱
施　　　工　清水建設㈱

図6・20　建物外観

6.4.2 設備概要
環境保全に配慮するとともに，BCP（事業継続），CCP（地域防災力）に配慮し，エネルギーシステムに関しては，以下の取り組みを実施
①都市ガス中圧導管とプロパンガスを併用し，燃料の2重化を行う
②BOS（ブラックアウトスタート）仕様のGHP，コージェネを採用
③非常時の給湯利用のため，貯湯槽を設置する

また，環境負荷低減のため，庇による日射抑制，自然通風，自然採光とLED照明を組み合わせたタスク＆アンビエント照明などを取り入れている．

〔エネルギーシステム設備仕様〕
GHP　　　　　45 kW × 4台，56 kW × 3台
GHP（電源自立仕様）
　　　　　　　56 kW × 1台
マイクロコージェネ（電源自立仕様）
　　　　　　　35 kW × 2台
太陽光発電　　20 kW

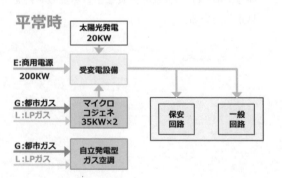
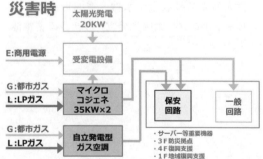

図6・21　システム構成図

6.4 河内長野ガス本社ビル

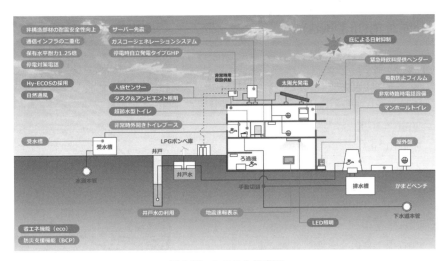

図6・22 システム構成図

6.4.3 設計方針

地域を支えるエネルギー会社の本社として2つの環境配慮コンセプトを掲げ計画を行った.

① 地域の総合エネルギーアドバイザーとして都市ガスと創エネルギーをベストミックスさせた先進的かつ波及効果の高い省エネルギーシステムを構築する.

② 再生可能エネルギーとコージェネレーションを組み合わせたBCP性能の高いシステムの構築により建物単体だけでなく地域のBCP性能の向上を図る.

(参考) 受賞歴等

○ CASBEE評価 Sランク／BEE値3.0
○ 第8回（平成26年度）大阪府サステナブルビル建築賞（大阪建築環境配慮賞）
○ コージェネ大賞 民生用部門 優秀賞
○ BCAOアワード2014 企業防災部門 企業防災賞
○ 事業継続等の新たなマネジメントシステム規格とその活用等による事業競争力強化モデル事業認証企業

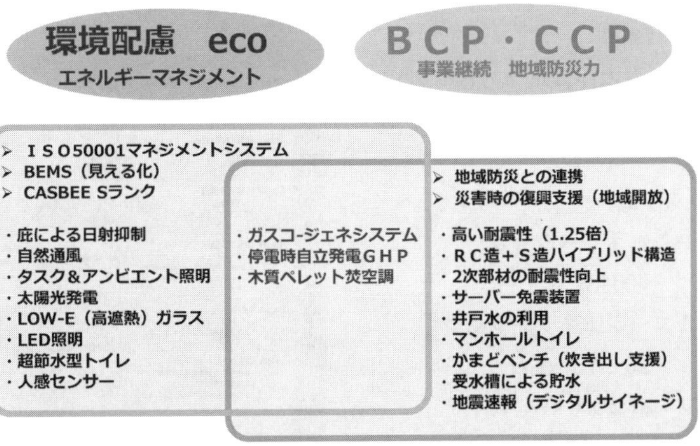

図6・23 設計コンセプトと各種設備

第6章 設計事例

6.5 ヤンマー本社ビル（YANMAR FLYING-Y BUILDING）

6.5.1 建築概要
用　　途　事務所／物販店舗（複合ビル）
所 在 地　大阪市北区茶屋町1番32号
竣工年月　2014年10月
敷地面積　2 500.01 m²
延床面積　21 011.40 m²
階　　数　地下2階・地上12階（塔屋2階）
構　　造　鉄骨造，中間層免震（5階）
設　　計　㈱日建設計
施　　工　㈱竹中工務店，三機工業㈱，東洋熱工業㈱，㈱三晃空調，東光電気㈱，㈱関電工

図6・24　建物外観

6.5.2 設備概要
大阪梅田の中心部に建つ，ヤンマーの本社機能と商業施設が入居する複合ビルである．ビルのデザインは，ヤンマーグループの事業領域である「都市」「大地」「海」をモチーフとしている．

Zero CO_2-Emission Building（以降，ZEB）を志向し，自然換気を併用した放射空調，太陽熱・地中熱利用や，太陽光・バイオ燃料を利用した創エネ技術を組み合わせて，ヤンマー本社エリアのCO_2排出量55％以上削減を目指している．

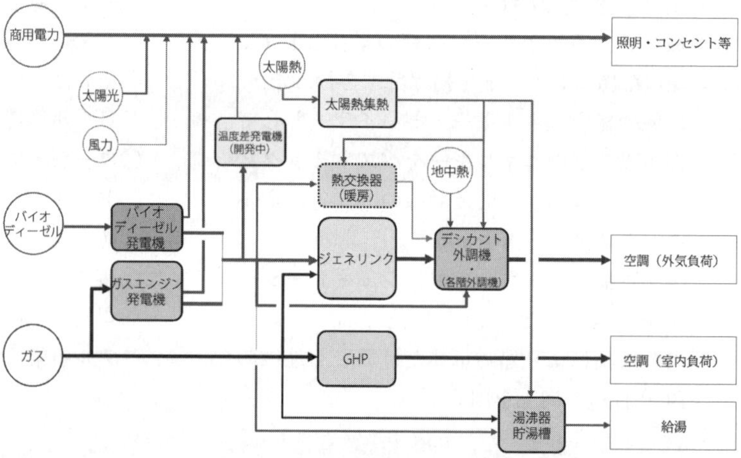

〔熱源及び空調システム〕
ガスエンジンコージェネレーション
　　　　　　400 kW × 1台
バイオディーゼルコージェネレーション
　　　　　　25 kW × 1台
ガスヒートポンプ　計2 996 kW（43台）
排熱投入型ガス吸収冷温水発生機
　　　　　　1 230 kW（350RT）× 2台

図6・25　電気と熱のフロー図

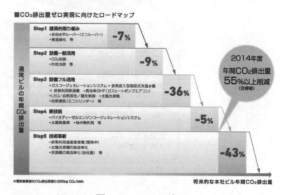

図6・26　ZEBに向けて

6.5 ヤンマー本社ビル（YANMAR FLYING-Y BUILDING）

図6・27 ガスエンジンコージェネ

図6・28 バイオディーゼルコージェネ

図6・29 冷暖同時ガスヒートポンプ

デシカント外調機	20 000 m³/h × 1台
風力発電	1 kW × 1
太陽光発電	35 kW 壁面設置
地中熱利用	16 kW
太陽熱集熱	25 kW
非常用ガスタービン発電機	875 kVA

6.5.3 設計方針

本建物には多様な常用発電設備を導入している．ガスエンジン発電機，太陽光発電，風力発電，そして，バイオディーゼル発電機である．バイオディーゼル発電機は小規模ではあるが，カーボンニュートラル燃料を利用して電気と熱を生み出す，ZEBに向けた主力技術と位置付けている．なおバイオディーゼルは，原料の一部にヤンマーびわ工場の廃食油が使用されているものを購入して補給している．

ガスエンジン発電機とバイオディーゼル発電機によるコージェネレーションは，電主運転／熱主運転の切換ができるように備え，かつ排熱の多段利用先であるジェネリンク／デシカント／暖房／給湯については，その利用順位を自由に設定可能とした．これにより，【発電・排熱の総合利用効率優先モード】や【CO_2削減優先モード】など，優先事項に応じた最適運転モードを選択可能としている．電力・ガスの供給事情の変化が特に強く議論される昨今，オンサイトコージェネレーションがその有効性を最大限発揮していくためには，運転モードを柔軟に選択していくことが以前にも増して重要との課題認識に立った設計である．

6.5.4 Zero CO_2-Emission Building に向けて

ヤンマーオフィス部分では，年間のエネルギー消費に伴うCO_2排出量を55％以上削減することを目標にしている．コージェネレーションや高効率ガスヒートポンプエアコンなどを基幹設備として位置付け，各種パッシブ・アクティブ手法を組合せ，総合効率の高い省エネルギーを構成し，CO_2排出量の大幅な削減を目指す．さらに現段階における55％以上の削減目標を足がかりに，今後の技術革新や新規技術の導入，将来的な屋上・壁面への太陽光パネル増設やバイオディーゼル発電機増強などの再生可能エネルギーへの進展により，ZEBの実現を目指していく．

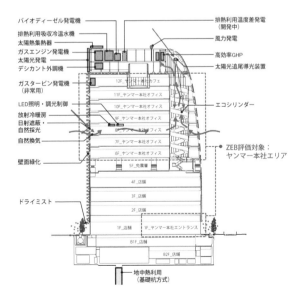
図6・30 省CO_2技術インストールダイアグラム

第6章 設計事例

6.6 田町駅東口北地区 田町第一スマートエネルギーセンター

6.6.1 建築概要
所　在　地　東京都港区芝浦1-16
供給開始　2014年11月
設　　　計　㈱日本設計
施　　　工　新日本空調㈱，鹿島
　　　　　　建設㈱，清水建設㈱
　　　　　　他
供給区域面積　約 46 000 m²
供給延床面積　約 68 000 m²
供給対象施設　公共公益施設，病院，
　　　　　　児童福祉施設

図6・31　街区写真

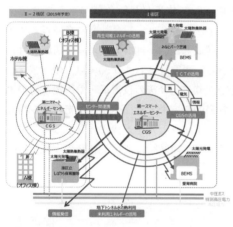

図6・32　当地区のスマートエネルギーネットワーク

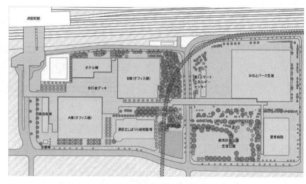

図6・33　区域図

6.6.2 設備概要
　当地区のスマートエネルギーセンター（以降，スマエネセンター）は，都市機能が集積するエネルギー消費密度の高い都心部において，平常時の低炭素化・省エネルギー性と非常時の自立性，これら双方を実現させるため，熱，電気，情報のネットワークの構築を図っている．
　また，スマエネセンターでは，需要家側の要求熱媒に応じるため，冷房負荷対応として7℃冷水，暖房負荷対応として47℃温水，給湯・加湿負荷対応として782 kPa蒸気の6管式供給を実現する熱源構成とし，さらには，エネルギー選択の多様性や安定供給を実現するために，ガス系熱源機だけでなく，電動系熱源機も採用したベストミックス熱源としている．

6.6.3 設計方針
　当地区は港区が策定した「田町駅東口北地区街づくりビジョン」に基づき，「低炭素で災害に強いまちづくり」をコンセプトに，街区に関係する事業者，設計者，施工者等が計画から設計，施工を経て運用段階に至るまで，一貫して連携しながらまちづくりを進めている．当地区では，スマエネセンターに導入したガスエンジンコージェネレーション（以下CGS），燃料電池CGS，高効率熱源機を中心として街区内に熱，電気，

6.6 田町駅東口北地区 田町第一スマートエネルギーセンター

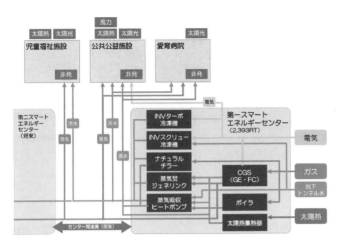

[主な熱源機]

停電対応型CGS	370 kW × 2台
リン酸型燃料電池CGS	105 kW × 1台
排熱回収蒸気焚吸収冷凍機	1 760 kW × 1台
蒸気吸収ヒートポンプ	862 kW × 1台
ガス吸収冷温水機	1 760 kW × 2台
INVターボ冷凍機	1 760 kW × 1台
INVスクリュー冷凍機	521 kW × 1台
貫流ボイラ	3t/h × 3台
太陽熱集熱器	288 m²
未利用エネルギー	地下トンネル水

図6・34 スマエネセンター エネルギーフロー図

情報のネットワークを構築してエネルギーを効率的に供給しており，以下のような特徴を有している．

〔特　徴〕
○再生可能・未利用エネルギーの有効活用

地域熱供給事業として初めて，大規模に太陽熱集熱器を設置．CGSの排熱と併せて通年で冷暖房の熱源に利用している．また，エリアの近傍にある地下トンネル水を夏はスクリュー冷凍機の冷却水として，冬は蒸気吸収ヒートポンプの熱源水として活用し，年間を通じて熱源機の熱製造効率を向上させている．
○停電時のエネルギーの継続供給

停電時の熱供給は，愛育病院に対して建物の冷温熱最大負荷分の熱を72時間継続供給可能としている．また，電気供給では，みなとパーク芝浦に対してスマエネセンターに設置した中圧ガス利用のCGSと建物側の非常用発電機により電気を継続供給する．
○需給最適制御によるエリアエネルギーの最適化

SENEMS（Smart Energy Network Energy Management System（セネムス））を活用し，需要側，供給側の情報を収集．収集したデータをリアルタイムで分析処理し，供給側だけでなく需要側の制御も行うことで地区全体の低炭素化を実現している．さらに，収集したデータを活用し，エネルギー利用者の省エネ行動を促進する見える化や省エネの効果検証等を行っている．
○関係者会議体による地域連携

当地区では，エネルギー面での地区の性能向上を図るため，エネルギーに関する合意形成を行う場として，供給側と需要側関係者によるエリアエネルギーマネジメント組織「スマートエネルギー部会」を設置し，計画段階から運用後も継続して運営している．これにより，地区の全関係事業者が連携し，まちづくりコンセプトの実現に向けて取り組んでいる．なお，当地区は上記の取組みが評価され，国土交通省の「住宅・建築物省CO_2先導事業」に採択されている．

なお，将来，隣接街区に計画されている第二スマエネセンターと連携することにより両スマエネセンターで熱の面的融通を行い，さらなる低炭素化・エネルギー自立性の向上を図るとともに，システムの拡張性と更新時の相互補完性を高める予定である．

第6章 設計事例

6.7 常滑市民病院

6.7.1 建築概要

用　　途	病院／保健センター
所 在 地	愛知県常滑市飛香台3-3-3
竣工年月	2015年2月
敷地面積	43 941.15 m²
延床面積	29 535.88 m²
階　　数	地上7階
構　　造	SRC/RC混構造（免震構造）
設　　計	㈱日建設計
施　　工	鹿島建設㈱

図6・35　常滑市民病院外観

6.7.2 設備概要

　当病院は省エネ・省CO_2を実現するために，エントランスホールのLED照明・人感センサーによる照明点滅制御・活動の少ない夜間の病棟換気を昼間より半減可能な変風量制御等の導入に加え，各種エネルギー（ガス・電気・油・太陽熱）と熱源機をベストミックスさせた高効率な中央熱源システムの設備計画となっている．尚，中央熱源システムは主に外気負荷を処理し，マルチエアコンは主に内部負荷を処理する空調方式となっている．

〔主な熱源機〕

ガス吸収冷温水機（A重油切替焚）
　　　845 kW（240RT）×1台
排熱回収ガス吸収冷温水機（ジェネリンク）
　　　352 kW（100RT）×1台
空冷ヒートポンプ（モジュール式高効率チラー）
　　　85 kW（30HP）×10台
高効率マルチ温水器（暖房・給湯用）
　　　87.2 kW（50号）×10台（暖房用）
　　　87.2 kW（50号）×4台（給湯用）
太陽光集熱パネル（給湯用）
　　　10 m²×3台
マイクロコージェネレーション（常用発電機）

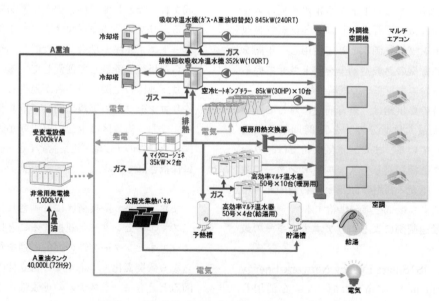

図6・36　冷房・暖房・給湯のシステムフローイメージ図

図6・37 熱源機全景(屋上)

図6・38 吸収冷温水機

図6・39 高効率マルチ温水器

図6・40 太陽光集熱パネル

図6・41 マイクロコージェネ

図6・42 非常用発電機

　　　　　35 kW × 2台
非常用発電機(72 hr 分の油タンク40 000L)
　　　　　1 000 kVA × 1台

6.7.3 設計方針

　当病院は,「知多半島医療圏における役割」と「中部国際空港直近病院としての役割」を担う重要な医療機関として,移転・新築の計画検討がされた.そのため救急医療体制の充実に加え,空港災害・感染症への対応,東海・東南海地震発生時の大災害を想定した地域の災害対策拠点としての役割等を果たすための設計思想を取り入れた施設となっている.

　省エネ・省 CO_2 を実現するための手段としては前述の設備計画に加え,建築計画においても建物自体の負荷軽減や自然エネルギーを有効に利用できる手法が採用されている.

〔建築計画の主な省エネ・省 CO_2 手法〕
○クランク型二重風除室(主玄関において冬の卓越風を防ぐため)
○高断熱高遮断の Low-E 複層ガラス
○外壁面の窓上部に水平庇(夏の日射を遮るため)
○各所に自然採光・自然換気を取入れ(BCP対策として自然採光を手術室にも採用)

　竣工後においても,病院が診療業務に専念できかつ効率的な経営ができるための一手段として,一次(主に熱源機設備)側のエネルギー運用管理に「ES」(エネルギーサービス)を,二次側の設備運用管理に「FM」(ファシリティーマネジメント)をそれぞれ採用し,両方をセットで外部委託(東邦ガスエンジニアリング㈱)化することで運用環境の整備を図っている.

　また,ライフサイクルエネルギーマネジメント(LCEM)ツールの活用,定期的なエネルギーマネジメント協議会(名古屋大学・日建設計を含む)の継続開催により,更なる省エネ・省 CO_2 ・ランニングコスト削減を目指した運用改善の検討が重ねられている.

第6章 設 計 事 例

6.8 EXPOCITY（エキスポシティ）

6.8.1 建築概要
用　　　途　大規模商業施設
所　在　地　大阪府吹田市千里万
　　　　　　博公園2-1
竣 工 年 月　2015年10月15日
敷 地 面 積　171 485.63 m²
建 築 面 積　82 752.11 m²
延 床 面 積　222 506.22 m²
階　　　数　地下2階，地上3階，
　　　　　　塔屋1階
構　　　造　S造，一部SRC・RC
建　築　主　三井不動産㈱
設　　　計　㈱竹中工務店
施　　　工　竹中工務店・竹中土木共同企業体

図6・43　EXPOCITY外観

6.8.2 設備概要
商業棟の空調熱源機器を**表6・1**に，二次側の空調方式は**表6・2**に示す．

空調方式は広い施設を均一に空調できるように，ゾーンごとに熱源＋外調機＋GHP（ガスヒートポンプ）の構成をベースとした個別分散方式を採用した．

フードコート客席部はBCP対応ゾーンのためGHP＋EHPとしている．GHPは電源自立型GHP（20 HP × 10台）により，停電時でもガス供給のみで自立運転し，EHPは非常用発電機からの電気供給で運転できるように計画している．

マイクロコージェネの排熱を十分利用できるように冷房時は排熱投入冷却塔一体型吸収冷温水機へ，暖房時は排熱をそのまま暖房に利用するシステムとし，さらに中間期でも排熱を有効に利用するためにエンタルピー制御を行っている．

表6・1　空調熱源機器一覧

機器名称	合計容量	機器台数	備　考
冷却塔一体型ガス吸収冷温水機	3 480 kW	8台	店舗内一般換気
排熱投入冷却塔一体型ガス吸収冷温水機	1 125 kW	4台	店舗内一般換気
GHP	21 195 kW	324台	店舗空調，モール部通路
GHP電源自立型	560 kW	10台	フードコート客席（半分）
空冷ヒートポンプモジュールチラー	3 272 kW	24台	店舗厨房換気用
EHP	1 396 kW	45台	後方諸室，フードコート客席（半分）
マイクロコージェネレーション	140 kW	4台	35 kW × 4台

表6・2　空調二次側システム

エリア	空調方式
店舗内一般エリア	外調機＋天井カセット（GHP）方式
店舗内厨房エリア	外調機＋隠蔽ダクト（GHP）方式
客室用廊下（モール）	床置PAC（GHP）＋ダクト方式
後方諸室	全熱交換機＋天井カセット（EHP）方式

6.8 EXPOCITY(エキスポシティ)

図6・44 屋上GHP室外機

図6・45 屋上冷却塔一体型ガス吸収冷温水機

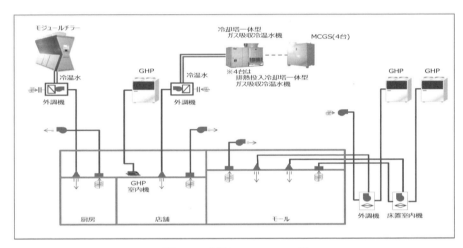

図6・46 空調システムフロー図

6.8.3 設計方針

最大30 mの地盤レベルの高低差をもつ扇形の敷地に，事業計画を満足する約26 500坪の貸付面積と約4 100台の駐車場の最適配置を目指した．レベルの低い扇型の中心部にエンターテイメント施設を配置し，扇形の弧の方向に向かって放射線状に商業付属棟と商業メイン棟を配置した．さらに商業メイン棟の奥に駐車場棟を配置することで万博公園外周道路からのアクセスに配慮し，商業メイン棟近くに立体駐車場，外周道路近くに平面駐車場を配置し，台数密度と平面配置の最適バランスで効率の良い駐車場計画とした．

商業メイン棟の共用部は東西ふたつのモールと中央広場によって構成した．西モールは自然光が注ぎ込む外部の箱庭（光庭）を内部吹抜けとカスケード状に組み込み，自然光と緑が立体的に見え隠れする落ち着いたモールとした．東モールはハイサイドからの自然光が陰影を落とす多角折板天井としてアクティブなモールとした．中央には大きな吹抜けとイベント広場「光の広場」を設け，東西モールのジャンクションポイントとなっている．エスカレーターを蜘旋状に配置し，天井にトップライトを設けて上昇感を強調した．東モールは「EXPO'70」当時の未来志向をオーバーラップさせ，中央は現存する「太陽の塔」の内部空間の「生命の樹」をモチーフとして，「EXPO'70」の祝祭性を再現している．

6.9 東京ガーデンテラス紀尾井町

6.9.1 建築概要
用　　途　オフィス，ホテル，賃貸住宅，カンファレンス，商業店舗
所 在 地　東京都千代田区紀尾井町1-2他
竣工年月　2016年5月
敷地面積　30 360 m²
延床面積　226 193 m²
階　　数　紀尾井タワー（オフィス・ホテル棟）：地上36階，地下2階
　　　　　紀尾井レジデンス（住宅棟）：地上21階，地下2階
構　　造　S造，一部SRC造・RC造
設　　計　㈱日建設計
施　　工　紀尾井タワー（オフィス・ホテル棟）：鹿島・鉄建・熊谷建設共同企業体
　　　　　紀尾井レジデンス（住宅棟）：西武・大林・前田建設共同企業体

6.9.2 設備概要
〔1〕電源設備
　　受電方式　　　66 kVループ受電方式
　　特高変圧器　　15 000 kVA×2台
〔2〕発電設備
　　非常用発電機（ガスタービン式）
　　　　　　　3 500 kVA×2台
　　（連続運転時間：3日間，燃料備蓄量：75 000 L×3基）

図6・47　建物外観

　　常用発電機（ガスエンジンコージェネ）
　　　　　　　1 000 kW×2台
〔3〕空調熱源
　　温水・蒸気回収ガス吸収冷温水機
　　　　　　　1 758 kW（500RT）×2台
　　ガス吸収冷温水機
　　　　　　　1 758 kW（500RT）×1台
　　ターボ冷凍機（インバータ・定速）
　　　　　　　2 813 kW（800RT）×2台
　　モジュール式空冷ヒートポンプ
　　　　　　　1 143 kW（325RT）×2台
　　蓄熱槽（冷水槽，冷温水槽）
　　　　　　　3 000 m³ + 4 700 m³
〔4〕給湯熱源

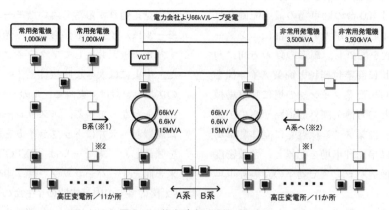

図6・48　特高受変電設備の概念図

水熱源ヒートポンプ（冷却水廃熱利用）
　　　247 kW × 2 台
貫流式蒸気ボイラ
　　　2 500 kg/h × 3 台

6.9.3　設計方針

受電はオフィス・ホテル棟，住宅棟共用部用として 66 kV ループ受電方式を行い，住宅専有部は借室電気室を設ける計画とした．特高受変電設備は A 系 B 系の 2 系統構成とし，停電時は A 系に常用発電機電源を B 系に非常用発電機電源を送電できる計画とした．また変圧器容量は将来の IT 対応を加味し 15 000 kVA × 2 台とした．高圧変電設備は用途ごとに設け，合計 11 箇所である（図 6・48）．

電気・ガスインフラ停止時を考慮し非常用発電機を設置することに加え，熱需要を加味した上で常用発電機を設置した．なお，常用発電機は東京ガスエンジニアリングソリューションズ㈱のエネルギーサービスを利用した（図 6・49）．

熱源設備のエネルギー源は，東日本大震災直後の計画であったこともあり，エネルギー事情に左右されにくい，ガス・電気複合熱源方式とした．水蓄熱槽（冷水槽と冷温水槽，ともに温度成層型：水深 9.55 m）を設け，負荷の平準化

図 6・49　常用発電機

とピークカットを図るとともに，熱源機器容量の縮減，エネルギー効率の向上を図った．また，ピーク期以外の冷水・温水供給温度を緩和する事で，熱源機器の効率向上を図った．冬期の冷水負荷は，冷却塔のフリークーリング運転により賄い，主熱源機器の負荷削減を図った．送水ポンプのインバータ化により，搬送動力の削減を図った．また，冷水，温水は大温度差送水（Δt = 8 ℃）とした（図 6・50）．

給湯熱源は，常用発電機であるガスエンジンコージェネレーションの排熱利用（排蒸気・排温水）および建築物の空気調和に伴い排出される熱（具体的には空調冷却水廃熱）を利用した水熱源ヒートポンプおよびバックアップ用の蒸気ボイラおよび熱交換器を計画した．

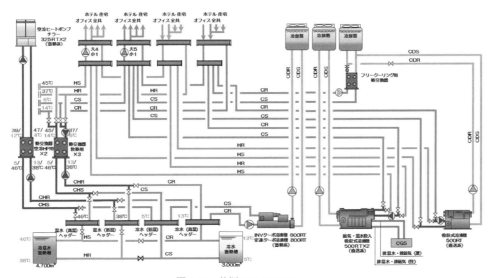

図 6・50　熱源システムフロー

第6章 設 計 事 例

6.10 西南学院大学 新図書館

6.10.1 建築概要
用　　途　学校
所 在 地　福岡市早良区西新6丁目2-92
竣工年月　2016年9月
敷地面積　43 500.79 m²
延床面積　11 715.21 m²
階　　数　地上7階建
構　　造　S造（柱CFT造）
設　　計　㈱佐藤総合計画
施　　工　松尾建設㈱

西南学院大学新図書館は，2016年9月に竣工した．レンガ外壁とガラス張りの外観は，既存の建物と調和を保ちつつ一際目を引く存在である．さらに同年3月に竣工した西南学院百年館（松緑館）とともに西南学院の新たなシンボルとなっている．

図6・51　西南学院大学　新図書館

図6・52　西南学院　百年館

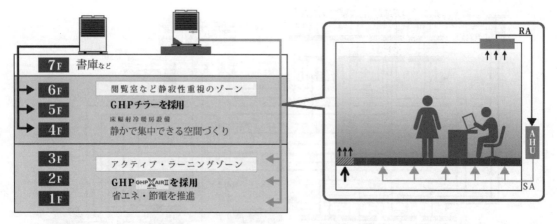

図6・53　空調設備全体イメージ図　　　図6・54　空気床輻射冷暖房

6.10.2 設備概要

新たに竣工した新図書館では，用途に応じた空間づくりに配慮し，二つの空調方式の特性を活かした設計を行った．

1F～3F［アクティブ・ラーニングゾーン］は，デスカッションやプレゼンテーションに利用されるグループ学習室もあることから，ユーザーのニーズに合わせた個別空調である高効率ガスヒートポンプ〈XAIRⅡ〉を採用．

また，4F～6F［静寂性重視のゾーン］では，ガスヒートポンプチラーと床輻射冷暖房システムを採用．これにより閲覧室等に重要な静寂性や快適性を創出している．

図6・55　高効率ガスヒートポンプ〈XAIRⅡ〉

［主な熱源機］

高効率ガスヒートポンプ〈XAIRⅡ〉
　　　　　　　　　　計641 kW（13台）
ガスヒートポンプチラー　計852 kW（12台）

6.10.3 設計方針

○キリスト教主義大学のイメージにふさわしい外観であると共に，他の建物との調和を図る．
○堅牢であると共に，維持管理（日常の清掃や窓拭き等）が容易である．
○使用材料は，利用者の健康，安全に十分に配慮する．
○外部からの音に対する防音対策を講じる．
○日射・遮断対策を講じる．
○エネルギー使用量計測が可能な設備を導入する．
○4F～6Fのオープンスペースについては省エネ性・環境性・居住環境性の観点から床輻射冷暖房設備を採用する．

索　引

ア　行

圧力容器 …………………………………………………………… 117
安全装置 …………………………………………………………… 22
維持管理費 ………………………………………………………… 59
一次エネルギー換算値 …………………………………………… 70
一重効用 …………………………………………………………… 17, 20
一般ガス事業 ……………………………………………………… 13
イニシャルコスト ………………………………………………… 55, 57
ウォッベ指数 ……………………………………………………… 8
ESCO 事業 ………………………………………………………… 151
エネルギーサービス事業 ………………………………………… 151
エネルギーサービスプロバイダー ……………………………… 152
LPG エアガス発生装置 …………………………………………… 13
遠隔監視システム ………………………………………………… 23, 34
遠心冷凍機 ………………………………………………………… 2
オゾン層破壊係数（ODP） ……………………………………… 74
音圧レベル ………………………………………………………… 82
音響パワーレベル ………………………………………………… 82
温水回収ガス吸収冷温水機 ……………………………………… 3, 21, 24, 43
温水回収蒸気吸収冷凍機 ………………………………………… 3, 21, 22
温水吸収冷凍機 …………………………………………………… 3, 21, 26

カ　行

回転数制御方式 …………………………………………………… 101
開放回路方式 ……………………………………………………… 101
火災予防条例 ……………………………………………………… 116
ガス吸収冷温水機 ………………………………………………… 2, 19, 41, 43
ガス小売事業 ……………………………………………………… 14
ガスコージェネレーション ……………………………………… 24, 42
ガス製造事業 ……………………………………………………… 14
ガス導管事業 ……………………………………………………… 14
ガスヒートポンプ ………………………………………………… 2, 3, 29, 45
ガスヒートポンプチラー ………………………………………… 42
ガスボイラ ………………………………………………………… 35, 42
環境マネジメントシステム ……………………………………… 120
換算蒸発量 ………………………………………………………… 35
貫流ボイラ ………………………………………………………… 36, 39
期間成績係数（IPLV） …………………………………………… 64
ギャランティードセービングス ………………………………… 151
吸収ヒートポンプ ………………………………………………… 48
クラウド型 BEMS ………………………………………………… 153

建築物環境総合性能評価システム (CASBEE)	67
建築物省エネ法	65
建築物省エネルギー性能指標 (BEI)	64
顕熱	76
高圧ガス保安法	114
高位発熱量	36, 70
個別空調方式	2
コミッショニング	130

サ 行

サーマルNO_x	76
CO_2 排出係数	71
シェアードセービングス	152
シェールガス	9
ジェネリンク	3, 21, 24, 43
事業継続計画 (BCP)	7, 159
システムロス	46
室外機組み合わせ型GHP	4, 31
臭化リチウム	22
13A	8
受託サービス	152
省エネルギー制御機能	35
蒸気吸収冷凍機	2, 25
小電力	34
蒸発率	36
真空温水器	36, 40
真空式温水ボイラ	40
振動	82
真発熱量	36
水管ボイラ	36, 39
水質管理	145
スートブロー	39, 40
スケジュール設定機能	34
スマートエネルギーネットワーク	161
成績係数 (COP)	44, 45, 61
節電型吸収冷温水機	26
設備診断	141
ゼロ・エネルギー・ビル (ZEB)	66
全電源平均係数	72
セントラル方式	1
潜熱	76
全負荷相当運転時間	58
騒音	78
騒音規制法	116
装置負荷	90
総発熱量	36
ゾーニング	97

ソーラー吸収冷温水機	26
ソーラークーリング	26

タ 行

ターボ冷凍機	2
大温度差利用	100
大気汚染防止法	114
台数制御方式	103
タイトガス	9
耐用年数	60, 143
多管式	39
単純回収年数	60
地域導管	169
地域冷暖房	155
地球温暖化係数（GWP）	74
窒素酸化物	76
中圧供給	11
中央空調方式	1
抽気装置	22
鋳鉄製ボイラ	36, 37
通年エネルギー消費効率（APF）	45, 63
低圧供給	11
低位発熱量	36, 70
定流量方式（CWV）	103
デシカント空調	50
電気式ヒートポンプ	2
電源自立型GHP	4, 33
伝熱管	37, 40
店舗用マルチ型GHP	30
電力需要平準化	5, 83
電力年負荷率	83
灯油ヒートポンプ	2
特定送配電事業	160
特定電気事業	160

ナ 行

ナチュラルチラー	20, 44
2温水回収ジェネリンク	27
二管式	102
二酸化炭素	71
二次エネルギー	70
二重効用	17, 21, 22
ねじ接合	125
熱受入設備	174
熱供給事業法	155, 159
熱源システムCOP	103
熱源負荷	99

熱負荷計算	92, 97
年間エネルギー消費係数 (CEC)	64
密閉回路方式	101
年間熱負荷係数 (PAL)	64
燃焼装置	22
燃焼速度	8

ハ　行

廃熱	76
排熱投入型ガス吸収冷温水機 (ジェネリンク)	3
排熱利用	18, 42
ハイブリッド型GHP	4, 33
白煙防止型冷却塔	101
パック型	24
パッケージ型GHP	4, 30
発電機付きGHP	4, 32
発熱量	70
パラジウムセル	22
ピークカット効果	83
ヒートアイランド	76, 156
ヒートポンプチラー	2
必要暖房能力	99
必要冷房能力	99
表面燃焼バーナ	39
ビルエネルギー管理システム (BEMS)	92, 114, 153
ビル管理システム (BMS)	92
ビル用マルチ型GHP	4, 31
品質マネジメントシステム	120
付帯建築工事費	57
フューエルNO_x	76
フランジ接合	127
フロン排出抑制法	74, 117
フロン冷媒	72
ヘビーロード	29
変温度制御	111
変動費	60
変流量方式 (VWV)	103
ボイラ遠隔起動制御	112
ボイラ効率	36
補機動力費	57
ポリエチレン管	12

マ　行

マージナル電源係数	72
マイコンメータ	12
マニフェスト管理	150
間引き制御機能	35

水処理費	59
未利用エネルギー	47, 155
無圧式温水ボイラ	36, 40
メカニカル接合	127
メカニカル継手	12
面的エネルギー利用	155
メンテナンス	137
木質ペレット	47
モジュール連結型	27

ヤ 行

用水費	59
溶接接合	127
四管式	102

ラ 行

ライフサイクルエンジニアリング	89
ライフサイクルCO_2（$LCCO_2$）	90
ライフサイクルコスト（LCC）	90
ランニングコスト	57
リニューアル対応型GHP	31
冷却水条件	23
冷却水バイパス制御	111
冷却塔ファン発停制御	111
冷暖同時マルチ型GHP	4, 31
炉筒煙管ボイラ	36, 38

アルファベット

APF（通年エネルギー消費効率）	45, 63
BACnet	114
BCP（事業継続計画）	7, 159
BEI（建築物省エネルギー性能指標）	64
BEMS（ビルエネルギー管理システム）	92, 114, 153
BMS（ビル管理システム）	92
CASBEE	67
CEC（年間エネルギー消費係数）	64
CNG	13
COP（成績係数）	44, 45, 61
CWV（定流量方式）	103
EHP	2
GHP	2, 3, 29
GWP（地球温暖化係数）	74
ICT（情報通信技術）	161
IPLV（期間成績係数）	64
KHP	2
LCC（ライフサイクルコスト）	90
$LCCO_2$（ライフサイクルCO_2）	90

Lon Works	114
LPG	8
ODP（オゾン層破壊係数）	74
PAL（年間熱負荷係数）	64
PFI	153
SPC	153
VWV（変流量方式）	103
ZEB（ゼロ・エネルギー・ビル）	66

新版　都市ガス空調のすべて

平成29年3月24日　初版第1刷発行

編集・著作権者	公益社団法人　空気調和・衛生工学会
発　行　所	公益社団法人　空気調和・衛生工学会
	〒162-0825　東京都新宿区神楽坂4-8
	電　話　(03) 5206 - 3600
	ＦＡＸ　(03) 5206 - 3603
	郵便振替口座　00190 - 1 - 37842
発　売　所	丸善出版株式会社
	〒101-0051　東京都千代田区神田神保町
	二丁目17番
	電　話　(03) 3512 - 3256
制　　　作	アズプランニング
印　刷・製　本	文唱堂印刷株式会社

方法のいかんを問わず無断複製・転載を禁ずる．

ISBN978-4-87418-063-1